Für alle, die uns voller Liebe und Verständnis
auf unserem Weg begleiten

Für alle, die sich hier offen und ehrlich
gezeigt und eingebracht haben

Danke

Sei willkommen auf der Erde

Schirner
Verlag

Susanne Hühn • Mike Köhler

Schatz, ich muss dir was sagen ...

Wenn die Liebe ein Wunder braucht

ISBN 978-3-8434-1015-1

Susanne Hühn & Mike Köhler:
Schatz, ich muss dir was sagen …
Wenn die Liebe ein Wunder braucht
Copyright © 2011
Schirner Verlag, Darmstadt

Umschlaggestaltung unter Verwendung
von Fotolia 11394269 (kubais):
Murat Karaçay, Schirner
Redaktion und Satz: Tamara Kuhn, Schirner
Printed by: FINIDR, Czech Republic

www.schirner.com

1. Auflage 2011

Inhalt

Vorwort

Seit Wochen spürte ich Schwere und eine merkwürdige Energie in unserer Beziehung, doch Mike schwieg, wenn ich ihn darauf ansprach. Er sagte nur immer wieder, dass er mich liebte und mit mir zusammen sein wollte, sagte es häufiger als sonst – doch ich hörte auf einmal ein unausgesprochenes »Aber«. Auch bei den Meditationen, schamanischen Reisen, Aufstellungen und therapeutischen Sitzungen, die wir gemeinsam erlebten, um unsere Beziehung und auch unsere gemeinsame Arbeit weiterzuentwickeln, gab es keine Antwort, nichts Konkretes. Da war nur diese Schwere, als stünde er vor einem inneren Abgrund.

Ich dachte, das sei sein Prozess, denn wir arbeiteten lange genug an uns selbst, um zu wissen, dass Schwere und Schmerz immer wieder auftreten können, wenn etwas Altes sich zeigt und erlöst werden will. Mit dieser Vermutung konnte ich nicht falscher und zugleich nicht richtiger liegen. Es gab etwas sehr Altes – und etwas sehr Neues.

Eines Abends ließ ich Mike nicht mehr ausweichen. Der Zeitpunkt für die Wahrheit war gekommen, wir spürten es beide. Er musste Farbe bekennen.

Niemals ist ihm etwas schwerergefallen als folgende Offenbarung: »Ich muss dir was sagen …« Er redete weiter, und ich schaute mir selbst dabei zu, wie ich in einen Schock fiel, wie mir etliche Seelenanteile abhandenkamen und wie alles, woran ich geglaubt und worauf ich vertraut hatte, mit einem Schlag zerstört wurde. Mike war in den Abgrund gesprungen, hatte losgelassen ... Das Alte, das sich gezeigt hatte, war eine unendlich schwierige karmische Verwicklung zwischen ihm, mir und einer weiteren Seele. Es ging um ein uraltes Versprechen, magische Bindungen, das Feuer der erwachenden Drachen, sehr viel Liebe, Mut und die Bereitschaft, die Dinge nun zu erlösen und in die Heilung zu bringen. Das Neue war ein Kind. Eine andere Frau bekam ein Kind von meinem Mann, wollte es, freute sich darauf – und ich hatte eineinhalb Jahre zuvor eine Fehlgeburt erlebt.

Mike und ich führen eine Beziehung, die grundsätzlich auch auf sexueller Treue beruht – gerade weil wir oft Projektionsfläche für Kursteilnehmer sind. Und nun so etwas. Wie sollte ich DAMIT umgehen und weiterleben? Ich warf ihn auf der Stelle raus. Nichts ging mehr, auch unsere gemeinsame Arbeit war durch diesen totalen Vertrauensbruch zerstört. Denn wie sollte ich mich jemals wieder mit ihm in Heilkreise setzen können, wenn ich wüsste, dass ich weder von ihm noch von den Frauen, denen ich meine Energie, meine Liebe und alles, was ich weiß, zur Verfügung stelle, anerkannt und respektiert würde? Ich war tief enttäuscht und verletzt – von allem, auch vom Leben selbst.

Mike kam am nächsten Tag, holte seine Sachen, weinte. Ich war so im Schock, dass ich gar nichts fühlte. Ich tröstete ihn sogar, wunderte mich darüber, wie kalt und leer ich war. Noch am selben Abend hatten wir gemeinsam eine Notsitzung bei einer Therapeutin. Ich dachte, sie würde mir dabei helfen, meinen Schmerz und meine Wut auszudrücken und die Kraft zu finden, meinen Weg ohne ihn weiterzugehen. Doch sie fragte mich: »Was brauchst du von Mike, um bleiben zu können?« Diese Frage verblüffte mich. Wieso in aller Welt sollte ICH auf die Idee kommen, zu bleiben? Hatte ich nicht geradezu die Pflicht, ihn zu verlassen, schon aus Gründen der Würde? Doch etwas in mir begann sich zu öffnen, etwas in mir begann, es für möglich zu halten, dass wir die Situation meistern könnten, wenn wir beide das wirklich wollten und wenn von nun an bedingungslose Aufrichtigkeit und Offenheit herrschten. »Kommt gemeinsam, wenn ihr wollt«, sagte die Therapeutin, »damit wir ein Abschiedsritual durchführen können.« Doch etwas in mir spürte, dass das nicht die Zeit für ein Abschiedsritual war. Wir waren noch nicht fertig.

Zurück am Auto zerbrach ich ein Stück hellblaues Plastik und warf es Mike vor die Füße. Es war der eineinhalb Jahre alte positive Schwangerschaftstest, das einzige Stück Leben, das ich von unserem ungeborenen Kind hatte, der einzige Beweis dafür, dass es für ein paar Wochen in mir gewachsen war. Ich weinte den ganzen Heimweg, hatte das Gefühl, mein Kind zerbrochen zu haben. Nun, es war mein inneres Kind, das in Stücke gerissen war.

Ich weiß nicht, wie viel Geschirr und Wertvolleres ich in der folgenden Zeit zertrümmerte. Egal. Es kam nicht mehr drauf an, mein Herz lag sowieso in Scherben.

Und doch gab es etwas, das uns trug. Etwas war größer als der Schmerz. Ganz schnell wurde uns klar, dass wir zusammenbleiben wollten. Wir liebten uns sehr, hatten eine Menge zu tragen, zu klären und zu verarbeiten, doch wir wollten einen Weg finden, um zusammenbleiben zu können. Trennen könnte ich mich ja immer noch von ihm, wenn es gar nicht anders ging, dachte ich.

»Ich bleibe stehen, bleibe bei dir solange du willst«, sagte Mike immer wieder, »und wenn du den Schmerz nicht mehr erträgst, dann musst du gehen, damit muss ich dann leben – und selbst dann bin ich noch bei dir.« Wir baten täglich um ein Wunder, darum, dass wir in Frieden kommen könnten, dass der Schmerz erträglich würde. Wir bestanden darauf, dass sich ein Weg auftäte, wenn wir nur bereit wären, ihn zu gehen. Wir bestanden darauf, dass Liebe und die echte Bereitschaft, hinzuschauen und den spirituellen Weg gemeinsam weiterzugehen, stärker wären als der Schmerz. Wir bestanden darauf, dass die Liebe uns am Ende durch alles hindurchtrüge, ohne dass wir in eine Opfer- oder Täterrolle fielen.

Auch musste Frieden mit dem Kind und seiner Mutter möglich werden. Karmisch gesehen gab es Verabredungen einzuhalten, Verabredungen zwischen uns vieren. Alles durfte, alles musste erlöst werden, ohne dass wir spirituelle Kontrolle darüberkippten und uns selbst verleugneten.

Und das Wunder geschah. Mike blieb stehen, hielt mich, übernahm die volle Verantwortung, bat mich um Vergebung, erkannte seinen eigenen Prozess. Ich erkannte auch seine Not. Er war eine Zeit lang wirklich nicht sicher gewesen, ob wir als Liebespaar zusammenbleiben sollten – die uralte Verabredung und die Anziehung der anderen Seelen, der der Mutter und der des Kindes, waren stark und zwingend. Doch nun war er auf einmal auf eine Weise bei mir, die fast nicht vorstellbar war.

Mike brauchte diesen Prozess, um zu erkennen, was er wirklich wollte. Außerdem lernte er, die volle Verantwortung für seine Entscheidungen zu übernehmen und im eigenen Feuer stehen zu bleiben, die Folgen zu tragen und dennoch nicht zu erstarren und einfach durchzuhalten, sondern lebendig zu werden.

Ich brauchte diesen Prozess, um voll und ganz in meine weibliche Kraft zu kommen und um zu erkennen, was möglich ist, wenn wir für die Liebe offen bleiben. Außerdem gab es zwischen mir und der Mutter der Kleinen eine Menge zu erlösen. Es war eine einmalige Sache gewesen, das Kind hatte seine einzige Gelegenheit, zur Erde zu kommen, genutzt. Irgendwie, fühlte ich, würde ich damit leben können.

Mike und ich spürten, wie sehr wir uns liebten, wie sehr wir es beide möglich machen wollten, gemeinsam weiterzugehen. Wir nahmen unsere Energien, all unser Wissen, alles, was wir je gelernt hatten, zusammen, wandten es an, baten um Hilfe, machten intensivste Entwicklungen durch – und gingen jeden Tag ein Stück weiter. Und das tun wir noch heute.

Sieben Schlüssel halfen und helfen uns dabei immer wieder. Diese sieben Schlüssel hatte ich im Jahr 2008 während einer Reise durch Nordkalifornien bereits erhalten. Ich fuhr damals durch die atemberaubend schöne Landschaft, und auf einmal wurde mir klar, dass ich endlich dieses Buch schreiben würde. Ich wusste bereits, was Liebe kann, denn ich hatte einen Mann, mit dem ich viele Jahre in einer innigen Liebesbeziehung gelebt hatte, auf seinem Weg der Transformation zur Frau begleitet – 2005 war die letzte große, die geschlechtsangleichende Operation durchgeführt worden. Ich wusste also, wie man in Liebe loslassen und dennoch verbunden bleiben kann, ich wusste, wie man für sich selbst sorgt, während man den geliebten Menschen bei dem begleitet und unterstützt, was er für sich braucht und will, selbst wenn das bedeutet, sich zu verabschieden. Darüber wollte ich endlich schreiben, beschloss ich auf dieser Reise, denn während des Prozesses war es mir zu nahegegangen.

Nun aber füllten sich diese Schlüssel auf unerwartete Weise erneut mit Leben. Ich brauchte sie, um weitermachen zu können. Zum Zeitpunkt von Mikes Offenbarung hatte ich bereits begonnen, das Buch zu schreiben, doch vor diesem Hintergrund bekam es eine völlig andere Bedeutung. Es wurde mein Rettungsanker durch eine der schwierigsten Zeiten meines Lebens.

Einführung

Die Werkzeuge, die wir beide Ihnen nun in diesem Buch vorstellen, sind die Werkzeuge, mit denen wir unsere Beziehungskrise gemeistert haben, es sind die Werkzeuge, die wir genutzt haben, um all das, was aufgebrochen ist, in die Heilung zu bringen. Wir hoffen, dass sie Ihnen so dienen, wie sie uns gedient haben, und wir hoffen auch, dass unsere Geschichte Ihnen hilft, zu verstehen, dass gerade spirituelle Beziehungen oft die größten Herausforderungen in sich tragen. Es geht in diesem Buch aber nicht um unsere Geschichte. Es geht um diese Fragen:

Was ist der Sinn von spirituellen Beziehungen? Wozu führen wir überhaupt Beziehungen? Und wie gehen wir mit den Themen um, die spirituelle Beziehungen oft mit sich bringen, weil sie erlöst, in die Heilung gebracht werden wollen?

Der Energiekörper will wachsen, immer mehr Liebe will auf der Erde verwirklicht werden. Damit Heilung geschehen kann, werden wir oft mit Situationen konfrontiert, in denen man alles andere als Liebe vermuten könnte – und doch wirkt sie. Je inniger die spirituelle Verbindung zwischen zwei Menschen ist, desto größer sind die Themen, die gemeinsam angeschaut und erlöst werden dürfen. Wir sind auf der Erde, um in Liebe zu leben, um Vergebung und bedingungsloses Lieben zu lernen. Und weil wir das nur lernen können, wenn wir mit schwierigen

Themen in Kontakt kommen (was sollten wir auch sonst vergeben), braucht es Seelen, die sich dazu bereit erklären, uns diese Erfahrung zu ermöglichen. Wir erlösen gemeinsam unser tiefstes Karma, falls Sie es so nennen wollen, wir erschaffen völlig neue Möglichkeiten, in Liebe zu leben, und wir sprengen die alten, vertraglich geregelten Beziehungen.

Veit Lindau, Begründer von »Life Trust«, drückt diesen Prozess so aus:

»Du bist von Natur aus in der Lage, dich mit der gesamten Existenz nah zu fühlen. Doch diese Nähe hat ihren Preis. Deine Kontrolle.

Es ist eine Wahl zwischen einem offenen, fühlenden, verletzbaren Leben und einem erstarrten, verschlossenen Leben hinter Mauern. Echte Nähe ist weder sicher noch bequem. Wer sich wirklich öffnet, lässt die Kontrolle los und macht sich auf einer oberflächlichen Ebene angreifbar.

Nähe ist süß und nährend … und sie kann im nächsten Augenblick einen unglaublich tiefen Schmerz in dir berühren.

Wenn er kommt, täusche dich nicht über seine Ursache. Es ist nicht der Mensch, der gerade vor dir steht. Du hast ihm erlaubt, dir nahe zu kommen, und er hat eine uralte Wunde in dir berührt. Die Wunde des Vergessens. Du hast irgendwann auf deiner Reise vergessen, wer du wirklich bist. Das ist die eigentliche Wunde.

Die Tiefe deines Schmerzes ist ein Ausdruck dafür, wie weit du dich von deiner wahren Natur entfernt hast. Jedes Mal, wenn du die Kleider deiner Scheinidentitäten abstreifst, um einem anderen Menschen nackt und ungeschützt zu begegnen, riskierst du, dass die alte Wunde wieder berührt wird und aufbricht. Sie wird und sie muss aufbrechen. Es gibt keine Alternative. Du wurdest geboren, diese Wunde zu fühlen und zu heilen.

Deshalb hast du vor langer, langer Zeit einigen wenigen Menschen die Vollmacht gegeben, zum richtigen Zeitpunkt in dein Leben zu kommen und mit den kleinsten Gesten deinen Schmerzkörper bis ins Mark zu erschüttern, längst vergessene Ängste wachzurufen und dein Herz ins Licht und in die Dunkelheit weiter und weiter auszudehnen. Kämpfe nicht gegen diese Menschen. Achte sie. Es sind deine Zen-Meister, deine Heiler, deine Befreiung.«[1]

Dass wir auf der Erde sind, um bedingungslos zu lieben, heißt aber nicht, dass wir uns alles bieten lassen müssen. Dass wir hier sind, um Vergebung zu lernen, bedeutet auch nicht, dass wir ein Spielball der Launen anderer sind.

Wie wir in unserer eigenen Kraft, in unserem Feuer stehen bleiben und vollkommen offen und gleichzeitig voller Liebe für den anderen sein können, das möchten wir, Mike und ich, Ihnen in diesem Buch zeigen.

Natürlich können wir das nur üben, wenn wir eine Bühne haben, ein Thema, das so schwierig ist, dass es all unsere spirituellen, seelischen und Herzenskräfte braucht – weil wir genau diese entwickeln wollen.

---

1 Veit Lindau: »Nähe und Schmerz«, http://www.lifetrust.info/news/nahe-und-schmerz.html.

Gerade sehr spirituelle Beziehungen haben also oft eine besondere Aufgabe, bringen uns mit den tiefsten Themen in Kontakt, mit jenen Themen, die wir nur mit einem Menschen durchleben können, den wir sehr lieben und mit dem wir eine tiefe seelische Verbindung haben – einem Menschen, dem wir die Vollmacht gegeben haben, uns im Kern zu berühren. Spirituelle Beziehungen tragen oft eine Menge Karma, das von beiden Partnern gemeinsam erlöst werden will, und DARUM geht es dabei. Genau das ist der Sinn von spirituellen Beziehungen. Für beide soll etwas wahrhaft Neues entstehen können.

Wir wissen oft nicht, wie es sich anfühlt, Liebe zu verwirklichen, aber wir wissen sehr genau, wie es ist, in Angst zu leben. Dieses Buch möchte Ihnen Kraft schenken, Hoffnung geben und Werkzeuge zur Verfügung stellen, mit denen Sie das tun können, wozu wir alle einzig und allein auf diesem Planeten sind: dazu, uns in Liebe zu begegnen. Ob es letztlich ein Buch darüber wird, wie man sich trennt, oder ein Buch darüber, wie man zusammenbleibt, wissen wir beide jetzt, im Moment des Schreibens, noch nicht. Wahrscheinlich wird es beides. Wir werden sehen.

Wir alle brauchen neue Kräfte, um die hohe Energie, die mehr und mehr in unser Leben einströmt und verwirklicht werden will, halten und sie in gelebtes Leben, in Handlungen übersetzen zu können. Die neue Energie fordert unbedingte Klarheit und Aufrichtigkeit. Was dem Atem des Drachen nicht standhält, wird zerstört – manchmal sogar, um neu geboren zu werden. Wir müssen als Schöpfer unserer eigenen Wirklichkeit erwachsen werden. Willkommen in der neuen Energie! Die Zeit des Ausprobierens und der spirituellen Kinderschuhe ist vorbei …

Deshalb schauen wir uns in diesem Buch zum einen an, wie unsere innere wilde, ursprüngliche Frau uns dabei hilft, unsere Beziehungen zu meistern. Sie ist im Besitz ihres Hochzeitskorbes, der Schoßkraft, und sie weiß, wie man mit deren Hilfe Träume auf die Erde bringt, sich selbst verwirklicht, erfüllt und voller Lust leben kann.

Wir treffen auch den inneren wilden Mann, der mit seinem Feuer in Kontakt steht, der es hütet und nährt und weiß, wie er damit in jeder Hinsicht Leben spendet. Das Symbol des Mannes ist der Stab, mit dem er das Leben und sein Feuer weitergibt – das Feuer, nicht etwa die Asche, die nur eine Erinnerung an das Feuer ist.

Wir leben in einer Zeit der Energieerhöhung, das ist Ihnen sicher bekannt. Wir brauchen deshalb neue Werkzeuge, viel mehr Liebe und Klarheit als je zuvor, damit wir uns all den Herausforderungen stellen können, die durch unsere Beziehungen entstehen. Unsere Liebesbeziehungen bilden den Raum, in dem nun, wenn wir es erlauben, die neue Energie von Klarheit, Liebe und Selbstbestimmung wirksam werden kann.

Gerade die Bereiche, die schwierig sind, die uns immer wieder zu der Frage »Willst du das wirklich länger tragen?« veranlassen, brauchen Erlösung, denn überall dort, wo unsere Beziehung ins Stocken geraten ist, fließt das Leben nicht mehr richtig, es wird gebremst oder gar am Fließen gehindert.

Dieses Buch will Ihnen Werkzeuge geben, mit denen Sie das Leben wieder einladen können, die Sie durchlässiger machen und hingebungsvoller, standhafter, aber auch unabhängiger.

Es ist ja eigentlich ganz einfach: Wenn eine Beziehung kein Entfaltungspotenzial mehr hat, dann ist sie entweder schon vollkommen stimmig und harmonisch, oder der gemeinsame Auftrag wird bald enden.

Was aber ist mit den Beziehungen, in denen es zwar schwierige Bereiche gibt, die aber mit so viel Liebe und Schöpferpotenzial erfüllt sind, dass es einfach Lösungen geben muss? Was tun Sie, wenn Sie spüren, dass ein Bereich Ihrer Beziehung blockiert ist, das Leben nicht mehr frei fließt? Was tun Sie als Frau, wenn Sie vor Herausforderungen stehen, die Sie in jedem einigermaßen spannenden Frauenroman lesen können? Was tun Sie, wenn er sie betrogen hat und nun ein Kind mit einer anderen bekommt, Sie aber liebt? Was ist, wenn Sie selbst einen Liebhaber hatten, warum auch immer, und nun mit einer Krankheit infiziert sind? Wenn genau das passiert, was Sie nicht einmal in Ihren schlimmsten Albträumen erleben wollen? Was tun Sie, wenn Sie einen Schmerz serviert bekommen, der Sie umwirft, Sie aber dennoch spüren, dass ein Prozess stattfinden will und Sie die Frage »Gehen oder bleiben?« nicht so einfach beantworten können, wie Ihre beste Freundin das vielleicht gern hätte? Was tun Sie, wenn Ihre Beziehung auf einmal vom Atem des Drachen berührt wird, wenn die tiefsten Wunden und Sehnsüchte sichtbar werden?

Wie können wir im Feuer des Drachen stehen bleiben und gerade dann unserem Herzen folgen – nicht unserem Rettersyndrom, nicht unserer gewohnten Art, sich je nach Tagesform von allem abzuschneiden oder aber sich aufzuopfern, sondern wirklich unserem tiefsten Herzen?

Der Atem des Drachen fordert vollen Einsatz und absolute Klarheit. Alles, was ihm nicht standhalten kann, verbrennt er, all das stürzt er, so dramatisch es klingen mag (und so dramatisch es ist), ins Unglück. Der Atem des Drachen fordert, wenn wir von ihm berührt werden, Entscheidungen und einen Reifungsprozess. Je nachdem, ob wir in seinem Feuer stehen können oder nicht, bringt der Drache also Heilung und Glück oder Tod und Zerstörung. Es handelt sich dabei nicht um eine Entscheidung, die wir treffen können, denn der Drache ist ein Werkzeug des Lebens, der göttlichen Ordnung und des globalen Bewusstseinsprozesses; er ist es, der die Schwelle hütet. Der Drache berührt uns mit seinem Atem, um uns in unsere tiefsten, unbewussten Stellen zu führen, in unsere tiefsten Schmerzen, in unsere tiefsten Sehnsüchte, in alles, was uns ausmacht. Er verbrennt das Ego und entzündet unser wahres Feuer, wenn wir ihn lassen. Wir kommen nicht an ihm vorbei, wenn er uns ruft. Stellen wir uns also in sein Feuer, und schauen wir, was mit uns passiert.

Weil viele Menschen Liebe mit Sucht verwechseln, möchten wir Ihnen hier zunächst eine Checkliste geben, mit der Sie erkennen können, ob die vorherrschende Kraft in Ihrer Beziehung überhaupt Liebe ist oder ob es sich nicht um Co-Abhängigkeit handelt.

Woran erkenne ich Co-Abhängigkeit?

CoDa, die Gemeinschaft der Anonymen Co-Abhängigen, beschreibt aus Erfahrung folgende Symptome:

- Ich habe Schwierigkeiten zu erkennen, was ich fühle.
- Ich halte mich für völlig selbstlos und dem Wohl anderer verpflichtet.
- Ich habe Schwierigkeiten, Anerkennung, Lob und Geschenke anzunehmen.
- Ich verleugne meine eigenen Werte, um nicht von anderen abgelehnt zu werden.
- Ich verbleibe zu lange in für mich schädlichen Beziehungen und Situationen.
- Ich bewerte, aus Angst vor Ablehnung und Abwertung, Ansichten und Gefühle anderer höher als meine eigenen.
- Ich muss »gebraucht« werden, um dadurch meine Lebensberechtigung zu erfahren.[2]

In jeder Beziehung ist es schön, gebraucht zu werden, und wir geben gern, was wir haben, nehmen auch gern, was der andere uns zur Verfügung stellt. Es ist auch angemessen, auf eine gewisse Weise in Abhängigkeit zu geraten, denn wir bauen ja ein gemeinsames Leben auf, das von beiden bestimmt wird.

In einer co-abhängigen Beziehung verleugnen Sie allerdings Ihre Wahrheit. Sie verbiegen sich, Sie vertuschen, Sie haben Angst, ertappt zu werden, Sie erlauben, dass Ihnen Energie geraubt wird – und womöglich rauben auch Sie Ihrem Partner Energie. Es fühlt sich einfach nicht gut an, Sie kontrollieren sich selbst, Ihre Reaktionen sowie die des Partners.

In einer gesunden Beziehung bekommt das Leben Raum, Sie öffnen sich ihm immer weiter, und es darf fließen, wie es will.

---

2 http://www.coda-deutschland.de

Mutig gehen Sie Herausforderungen an, und Sie erlauben sich gegenseitig, zu fühlen, was Sie wirklich fühlen, die Gefühle mitzuteilen und sich auch Ihre Reaktionen darauf zuzumuten. Sie sorgen füreinander, wenn sich das gut anfühlt, aber Sie sind dabei frei und dürfen sich auch anders entscheiden.

In der Co-Abhängigkeit haben Sie Angst, den anderen zu verletzen, und sagen deshalb nicht, was Sie wollen, fühlen und denken, erlauben sich nicht einmal Gefühle und Gedanken, die Ihrem ausgesprochen oder unausgesprochen existierenden Emotionalvertrag zuwiderlaufen.

Wir müssen lernen, loszulassen und dem Leben zu erlauben, auf einer höheren Stufe, in einer höheren Ordnung zu wirken – egal wie sich das für uns äußern wird. Wir stellen unsere Beziehungen zur Verfügung für Liebe und Wachstum – wie auch immer sie sich entwickeln werden. Wenn Sie das wollen, wenn Sie Ihre Beziehung zur Erlösung und zur Verwirklichung des höchsten Ihnen gemeinsam zur Verfügung stehenden Potenzials führen möchten, dann freuen wir uns sehr, Sie auf diesem Weg zu begleiten.

Manchmal ist es auch genau das Richtige, eine Beziehung zu beenden – ja, das tut weh, aber das Herz weiß, dass es vorbei ist, und letztlich ist es bei allem Schmerz gut, dass es so ist.

Wie aber gehen wir damit um, wenn wir den anderen sehr lieben, wenn wir spüren, dass wir mit ihm zusammenbleiben, uns aber nicht zum Opfer jener Bereiche machen wollen, die nicht fließen oder uns zutiefst verletzen?

Hier sind die innere wilde Frau und der innere wilde Mann gefragt, denn sie verkörpern die ursprüngliche Kraft, die ungezähmte, also nicht domestizierte Lebensenergie. Sie können dem Drachen standhalten, sie sind Teil der Erde. Lassen Sie uns folgende Fragen anschauen:

Wie schütze ich meine Beziehung? Wie entfalte ich ihr höchstes Potenzial? Wie lebe ich das Sowohl-als-auch der neuen Energie? Was braucht es, um die Liebe und das Leben in aller Klarheit, aber auch in aller Kompromisslosigkeit zu verwirklichen?

Grundlagen dafür sind Selbstverantwortung in der Beziehung (was nichts anderes bedeutet, als den eigenen, teilweise sehr schmerzhaften Wachstumsprozess ernst zu nehmen und zu durchleben), Offenheit für immer neue Lösungen sowie das Erkennen der gemeinsamen heiligen Aufgaben. Es geht ums Ganze, denn durch uns öffnen sich die Kanäle für eine völlig neue Form und Dimension der Lebenskraft, Liebe und Klarheit. Das ist der Quantensprung. Wenn wir nicht aufgeben (außer, wir spüren, dass es wirklich keinen Sinn mehr hat), sondern bereit sind, alles zu tun, was nötig ist, damit Lösungen entstehen, dann bringen wir in diesem Bereich unseres Lebens den Himmel auf die Erde. Und deshalb sind wir doch hier, oder?

Wie man seine Beziehung auch in schwierigen und sehr schmerzhaften Zeiten und Situationen führt, wie man den Mut findet, nicht aufzugeben, sondern sich selbst immer wieder auf Liebe und Fülle ausrichtet, das möchten wir in diesem Buch zeigen und zusammen entwickeln. Und weil es eben nur gemeinsam geht, schreiben wir das Buch gemeinsam, ich schreibe es zusammen mit dem Mann, der an meiner Seite ist und mit dem ich all diese Dinge lernen darf. Wir sind auf dem gleichen Weg wie Sie alle.

Wir können gemeinsam das Paradies erschaffen, indem wir darauf bestehen, dass es kommt und indem wir alles loslassen, was nicht seiner gefühlten Energie entspricht.

Gemeinsam schauen wir uns die Schlüssel zu einer neuen Liebesbeziehung an, einer transformierten Beziehung, in der Mann und Frau (oder männliche und weibliche Energie, falls Ihnen das lieber ist) gemeinsam das Tor zur nächsten Stufe von Liebe, Freiheit und Klarheit bilden.

Der Weg dorthin erfordert weitaus mehr Klarheit, als wir uns vorgestellt hatten, und die Prozesse sind schmerzhafter und ausdrücklicher als befürchtet. Die Dualität wirkt, die Dinge sind schwarz oder weiß, richtig oder falsch – weil das Leben auf der Erde so ist. Sie sind schwanger oder nicht. Sie leben oder sind tot. Sie wachsen und finden einen Ausdruck oder nicht. Die Dinge werden von Liebe getragen – oder eben nicht. Es gibt keine Halbheiten mehr. Die neue Energie aber ist in der Lage, alles, wirklich alles, was dem Atem des Drachen standhält, zu einem harmonischen Ganzen zusammenzufügen, all die Lebensbereiche, die für Sie wesentlich sind, zu vereinen. Hier wirkt dann das Sowohl-als-auch. Doch nur jene Lebensbereiche, die der Feuerprüfung standhalten, bleiben bestehen – und hier sind wir, mitten in dieser Feuerprobe. Und die ist allumfassend.

Es mag sich widersprüchlich anhören, wenn wir auf der einen Seite sagen, dass die Dinge schwarz oder weiß sind und auf der anderen Seite, dass das Sowohl-als-auch gilt. Es ist aber nicht widersprüchlich, es hängt nur von der Ebene ab, auf die wir schauen. Denn in ihrer Wirkung und Konsequenz manifestieren sich die Dinge nach wie vor eindeutig. Sie sind schwanger, oder Sie sind nicht schwanger. Eine Pflanze blüht, oder sie blüht nicht. Sie zahlen Ihre Schulden, oder Sie zahlen sie nicht, und dann steht eines Tages der Gerichtsvollzieher vor der Tür, oder Sie werden den Ausgleich auf eine andere Weise tätigen müssen, sonst bleibt Ihre Energie irgendwie schief. Es gibt Konsequenzen, Sie werden zur Rechenschaft gezogen für alles, was Sie entscheiden oder auch nicht entscheiden. Hier gilt »Schwarz oder Weiß«. ABER: Diese Eindeutigkeit ist ein Produkt wirkender geistiger Gesetze, seien es Gesetze der Natur oder karmische Gesetze. Es sind die Gesetze, nach denen das Universum aufgebaut ist und nach denen es in jeder Dimension auf seine Weise funktioniert. Die erdachten, wertenden und kontrollierenden Gesetze aber, die wir erfunden haben, das Schwarz-Weiß-Denken, das unsere Lebendigkeit und Liebe zügelt, das hat keinen Bestand mehr. Es gelten am Ende nur noch die Gesetze der Liebe, der Aufrichtigkeit und der Verantwortlichkeit.

Das Paradies lässt sich selbstverständlich auch in gleichgeschlechtlichen Beziehungen erschaffen. Jeder hat seinen göttlichen Auftrag. Bitte übersetzen Sie sich die Worte und Bilder, die wir nutzen, so, dass es für Sie passt, und verzeihen Sie uns, dass wir nicht näher auf Ihre Art der Beziehung eingehen können.

Wir kennen uns viel zu wenig mit gleichgeschlechtlichen Beziehungen aus, um etwas über deren Energien zu sagen, aber wir sind sicher, dass Sie selbst wissen, wie Sie das, was wir anbieten, umsetzen können, falls es Ihnen dienlich erscheint. In Aufstellungen (und in Gesprächen mit Freunden) zeigt sich immer wieder, dass es in jeder Beziehung um das gemeinsame Schöpferfeld geht, das der männliche und der weibliche Pol miteinander bilden, darum, dass beide Pole wie zwei Magnete ein gemeinsames neues Magnetfeld formen. Wer den männlichen oder weiblichen Pol gerade hält, ist dabei nicht so wichtig, das kann sich auch dauernd ändern, es ändert sich ja auch in uns selbst von Minute zu Minute. Das Schöpferfeld entsteht aus einem sehr flexiblen Zusammenspiel der Energien, die in jeder Beziehung mal vom einen, mal vom anderen verkörpert werden, je nachdem, worum es gerade geht – aber es sind immer die beiden entgegengesetzten Pole. In gleichgeschlechtlichen Beziehungen wechseln diese Pole stärker als in heterosexuellen Beziehungen, es sei denn, die Energien sind sehr klar verteilt. Das Prinzip aber ist das gleiche.

Wir freuen uns sehr, dass wir uns in diesem Buch gemeinsam auf die Reise zu Klarheit und Frieden machen. Sie ist sehr schmerzlich, weil sie uns mit Unerfülltem in Kontakt bringt. Und sie ist wunderschön, weil sie die Kraft der Liebe in all ihrer Schönheit und Größe in Ihnen entfalten wird. Wir hoffen wirklich, Sie können die Werkzeuge für sich annehmen und umsetzen. Danke für Ihre Bereitschaft, den Text zu nutzen.

Teil I –
Von wilden Männern und Frauen

Und nun stellen Sie sich bitte folgende Situation vor: Sie sind glücklich verliebt, haben das Gefühl, den Mann bzw. die Frau Ihres Lebens gefunden zu haben. Alles wäre wunderbar und die Welt voller Möglichkeiten – wäre da nicht dieses bohrende Misstrauen, weil Sie in der Vergangenheit einmal zu oft verlassen worden sind. Egal wie liebevoll und präsent er oder sie auch sein mag, ein Teil von Ihnen glaubt ihm oder ihr kein Wort und rechnet damit, in der nächsten Minute wieder allein zu sein. Sie können sich nicht mehr öffnen und hingeben, weil Sie den Schmerz, diesen vernichtenden Bruch, nicht noch einmal aushalten würden.

Oder Folgendes: Sie leben in einer glücklichen Beziehung, können wunderbar miteinander reden, und er oder sie ist wirklich für Sie da – schläft aber nicht mit Ihnen oder nur sehr selten. Er oder sie hat einfach keine Lust, und »Nein, Schatz, es hat nichts mit dir zu tun.« Auf der einen Seite hat das Vorteile, denn so brauchen Sie selbst nicht immer tipptopp zu sein, sondern können es sich in weiten Pullis gemütlich machen – reden Sie sich ein. Aber da fehlt etwas Wesentliches: der gelebte Ausdruck Ihrer Liebe. Sollen Sie gehen oder bleiben, fragen Sie sich bei aller Liebe, wollen Sie wirklich für den Rest Ihres Lebens auf Sex verzichten? Der Druck im Herzen ist nicht auszuhalten, wenn er oder sie wieder einmal »Gute Nacht, Schatz« sagt und sich umdreht – und Sie spüren das Damoklesschwert nicht gelebten Lebens, Sie wissen, das Leben wird sich seinen Ausdruck nehmen, denn das Leben ist einfach so … Sie warten zitternd vor Angst auf den Betrug, sei es in der Form, dass Sie Ihren Partner betrügen oder er Sie.

Das brauchen Sie sich alles gar nicht vorzustellen, das ist Ihr Beziehungsalltag? Dann seien Sie herzlich willkommen.

Wie gehen wir damit um, wenn eine Beziehung sich gut anfühlt, wir aber spüren, dass ein wichtiger Teil nicht fließt?

Sei es Sex, sei es eine gemeinsame spirituelle Entwicklung, sei es einfach das Gefühl selbst, der Wunsch nach Kindern, die gemeinsame finanzielle Kraft, sei es eine Krankheit, eine Sucht oder was auch immer – was tun wir, wenn wir spüren, dass die Basis wunderbar ist und wir in vielen Bereichen mehr teilen, als wir zu hoffen gewagt haben, aber ein für uns wesentlicher Anteil des Lebens blockiert ist, bei uns selbst und/oder beim anderen? Und nicht nur das: Was tun wir, wenn sich das Leben an der jeweiligen Stelle einen anderen Weg gesucht hat? Das Leben ist klar im Vorteil, es hat bis jetzt noch immer einen Weg gefunden. Es interessiert sich nicht für unser Nein.

Die gleiche Kraft, die entschieden hat, in der Ursuppe auszuprobieren, ob das mit dem Stoffwechsel und den Einzellern funktioniert, die gleiche Kraft, die dafür sorgt, dass in jeder Lage, in jeder noch so unwirtlichen Umgebung lebendiges Wachstum stattfindet, diese Kraft wirkt auch in Ihrer Beziehung. Wenn das Leben kein genügend großes Flussbett bekommt, wenn es klein und eng und reglementiert ist, dann wird dieser Fluss über seine Ufer treten und das Land überschwemmen. Das Gemeine ist: Es spielt keine Rolle, wer von beiden das Flussbett der Beziehung begrenzt. Sie selbst können durchaus sehr offen, weit und frei sein – aber Sie leben in einer Beziehung. Und das bedeutet, dass Ihr gemeinsames Energiefeld den Fluss des Lebens bestimmt. Wenn Ihr Partner an einer Stelle »eng« ist, dann sucht sich das Leben einen anderen Weg – im schlimmsten Fall sogar »mithilfe« des Partners selbst!

Gehen oder bleiben wir? Wann genau geben wir die Hoffnung auf und packen unsere Koffer, wann lassen wir diesen Teil unseres Lebens, diesen Herzenswunsch los? Und können wir das? Können Sie Ihren Wunsch nach einem Kind aufgeben, weil er nicht will oder auch nicht kann? Wollen Sie auf Sex verzichten, weil er Sie liebt, aber keine Lust hat oder seine Lust womöglich sogar mit anderen teilt? Wollen Sie allein zu spirituellen Seminaren gehen und dort Energien erleben, von denen Sie zu Hause nicht einmal reden wollen, weil Sie sowieso keiner versteht? Sind Sie bereit, eine Beziehung zu führen, obwohl Sie immer wieder Angst bekommen, Ihr Partner könnte sich in der nächsten Minute verabschieden, sich einfach nicht mehr melden, wie Sie es vielleicht zu oft erlebt haben? Wollen Sie immer die finanzielle Verantwortung tragen, weil der Partner nicht mit Geld umgehen kann und den Zustand des Mangels verwirklicht? Sind Sie, obwohl er Ihnen einen unfassbaren Schmerz zugefügt hat, bereit, zu bleiben – einfach weil Sie ihn lieben? Und wie gehen Sie damit um, ohne immer wieder in Schuldzuweisungen zu fallen, ohne die Macht zu missbrauchen, die Ihnen das Unrecht des anderen verleiht? Bleiben Sie, auch wenn Sie Ihrem Liebsten eine Affäre zugemutet haben und Schuldgefühle Sie zerfleischen? Bleiben Sie im Feuer der Verantwortung und in Ihrem Schmerz stehen, oder flüchten Sie? Wie übernehmen Sie die Verantwortung, wie kommen Sie in Frieden mit dem, was ist, lassen die Machtansprüche wieder los und gehen gemeinsam mit dem Partner weiter? (Anders ist es natürlich, wenn Sie eine Absprache haben, einer sich um das Geld kümmert, der andere um die Kinder, das Haus oder was Sie sonst gemeinsam erschaffen. Dann haben Sie aber auch keinen Leidensdruck, denn Sie haben es ja gemeinsam entschieden. Auch wenn es sich nicht immer gut anfühlen mag, so spüren Sie doch, dass es stimmig ist.)

Was sagen die wilde Frau und der wilde Mann dazu? Wollen sie in diesem Schmerz leben? Natürlich nicht. Und wollen Sie Ihren Partner/Ihre Partnerin verlassen, obwohl Sie ihn oder sie wirklich lieben? Natürlich nicht. Also: Was nun?

Wir reden in diesem Buch nur am Rande über Beziehungen, die Sie verlassen sollten, weil Sie sonst viel zu viel Energie verlieren würden. In der Hauptsache geht es in diesem Buch um jene Beziehungen, in denen ein riesiges Potenzial vorhanden ist, in denen genug Liebe da ist – und in denen dennoch ein für Sie wesentlicher Teil nicht stimmt, in denen es dennoch Bereiche gibt, die so schmerzlich blockiert sind, sei es bei Ihnen selbst oder beim anderen, dass Sie unglücklich und hoffnungslos geworden sind. Es geht um jene Bereiche, in denen Sie als Mann nur noch Asche statt Feuer und Leben weitergeben, in denen Sie als Frau nicht wissen, wie Sie Leben gebären und nähren können und Ihre Fruchtbarkeit nur noch Sie selbst gerade so am Leben erhält. Wir brauchen die wilde Frau und den wilden Mann, diese unverfälschten Kräfte, die die Rhythmen des Lebens kennen und genau wissen, welche Bereiche Geduld und Nahrung brauchen, um zu reifen, und was hingegen mit Stumpf und Stiel entfernt werden sollte. Die wilde Frau und der wilde Mann, die Sie auch als weise innere Stimme bezeichnen können, haben Zugang zu Informationen, Kräften und Wahrheiten, die Ihnen, wenn Sie voller Schmerz oder Kummer sind, nicht so leicht zugänglich sind. Die beiden wissen, wie man dem Leben dient – und nur dem Leben. Sie sind organisch, keine geistigen Wesenheiten. Sie spiegeln das Leben selbst, diese Lebenskraft, die auf der Erde wirksam ist und sich ihren Raum nimmt, egal wie sehr wir ihn auch zu kontrollieren versuchen. Deshalb brauchen wir die beiden. Am Ende dieses Buches werden Sie Klarheit haben – Klarheit und Frieden. Denn manchmal fehlt einfach nur Frieden.

Reden wir gleich ein bisschen über Männer. Wir werden in diesem Buch viele Männer zu Wort kommen lassen, denn manchmal ist es für Frauen hilfreich, die andere Seite zu hören. Wir stehen alle gemeinsam vor einer wunderschönen Herausforderung. Wir entwickeln uns auf spiritueller Ebene rasant weiter, viele neue Wege sind möglich, und wir sind dazu aufgerufen, unser höchstes Potenzial zu verwirklichen – allein, in der Gruppe, in der Gesellschaft und in Beziehungen.

Stellen Sie sich vor, Sie stehen gemeinsam mit Ihrem oder Ihrer Liebsten vor einem Tor, einem Tor, das Sie in eine neue Welt führt, in eine Welt, in der Klarheit, Liebe und Erfüllung herrschen. Sie können sich sicher denken, dass der Hüter des Tores Sie nur passieren lassen wird, wenn Sie wirklich klar sind, wenn alles auf den Tisch kommt, was noch unklar ist, nicht ausgesprochen, unerlöst oder unterdrückt. Sie können sich außerdem vorstellen, dass all die Bereiche, in denen Sie nicht ganz Ihre eigene Wahrheit leben, wie im Zerrspiegel noch einmal sichtbar werden, wenn Sie vor diesem Tor stehen. Es ist, als würden Sie eine weite Reise unternehmen: Sie brauchen Impfungen, Pässe, bestimmte Kleidungsstücke und ein paar Informationen darüber, wie Sie sich in dem fremden Land zu verhalten haben. Der Hüter dieses Tores ist der Drache. Er wird Ihr Gepäck genauestens überprüfen, und Sie wissen, dass die Strafen drakonisch sind, wenn Sie Drogen, egal welcher Art, mit sich führen – sei es Unbewusstheit, Vermeidung oder bewusste Verschleierung.

Warum aber wollen wir überhaupt in dieses unbekannte Land einreisen? Weil wir müssen. Wie Bewusstseinsflüchtlinge ertragen wir die geistige Armut und die Angst, die Bürgerkriege und Terroranschläge der alten Energien nicht mehr. Wir müssen die Grenze passieren, weil wir sonst in der alten Energie untergehen. Das klingt wieder dramatisch, aber wir haben uns das nicht ausgedacht. Es ist spürbar.

Nun, die Regeln in diesem neuen Land, der Welt der Liebe und Klarheit, könnten so aussehen:

- Verwirkliche das höchste Potenzial deiner Liebe und deiner Möglichkeiten.

- Sei mutig, und lebe deine Wahrheit – und nur deine Wahrheit.
- Zeige dich mit allem, was du bist.
- Erlöse dich selbst und andere durch deine Liebe.
- Diene den geistigen Gesetzen – und nur ihnen.
- Halte deine Verabredungen mit dem Leben ein, und hüte es – jede Verabredung und in allen Bereichen.
- Tanze deine Träume, und bringe sie so ins Leben.

Schwierigkeiten in Beziehungen dienen oft dazu, sichtbar zu machen, welche Bereiche noch unerlöst sind – bei Ihnen und bei Ihrem Partner, aber auch kollektiv. Ein unerfüllter Bereich wirkt deshalb so überlebensgroß, weil dort das Leben nicht fließt. Und weil wir alle Hüter des Lebens sind, wenn auch auf unterschiedliche Weise, ertragen wir es zu Recht nicht, wenn dieses Leben ins Stocken gerät. Genau da ist unser Auftrag, an dieser Stelle möchte das Leben durch uns wieder ins Fließen kommen – sonst würden wir nicht so sehr unter diesem nicht gelebten Bereich unserer Beziehung leiden.

Gabrielle Roth schreibt in ihrem Buch *Totem*[3] sinngemäß, dass wenn ein Hilfesuchender zu einem Schamanen kommt, dieser vier wesentliche Fragen stellt:

- Wann hast du aufgehört, diese Bereiche deines Lebens zu tanzen?
- Wann hast du aufgehört, zu singen?

---

3 Gabrielle Roth: *Totem. Das Praxisbuch zu den Fünf Rhythmen.* Ullstein 2008.

- Wann hast du aufgehört, Geschichten zu hören, damit deine Seele genährt wird?
- Und wann hast du aufgehört, deine eigene innere Stille aufzusuchen?

Für uns ergeben diese vier Fragen sehr, sehr viel Sinn, und wir bieten sie Ihnen deshalb hier an. Vielleicht lösen Ihre Antworten darauf bereits alle schwierigen Themen in Licht, Feuer und Freude auf.

Wir leben in Beziehungen, damit wir gemeinsam ein neues, größeres Feld erschaffen, ein Energiefeld, das wir einzeln nicht halten könnten, weil dazu die Kraft des anderen nötig ist.

Wie ein Kind nur entstehen kann, wenn sich das männliche und das weibliche Prinzip vereinen, so entsteht ein neues, größeres Energiefeld nur, wenn sich zwei in sich selbst bereits stabile und funktionierende Energiefelder treffen. (Genau so, wie nur dann ein gesundes Kind entstehen kann, wenn eine gesunde und stabile Ei- und eine gesunde, in sich komplette Samenzelle miteinander verschmelzen.) In der Beziehung spüren wir nun deutlicher als je zuvor, an welchen Stellen wir die Energien nicht halten können, aber auch, wo beim Partner etwas fehlt, wo er sein Potenzial nicht verwirklicht. Wie aber gehen wir um mit dem Schmerz, dem (meist weiblichen) Groll, der (meist männlichen) Feindseligkeit und dem Leid, das uns ungelebtes (oder gar an einer anderen Stelle gelebtes!) Leben bereitet? Und was soll das, wozu sollen wir überhaupt damit umgehen?

Genau hier trennt sich bereits die Beziehungsspreu vom Weizen: Es hat nur dann einen Sinn, zusammenzubleiben, wenn beide bereit sind, sich anzuschauen, was energetisch blockiert ist. Die innere wilde Frau oder der innere wilde Mann hat ein untrügliches Gespür dafür, ob der andere dazu bereit ist oder nicht (egal was er sagt) und ob es sinnvoll ist, die Beziehung weiter zu führen.

Das heißt nicht, dass gleich Lösungen kommen müssen. Manche Prozesse dauern lang, aber die Hauptsache ist, DASS sie stattfinden. Wir möchten Ihnen in diesem Buch nicht das Wort »Geduld« um die Ohren hauen, das kennen Sie sicher zur Genüge. Wie sollen wir aber geduldig sein, wenn wir doch spüren, dass unser Leben in bestimmten Bereichen ungelebt an uns vorbeirauscht? Und ist das uns selbst gegenüber vertretbar? Haben wir nicht bereits genug Zeit vertrödelt? Wird es nicht Zeit für einen erfüllten Selbstausdruck voller Liebe und Möglichkeiten? Wir haben doch schon so viel entwickelt, entfaltet, sind durch so viele Schmerzen und Engstellen gegangen, haben so viele Seminare besucht, dass es geradezu absurd erscheint, nun aus Liebe zum Partner wieder in der schmerzhaften Warteschleife zu verharren, bis unser Leben sich erfüllt, nicht wahr? Ist das nicht co-abhängig, geben wir uns nicht schon wieder selbst auf?

Wenn wir eine Beziehung führen, brauchen wir echten Frieden mit der Tatsache, dass sich die Dinge in ihrer Zeit entwickeln. Denn wir leben in verschiedenen Dimensionen gleichzeitig: Es kann auf der seelischen Ebene vollkommen in Ordnung sein, in einem unerfüllten Zustand zu leben, wenn wir aus Liebe zum anderen und zum Leben selbst bereit sind, den energetischen

Raum zu halten, in den hinein sich der andere entwickeln kann. Auf der körperlichen, in der Welt gelebten Ebene aber sind der Schmerz und die Wut nicht mehr auszuhalten, sie dauern schon viel zu lange an.

Genauso kann es sein, dass Ihr geistiges Wesen, Ihr hohes Selbst, der Engel, der Sie vielleicht sind, weitergehen und das Tor zur Liebe, zum Glück und zum Frieden endlich durchschreiten möchte. Sie tun es, sie durchschreiten wie eine Lichtgestalt voller Frieden das Tor – und dann drehen Sie sich noch einmal um und erkennen, dass ein wesentlicher Teil von Ihnen nicht mitkommen will, sondern auf den anderen wartet. Die innere Frau oder der innere Mann bleibt aus lauter Liebe stehen und versucht, die Dinge voller Mitgefühl bereinigen. Wir haben uns bereit erklärt, den Drachen zu erlösen, und er braucht nun mal seine Zeit.

Nun ist es an dem Engel, an dem geistigen Wesen, das Sie sind, sich der Entscheidung des Menschen zu beugen, denn Sie dienen in dieser Phase des Prozesses nur noch der Liebe (Vorsicht: NICHT der Co-Abhängigkeit oder der Angst, allein zu sein!) – und wer weiß, vielleicht hat auch das geistige Wesen, das Sie sind, etwas zu lernen. Mitgefühl zum Beispiel.

Wie gehen Sie mit so etwas um, was können Sie sich zumuten und was nicht? Wenn es in Ordnung ist, bestimmte Lebensbereiche noch eine Weile unerfüllt zu lassen, damit der andere Zeit hat, in der Erfüllung, in der Liebe und im Leben anzukommen, wie leben Sie mit dem Schmerz? Wohin mit dem Groll? Wie bewahren Sie Ihren inneren Frieden? Und woher wissen Sie, dass Sie nicht wieder nur Ihre Zeit verschwenden?

Nun – Sie haben diesen Partner angezogen. Und so leid es uns tut, das zu schreiben: Sie müssen noch einmal schauen, wozu es diente. Denn wenn Sie sich dem »Nein« des anderen stellen und schauen, was es in Ihnen berührt, dann kommen Sie tiefer und tiefer in Kontakt mit Ihren wahren Wünschen und Sehnsüchten.

In uns allen gibt es Bereiche, die noch nicht erlöst sind und die noch viele, viele Geschenke des Lebens bereithalten. Es darf schön sein, diese Bereiche zu erlösen, wir müssen nicht mehr im Schmerz baden, es darf ein aufregendes Abenteuer sein, besonders wenn wir es mit unserem geliebten Partner erleben. Die wilde Frau und der wilde Mann sind so unsagbar kraftvoll, dass es eine Freude ist, sie in immer neuen Facetten kennenzulernen und zu erleben – und dann wird die Beziehung gerade durch Engpässe zum Abenteuer!

Wir möchten mit diesem Buch dazu beitragen, dass Männer und Frauen neue Wege erkunden, dass Frauen besser verstehen, welch langen Weg Männer zu sich selbst zurücklegen müssen, dass Männer einen Eindruck dessen bekommen, was Frauen, besonders aber sie selbst, erleben – und dass sich unsere Herzen füreinander öffnen.

Es wird Zeit, die alten Wunden zu heilen, die das Männliche dem Weiblichen und das Weibliche dem Männlichen zugefügt hat, außerdem natürlich jene Wunden, die das Männliche und das Weibliche sich jeweils selbst beibringen. Besonders aber brauchen wir Möglichkeiten, unser Leben erfüllend zu leben, obwohl unser Partner seinen Prozess durchlebt. Wir haben lange genug auf Erfüllung gewartet, nun gibt es etwas Besseres als Geduld – nämlich Frieden, Vertrauen, Mitgefühl und unseren eigenen Prozess. Es wird Zeit, sich noch tiefer, immer tiefer auf das Leben einzulassen, bisherige Vorstellungen loszulassen und das Leben wirklich zu nehmen.

Dieses Buch ist also ein Buch für Männer und für Frauen. Wir hoffen sehr, dass es Ihnen dabei hilft, in Frieden miteinander zu kommen. Es wird Zeit, dass die erlöste männliche Kraft mit der erlösten weiblichen Kraft den Tanz der Liebe, der Hingabe an das Leben und der Freiheit tanzt, finden Sie nicht? Und bitte erlauben Sie uns, Sie ab jetzt mit »du« bzw. »ihr« anzusprechen. Auch wir gehen den gleichen, manchmal äußerst schmerzvollen, aber tief erfüllenden Weg. Deshalb schreiben wir dieses Buch auch als Paar. (Genauer gesagt: Wir arbeiten gemeinsam daran, aber ich, Susanne, schreibe alles auf.)

Lasst uns schauen, wohin dieser Weg uns führt, ja?

Das Drama der Männer

Wir Frauen haben vieles von dem entfaltet, was unserer eigenen Kraft entspricht. Wir haben die Göttin auf die Erde gerufen, wir haben uns selbst und unsere Sexualität mehr oder weniger erlöst, wir gehen den Weg der Heilung. Wir dürfen lernen, immer weiter und freier zu werden, besonders unsere Schoßkraft immer bewusster zu entfalten, und wir sind auf dem Weg. (Und wenn nicht, dann wird es langsam Zeit!)

Das mag arrogant klingen, aber es ist einfach so. In den mehr als zwanzig Jahren, in denen ich, Susanne, nun Menschen auf ihrem Weg begleite, habe ich Tausende von Frauen in meinen Seminaren erlebt – aber nur hundert Männer. Das mag daran liegen, dass ich eine Frau bin, denkt man zunächst, aber männlichen Seminarleitern geht es genauso.

»Wo sind nur die Männer?«, fragten wir in der Vergangenheit immer wieder. Auf dem Weg, liebe Frauen, sie sind auf dem Weg. Aber sie brauchen Hilfe, liebevolle Unterstützung. Und wir Frauen brauchen die Männer, wir brauchen diese schützende und erdverbundene Tatkraft, das Feuer, das sie uns zur Verfügung stellen. Es war sinnvoll, dass sehr viele von uns einen langen Weg allein gegangen sind, aber jetzt ist es Zeit, dass Frauen und Männer sich treffen und gemeinsam etwas Neues erschaffen – und zwar von einem kraftvollen und erlösten Platz aus. Ja, ihr spürt es richtig, es ergibt keinen Sinn mehr, allein zu sein. Wir haben alles entfaltet, was wir allein entfalten konnten. Es wird Zeit, dass die Männer in unseren Chor eintreten und wir unser Lied gemeinsam singen. Vieles von dem, was in uns noch erlöst werden will, können wir nur in Beziehungen erfahren, allein kommen wir in diese Bereiche gar nicht hinein. Die nächste Dimension, in die wir schon seit Längerem aufsteigen, können wir nur gemeinsam erreichen. Das heißt natürlich nicht, dass es ohne Partner nicht geht. Es geht aber nicht ohne die erlöste männliche und weibliche Kraft. Der Schmerz, den wir spüren, wenn wir die Blockaden in unserer Partnerschaft erleben, drängt uns dazu, den Weg der Erlösung zu gehen, selbst wenn wir uns davor scheuen. Lasst uns euch zunächst die archetypische Energie eines Mannes zeigen, lasst uns den inneren wilden Mann erkunden.

Wir werden uns anschauen, warum auch (und gerade!) Männer nicht in der Lage sind, ihrer eigenen Kraft zu folgen (obwohl es für Frauen von außen durchaus oft so aussehen mag!), was Frauen dazu beitragen können, dass es ihnen möglich wird, und wie wir mit all diesen Unterschieden umgehen lernen.

Die zerstörerischste Energie des Planeten ist die männliche sexuelle Kraft. Das Schlimmste und Erniedrigendste, was man einem Menschen antun kann, ist (natürlich neben Mord) eine Vergewaltigung. Es ist die größte und wirksamste Waffe, mit der Männer ihre Überlegenheit und Dominanz demonstrieren. Aller Machtmissbrauch gipfelt in der sexuellen Nötigung. Auch der sexuelle Betrug innerhalb einer Beziehung ist nicht auszuhalten, gibt der Mann doch sein Heiligstes, das Leben, sein Feuer, an einen anderen Menschen weiter.

Ist dir klar, was das bedeutet? Immer dann, wenn ein Mann seine eigene sexuelle Energie, sein Feuer spürt, ist er mit dem Kollektiv verbunden, mit allem, was männliche sexuelle Energie je angerichtet hat. Er spürt die Last der eiskalten, stinkenden Asche. Gerade die feinsinnigen Männer, die, die wirklich etwas Neues erschaffen wollen, schneiden sich oft völlig von ihrer Kraft ab, weil das Kollektiv nicht auszuhalten ist. Wie soll sich ein Mann dieser Energie hingeben, wenn sie doch durchtränkt ist von Tod, Zerstörung, Heimlichkeiten, Beschämung, Wut und Lebensverachtung?

Die Kraft, die dafür sorgen sollte, dass Leben entsteht, wurde so dramatisch missbraucht, dass sie sich vielleicht nicht mehr erlösen lässt. Die Leben spendende sexuelle Energie ist so sehr verschmutzt und pervertiert, sie wurde (und wird!) so oft verzerrt, um zu erniedrigen und zu töten, dass es kein Wunder ist, dass Männer sich mit Schaudern von sich selbst abwenden.

Und noch etwas kommt hinzu: Viele Männer haben Angst vor ihrer sexuellen Kraft, weil sie sich oft nicht auf eine Frau beschränken will. Das wollen wir Frauen nicht gern hören, und es macht uns Angst (obwohl es uns ja umgekehrt oft genauso geht). Wir beide erleben es in unseren Seminaren sehr oft, dass Männer ihre Energie lieber im Zaum halten, damit sie innerhalb ihrer festen Beziehung nicht in Schwierigkeiten kommen. Das hat mit Erlösung aber wenig zu tun. Wie also können wir in einer erlösten, angstfreien, lebendigen Energie miteinander tanzen, wenn diese Energie all unsere Angst vor dem Verlassenwerden auf den Plan ruft? Wir wissen es nicht. Der freie Tanz des Lebens ist vielleicht anders, als wir es erwarten und als Hollywood es uns vorgaukelt.

Wenn aber das Feuer des Mannes vom Herzen genährt wird, nicht vom Ego, sondern vom wesentlichen Kern, dann wird er das Leben, nicht nur die Asche (und auch Versprechungen sind Asche), sondern sein Feuer, dort weitergeben, wo seine Liebe fließt, wo sein Herz schlägt.

Und wir Frauen werden es, wenn unser Hochzeitskorb geöffnet und reich gefüllt ist, nehmen und dann in Dankbarkeit und Freude zur Verfügung stehen, um Leben zu gebären, sei es in Form eines Kindes, eines Projekts, oder sei es für die Beziehung selbst.

Wir können uns nur auf den Weg machen, um es herauszufinden, eine andere Möglichkeit haben wir nicht – und das ist unsere gemeinsame Aufgabe.

Männer sagen dazu:

Wir sollten Insolvenz anmelden und uns für etwas vollkommen Neues öffnen. Lassen wir es gut sein, und lassen wir die alte männliche Kraft los. Sie ist so vergiftet, dass wir nur noch um Gnade bitten können – und dürfen.

Wieso eigentlich sollten wir Frauen Männern zur Verfügung stehen, um ihnen den Raum zu halten, in dem sie sich selbst erlösen können? Und funktioniert das überhaupt? Sollten Männer nicht endlich selbst in die Gänge kommen, ihren Prozess erledigen und dann mit uns zusammen etwas Neues erschaffen? Haben wir nicht lange genug gewartet, und, das ist noch viel wichtiger, haben wir nicht lange genug unter all dem Machtgehabe gelitten? Müssen sie ihren Weg nicht allein gehen? Ja, das müssen sie, und dennoch braucht es uns dazu, weil auch unsere Gnade und unsere Bereitschaft zum Frieden nötig sind, damit Männer den Weg zu sich selbst überhaupt gehen können. Machen wir uns damit nicht schon wieder zum Opfer? Nein. Denn nun wählen wir. Wir brauchen nicht zur Verfügung zu stehen, wir können sehr gut ohne Männer leben, zumindest was unseren Alltag betrifft (energetisch können wir es nicht, das Männliche braucht das Weibliche und umgekehrt). Wenn wir aber aus Liebe dableiben und in aller Klarheit und inneren Freiheit Ja sagen, dann kann echte Erlösung geschehen.

Natürlich machen wir Frauen uns nie wieder zum Opfer, und wenn jemand sich respektlos oder ungebührlich benimmt, dann verlassen wir auf der Stelle den Raum. Genau hier brauchen wir die wilde Frau, denn sie duldet nicht die geringste Opferhaltung. Gleichzeitig aber erkennt sie, ob wir tatsächlich in einer Opferhaltung gefangen sind oder uns aus Liebe hingeben und unsere Liebe zur Verfügung stellen, und das ist ein entscheidender Unterschied. Sie wird uns führen und uns in jeder Sekunde an unsere eigene Kraft, unsere Freiheit und unsere Lebendigkeit erinnern.

Männer sind weniger respekt- als vielmehr hilflos, wenn es um die Entfaltung ihrer eigenen Kräfte geht.

Sie haben also derart große Angst und Abscheu vor ihrer eigenen unerlösten Energie, dass sie sich lieber mit Schaudern von sich selbst abwenden, als sich noch einmal durch unerlöste männliche Kraft zum Täter zu machen.

Kennt ihr diese seltsame Sprachlosigkeit bei Männern? Diese Gleichgültigkeit, die nichts mit Gelassenheit, sondern eher etwas mit Versteinerung zu tun hat (und euch sie am liebsten schütteln lassen würde)? Männer tragen oft so schwer an ihrer eigenen Energie, dass sie nicht mehr fühlen können und wollen und ihren Gefühlen, ihrem Feuer und ihrer Begeisterung nur noch in kleinen, abgeschirmten und geschützten Bereichen Raum geben.

Etwas Neues muss geboren werden. Wie wir Frauen die Kraft der Göttin auf die Erde geholt haben, indem wir uns schmerzlich danach sehnten, so muss nun eine neue, erlöste männliche Energie den Weg zu uns finden. Das geht nur, wenn Männer darum bitten und kapitulieren. Ja, wir Frauen haben auch männliche Anteile, natürlich. Aber unsere Energie hat einen insgesamt weiblichen Ausdruck, deshalb können wir nur bedingt dafür sorgen, dass die männliche Kraft sich erlöst. Unser eigener, individueller Beitrag zur erlösten männlichen Kraft ist der, dass wir unseren männlichen Anteil endlich nutzen, um unsere eigenen Wünsche, Träume und Energien in die Tat umzusetzen. Das ist schon schwierig genug.

Die männliche Kraft selbst können nur Männer erlösen. Tun sie das, holen sie also die neue männliche Energie auf die Erde (wie auch immer sie sich anfühlen wird), dann erlösen sie auch den männlichen Aspekt in uns.

Das ist ein gemeinsamer, ein kollektiver Prozess. Ohne einander geht es nicht, zumindest zeigt sich das immer wieder in der

Energie- und Lichtarbeit, die Tausende verrichten. Besonders gut erkennen wir die grundlegenden Muster und Energien in der Aufstellungsarbeit. (Schaut bitte bei allem, was wir beide sagen, ob es euch berührt. Das ist keine anthropologische Abhandlung, sondern hier spiegeln sich unsere Erfahrungen. Es muss nicht stimmen, aber der Verdacht liegt nahe, denn wir erleben immer wieder die gleichen Strukturen und Muster.) Da Frauen aller Erfahrung nach ihre eigene männliche Kraft nicht erlösen können, nicht wirklich, nicht genügend, müssen das die Männer tun, weil die erlöste männliche Kraft sonst gar nicht zur Verfügung steht!

Was Frauen aber tun können, ist, die weibliche Kraft und damit auch die weibliche Energie im Mann zu erlösen. Diese Erlösung, die durch uns geschieht, führt dazu, dass sich nun auch Männer auf den Weg machen können.

Das ist die Voraussetzung für den männlichen Prozess, denn es braucht die weibliche Kraft, die den Raum hält, die weibliche Liebe, die Fürsorge und das Mitgefühl – vor allem in den Männern selbst. Der innere weibliche Aspekt der Männer hält den Raum für ihre eigene Entwicklung. Ihren Weg müssen Männer aber allein gehen, wie wir das auch getan haben. Doch wir können eben da sein und den Prozess ermöglichen und schützen. Ohne uns Frauen geht es nicht, das erleben wir immer wieder in den riesigen Heilkreisen und den Kollektivaufstellungen, die zunehmend stattfinden. Der tiefe weibliche Wunsch, Männer zu erlösen, ist also nicht nur Co-Abhängigkeit, sondern auch unsere Vereinbarung – wir können die Männer nicht erlösen, aber wir halten den Raum und stellen die mitfühlende und vergebende weibliche Kraft zur Verfügung. Wir Frauen mussten den Weg zuerst gehen, denn zuerst braucht es die Hingabe und das Fühlen, sonst kann der Prozess nicht stattfinden.

Indem wir die erlöste weibliche Kraft zur Erde gerufen haben, steht sie auch den Männern zur Verfügung und fließt in deren weiblichen Aspekt. Dann tun die Männer das Gleiche für sich selbst und damit auch für uns: Sie lassen los und kapitulieren, öffnen sich für die neue männliche Energie. Wir erlösen uns also tatsächlich gegenseitig.

Es braucht für diesen Prozess unsere weibliche Kraft, weil wir wissen, wie man Prozesse hält, wie man Raum gibt und den Entwicklungen Zeit lässt – einfach, weil wir das immer dann tun, wenn wir Kinder bekommen. Es liegt in unserer Natur, zu wissen, dass Prozesse Raum brauchen und dass Hingabe, achtsames Nichtstun und Loslassen oft die hilfreichsten Werkzeuge sind. Diese Werkzeuge stellen wir Männern zur Verfügung – weil wir sonst nicht weiterkommen. Wenn wir im Groll verharren und Forderungen stellen, ohne die Kraft der Liebe zu nutzen, dann erfüllen wir unseren eigenen Anteil der Verabredung nicht. Abgesehen davon ist es nicht besonders erlöst, diesen Dienst zu verweigern, und wir sollten uns, wenn wir diesen Impuls in uns spüren, vielleicht noch einmal unsere Wut und unseren Schmerz anschauen. Denn unsere Aufgabe ist es, die weiblichen Aspekte der göttlichen Kraft zu verwirklichen.

Könnte es nicht sein, dass wir nun die weibliche Christuskraft (oder eine andere, für euch stimmige weibliche spirituelle Energie) zur Erde bringen sollten? Was würden Maria, Jesus' Mutter, und Maria Magdalena, seine Gefährtin, tun, wenn sie in genau deiner Situation wären? (Nenn diese Kraft bitte so, wie du willst, so, wie sie deinem Glauben und deiner Erfahrung entspricht, in jeder Religion gibt es männliche und weibliche Aspekte.) Wenn Jesus Christus, der Hüter der Christusenergie, des Mitgefühls und der Liebe, vor dir stünde, was würde er dir sagen?

Für uns hört sich das so an:

Lasse Gnade und Barmherzigkeit walten. Vergib denen, die mich ans Kreuz geschlagen haben. Vergib den Befehlshabern und denen, die mich verraten haben. Vergib denen, die das Kreuz zimmerten und denen, die mich quälten. **Erst wenn auch derjenige, der mir den ersten Nagel ins Fleisch geschlagen hat, ein erfülltes und glückliches Leben lebt, sich selbst vergeben hat und in Frieden ist, bin ich erlöst, erst dann ist meine Botschaft auf Erden angekommen.** Lasse deinen Groll und deinen Schmerz los, erkenne die großen Zusammenhänge, und vergib ihnen und dir selbst jede Schuld. Lasse Mitgefühl in dein Handeln einfließen, und öffne dein Herz ganz neu.

Ist es nicht anmaßend, Gnade walten zu lassen? Wer sind wir, dass wir überhaupt auf die Idee kommen, wir hätten ein Recht darauf? Ganz einfach: Wir können es. Wir dürfen Gnade walten lassen und um Gnade bitten, weil wir wissen, wie es funktioniert. Auf der Ebene der Schöpferkraft und der spirituellen Verabredungen gibt es keine Opfer, aber da gibt es auch keine Täter und nichts zu erlösen. Hier auf der Erde, in der gelebten Energie und Erfahrung, gibt es aber den Schmerz, die Schuld und die Sühne. Männer sühnen, indem sie sich das Leben selbst verweigern, ihre Kraft nicht nutzen und ihre innere Leere verdrängen, statt sich ihr zu stellen und das Leben zu umarmen. Frauen sühnen, indem sie sich sinnlos, also nicht dem Leben dienend, aufopfern und mehr und mehr ihrer Schoßkraft weggeben. (Natürlich gilt das für beide Geschlechter, Männer können durchaus den Weg der weiblichen Energie verwirklichen und umgekehrt, bitte lest mit offenem Herzen, und haltet euch nicht an den Rollenverteilungen fest, darum geht es nicht!)

Den aktiven männlichen Teil der Erlösung müssen Männer selbst in die Hand nehmen, so weit waren wir nun schon – aber sie müssen es durch Hingabe tun, und hier wird es schwierig.

Den Prozess müssen Männer selbst durchleben, und das ist das Problem: Männer durchleben nicht gern Prozesse. Das, was wir Frauen alle vier Wochen erleben, das, was wir erfahren, wenn wir Kinder bekommen, diese vollkommene Hingabe an einen Prozess, den wir sowieso nicht ändern können, ist für Männer völlig fremd und auch gar nicht tragbar. Männer kontrollieren, haben die Dinge im Griff und machen sich die Welt untertan. Das ist ihre Stärke und ihre Aufgabe, genau die Kraft, die uns ergänzt, wenn sie an die Liebe und die Achtung vor dem Leben gebunden ist.

Sich irgendwelchen Prozessen hingeben können nur die, die keine Angst mehr haben, die im Vertrauen auf die natürliche Ordnung loslassen können. Uns Frauen ist das Wesen der Hingabe in die Wiege gelegt – und wir wissen, wie schwer wir uns dennoch damit tun! Männern dagegen ist die Tatkraft gegeben worden.

Männer müssen handeln, damit sie sich selbst wieder fühlen. Feuer ist Tatkraft, und Männer müssen ihr Feuer spüren. Wir Frauen dagegen haben die Schale, die Hingabe, und wenn wir ein Problem haben, müssen wir reden und getröstet werden, wir brauchen das mitfühlende Gehörtwerden, um uns selbst wieder wahrzunehmen, um wieder mit uns selbst in Fluss zu kommen.

Männer möchten uns helfen, indem sie uns Handlungsvorschläge unterbreiten. Es ist wichtig, dass sie verstehen, dass wir Frauen schon wissen, was zu tun ist, wenn wir uns erst wieder selbst fühlen, dass wir einfach eine Umarmung brauchen, damit wir wieder ins emotionale Gleichgewicht kommen. Noch wichtiger ist jedoch, dass wir Frauen verstehen, dass Männer uns ihre Anteilnahme zeigen, indem sie uns Lösungen anbieten, denn das ist es, was Männern hilft, sich wieder zu spüren. Es ist nicht unsensibel, sondern einfach die männliche Art der Hilfestellung. Genauso will ein Mann oft nicht »reden« wenn er ein Problem hat. Wenn wir ihm helfen wollen, dann entwickeln wir die Lösung mit ihm zusammen.

Die Frage »Was fühlst du?« hilft einem Mann nicht, sondern stresst ihn nur erst recht, denn er wird sich selbst erst wieder fühlen, wenn er handelt!

Das macht es so schwierig, diese nötige innere Wandlung geschehen zu lassen. Männliche Kraft ist nun mal Tatkraft und Aktivität, Yang-Energie. Hingabe ist für Männer genauso schwer zu erlernen, wie es uns Schwierigkeiten bereitet, mit unserer Kraft sichtbar zu werden und unsere Träume in die Tat umzusetzen.

Neulich habe ich einen wirklich spannenden Satz gelesen:

Einen Mann zu bitten, seine Gefühle zu zeigen, ist ungefähr das Gleiche, als bäte ein Mann dich, mal eben einen Fallschirmsprung zu machen.

Und genauso wie Männer nicht verstehen können, worin unser Problem liegt – wir brauchen doch »nur aus dem Flugzeug zu hüpfen« –, können wir nicht verstehen, was so schwierig daran sein soll, mal eben rasch alle Gefühle in sich zu spüren und in vernünftige Worte zu fassen. Aber es IST für Männer so schwer.

Männer sind Macher. Sie TUN. Die Wahrheit eines Mannes erkennen wir zumeist an dem, was er tut, nicht an dem, was er sagt.

Wir Frauen SAGEN unsere Wahrheit, egal wie wir handeln. Wir können zehnmal am Tag Nein sagen und die Dinge dennoch gegen unseren eigenen Willen tun. Unsere Wahrheit liegt im Wort, nicht in der Tat.

Das meint nicht, dass wir immer gleich genau sagen, was wir wollen, das wäre zu einfach. Es ist eher dieses Nörgeln, das unterschwellige Mitteilen dessen, was wir wirklich brauchen. DAS ist immer unsere Wahrheit. Würden Männer unserem Genörgel zuhören, wüssten sie, was wir brauchen. Zugegeben, das ist ein hoher Anspruch, und sicher dürften wir Frauen lernen, ein wenig klarer zu werden (dafür haben wir die wilde Frau, und wir werden lernen, ihre Kraft wirken zu lassen). Wir Frauen drücken uns kryptisch und verschlüsselt aus, haben eine Menge Subtext. Aber letztlich sagen wir eben, was wir meinen, egal wie wir handeln. (Ist es ein Wunder, dass Männer sich nicht auf verbale Auseinandersetzungen mit uns einlassen wollen? Sie haben einfach keine Chance, unsere Sprache zu verstehen, ebenso wie wir bei ihnen nach etwas suchen, was gar nicht im Skript steht ...)

Männer sind dramatisch anders. Sie haben keinen Subtext, drücken sich klar und deutlich aus, sagen aber leider oft das, was wir hören wollen. Die Wahrheit eines Mannes liegt in dem, was er TUT.

Egal was er uns erzählt, wenn er es nicht macht, dann will er nicht, ganz einfach.

Bei uns ist es genau andersherum. Egal was wir tun, das, was wir SAGEN, ist das, was wir wirklich meinen. Frauen können ein Leben lang gegen das handeln, was sie in Wahrheit wollen – aber hört ihnen gut zu, liebe Männer, sie sagen es jeden Tag, in jedem Satz spiegelt sich ihre Wahrheit. Männer dagegen sagen oft ein Leben lang, dass sie sich ändern wollen. Ihre Tat aber spiegelt ihren wahren Willen. Ein Mann hat niemals »keine Zeit«, sich zu melden. Wenn er will, dann kann er. Hören wir nichts von ihm, agiert er nicht, dann will er nicht, ganz einfach. WARUM er nicht will, das ist eine andere Frage, da kann Angst durchaus eine Rolle spielen. Aber wir können sicher sein: Wollte er, würde er …

Männer hören uns zu, natürlich. Sie nehmen nur das gesprochene Wort nicht ernst, weil sie selbst sich eben über ihre Taten zeigen und definieren. Wir dagegen nehmen ihre Taten nicht ernst, sondern glauben das, was sie sagen.

Liebe Frauen, unterschätzt niemals die Bereitschaft eines Mannes, euch das Blaue vom Himmel zu erzählen, weil er euch nicht verletzen will. Er weiß genau, was er zu sagen hat, damit ihr Ruhe gebt. Er hatte eine hervorragende Lehrmeisterin: seine Mutter.

Vergesst, was er sagt. Schaut, was er TUT!

Noch einmal: Denkt bei der Überprüfung dessen, was wir schreiben, bitte nicht streng in Kategorien von Mann und Frau, sondern von männlicher und weiblicher Energie. Vielleicht habt ihr selbst auch einfach andere Erfahrungen gemacht, und dann sind diese natürlich genauso gültig. Wir alle haben beide Energien in uns und agieren je nachdem, welcher Anteil gerade überwiegt. Frauen verwirklichen natürlich häufiger den weiblichen Pol, Männer den männlichen. Aber selbstverständlich gibt es auch sehr männlich agierende Frauen und sehr weiblich hingebungsvolle Männer. Es kann hilfreich sein, diese Beobachtungen anzunehmen, weil sie vieles erklären und das unterschiedliche Verhalten von Männern und Frauen verständlicher erscheinen lassen.

Frauen sprechen die »Sprache des Wortes«, Männer die »Sprache der Handlung«.

Wir sprechen also völlig unterschiedliche Sprachen. Dennoch ist es, wie gesagt, ganz einfach, die männliche Sprache zu verstehen: SEHT den Männern zu. Es ist übrigens völlig egal, ob euch das gefällt oder nicht, wenn ihr Männer verstehen wollt, dann lernt, ihre Sprache zu verstehen. Das Gleiche gilt selbstverständlich auch umgekehrt: Männer müssen verstehen lernen, dass Frauen ihre Wahrheit SAGEN, sie also nicht unbedingt in Taten zeigen. Natürlich wäre es einfach wunderbar, wenn Handlungen und Worte übereinstimmten. Wir arbeiten daran ...

Solange wir Frauen aber Angst haben, den Partner zu verlieren oder nicht wissen, wie wir aufrichtig zu uns selbst stehen können, sollten wir uns stets an diese Hinweise erinnnern.

An Männer

Hört uns Frauen zu, und stellt euch vor, dass unsere Worte Taten sind. Wenn wir etwas sagen, dann meinen wir es auch so. Nur weil wir anders handeln, heißt das nicht, dass wir es nicht ernst meinen. Wenn eine Frau sagt, was sie will, dann glaubt es ihr, auch wenn sie ohne mit der Wimper zu zucken anders handelt. Sie meint es ernst, und irgendwann wird sie das, was sie sagt, in die Tat umsetzen – doch dann ist es zu spät, denn wenn sie an den Punkt der Umsetzung des Gesagten kommt, dann ist die Tür meist schon zu. Ihr nehmt uns Frauen aber erst dann wahr, wenn wir handeln – weil erst die Handlung eure Aufmerksamkeit erregt. Die Tat aber ist das männliche Ausdrucksmittel. Wenn wir Frauen handeln, ist es das Ende, nicht der Anfang. Ihr Männer handelt oft erst einmal impulsiv und schaut dann, wie ihr die Kuh wieder vom Eis bekommt. Uns fällt die Handlung dagegen schwerer als das Wort. Für uns ist die Handlung der letzte Schritt.

An Frauen

Ändert euren Fokus, und schaut auf unsere Handlungen. Wir erzählen euch, was ihr hören wollt, so haben wir früher schon unsere Mutter beruhigt und uns unsere Freiheit erkämpft. Männer sind es gewohnt, so mit Frauen umzugehen, sie mussten sich gegen ihre Mutter behaupten. Egal was ein Mann also sagt, schätzt ihn nach dem ein, was er macht. Kommt er in die Handlung, habt ihr sein Ja, verweigert er sich, ist das sein Nein, egal wie oft er sich entschuldigt. Und noch etwas: Wenn ein Mann etwas will, dann kann er es auch. Er braucht keine Hilfe, er hat keine Angst – und falls doch, so wird er sie in seiner Handlung nicht gelten lassen. Vertraut darauf, dass ein Mann in der Lage ist, alles zu tun, wenn er es wirklich will.

Bitte beachtet auch hier: Extremsituationen sind natürlich nicht gemeint, und Ausnahmen bestätigen die Regel. In der Liebe aber ist dieses (natürlich in keiner Weise neue) Wissen ein wesentlicher Schlüssel …

Die alte Energie hat nun ausgedient, eine neue männliche Kraft muss kommen. In dieser Zeit der Veränderung stürzen die Systeme in sich zusammen, das turmhoch aufgebaute Ego und das Geltungsbedürfnis tragen nicht mehr – weil sie das Leben spendende Feuer nicht nähren, sondern nur Aschewolken und dunklen, die Sicht vernebelnden Rauch produzieren.

Wir werden uns also den Krieger, den Drachentöter, vor allem aber den Drachenhüter anschauen müssen, den Frauenretter und all die Männer, die aus lauter Sorge, ihre Frau zu verletzen oder sich in die Welt der »typischen« Männer einzureihen, ihre Kraft abgegeben haben.

Was also brauchen Männer, um ihre eigene Kraft wieder in Besitz zu nehmen? Denn nichts wünscht ihr euch doch sehnlicher als einen Mann, der im Vollbesitz seiner eigenen Kräfte ist, oder? Oder? Denn bedenkt:

Ein Mann ist nun mal ein Mann, es kann sehr gut sein, dass er euch nicht immer gibt, was ihr braucht, und dass er euch nicht immer versteht.

Er ist nicht eure beste Freundin. Es kann sein, dass er Dinge anders handhabt, dass er viel Zeit für sich selbst braucht – und vor allem: Ein Mann, der in seinem Feuer steht, lässt sich nicht kontrollieren. Er wird es euch nicht recht machen. Ihr werdet nicht die für euch zwar unbefriedigende, aber vertraute und sichere Rolle seiner Mutter einnehmen können. Aber er wird euch lieben und mit seinem Schutz und seinem Feuer da sein.

Lassen wir einen Mann zu Wort kommen:

Wenn wir starke, gesunde und verantwortungsbewusste Männer werden wollen, müssen wir aufhören, es unserer Mutter und unserer Frau recht zu machen. Gleichzeitig aber müssen wir lernen, unsere väterliche Fürsorge, unseren Schutz und unsere sexuelle Schöpferkraft dahin zu senden, wohin unser Herz uns ruft, und verantwortungsvoll zu handeln. Wir müssen lernen, die Erde zu hüten, unserem Herzen zu folgen und unsere ganz besondere Kraft, unsere Weisheit und unser Löwen- oder Drachenherz im Dienst an der Schöpfung einzusetzen. Wir sind Männer, und wir wollen es sein. Männer. Keine Jünglinge, Frauenversteher oder einsame Krieger im Dienst eines machtbesessenen Königs, sondern Väter, Hüter, Eroberer, Ritter im Dienst unseres eigenen Herzens und unserer Bestimmung.

Unsere Fragen sind ganz einfach: Wie kann ich in dieser Welt mit dieser Geschichte und dem Täterschmerz meinen Mann stehen? Wie kann ich es wagen, ein Mann zu sein, wenn ich mir anschaue, was wir Männer der Welt angetan haben? Wie kann ich frei, wild und verantwortungsbewusst zugleich sein, wie kann ich Herz und Sex vereinen?

Frauen tragen den Opferschmerz, der ist schlimm genug, aber immerhin haben sie das Mitgefühl und die Sympathien auf ihrer Seite. Wir Männer tragen den Täterschmerz. Wir führen Kriege, wir vergewaltigen Frauen, Kinder, sogar uns gegenseitig. Wir zerstören die Welt, wir sind es, die aus lauter Profitgier ausbeuten, was sich nur ausbeuten lässt.

Wie können wir damit umgehen und uns dieser Energie stellen? Wie können wir es wagen, Mitgefühl für uns selbst aufzubringen und uns vor unserem eigenen Schicksal zu verneigen, und woher sollen wir die Kraft dazu nehmen? Frauen tun das auch, ja, aber das ist nicht ihre wahre Natur. Unsere übrigens auch nicht.

Was fehlt, ist der innere wilde Mann, der Schamane, der Liebende, der weise Vater, der in Kontakt mit der spirituellen Kraft der Natur und der Erde ist. Der Indianer, der wir als Kinder alle sein wollten – wo ist er? Wir sind im Krieg, aber nicht für, sondern gegen das Leben, wir kämpfen für Profit, für Anerkennung, für mehr Gewinn oder gegen den sozialen und finanziellen Abstieg. Wir nähren unser Feuer mit unserem Ego und unserer Machtgier – oder wir nähren es gar nicht mehr. Was braucht unser Feuer wirklich?

Wir sind Männer, und wir ertragen keine Schwäche, wir sind nun mal die Wesen, denen der Wettbewerbsgeist in die Wiege gelegt worden ist – egal ob Frauen das gefällt oder nicht.

Es braucht ihnen gar nicht zu gefallen. Wir wollen der Größte, Coolste, Schnellste und Kraftvollste sein – einfach der Beste. Wir sind Männer. Wir brauchen es weder zu rechtfertigen noch zu erklären, wir sind so, und wir dürfen so sein. Es spiegelt sich im Akt der Zeugung: Nur eine einzige Samenzelle gewinnt, nur aus einer einzigen entsteht Leben. Es ist unsere Natur, der Beste sein zu wollen, denn nur dann können wir Leben weitergeben. Meist jedoch wollen wir zwar dieser Beste sein, vergessen aber den zweiten Teil, nämlich das Leben weiterzugeben. Kampf ist zum Selbstzweck geworden.

Wir müssen lernen, unsere Kraft zum Wohle derer einzusetzen, denen *wir dienen, mutig und im bewussten Vollbesitz unserer Kräfte. Wir brauchen den inneren wilden Mann, der ungezähmt und somit nicht domestiziert ist. Wild zu sein bedeutet nicht, dass wir wie ein Berserker umherziehen. Das kennen wir schon. Im Gegenteil: wild zu sein bedeutet, in Kontakt zu sein mit allen Kräften, mit der Energie der Natur, unserem Herzen, der Kraft eines Mannes, der sich traut, er selbst zu sein. Die Weisen, auf die sich unser Mannsein zeigt, können sehr unterschiedlich sein.*

Unser Feuer nährt sich von dem, was wir wirklich sind, was wir wirklich fühlen und was wir wirklich wollen – jeder für sich, einzigartig und vollkommen individuell. Dein Feuer zu nähren heißt, dich ihm hinzugeben, dich hineinzustellen und dich dir selbst mit allem, was du bist, fühlst, denkst, willst, mit deinem Ja und deinem Nein zur Verfügung zu stellen. Es bedeutet, deine Wahrheit zu fühlen, zu wissen, was du weißt, und zu wollen, was du eben willst, egal was deine Mutter, dein Chef oder dein Kunde dazu sagt. Es bedeutet, deine Taten in den Dienst deiner Liebe zu stellen.

Wir sind es gewohnt, Rede und Antwort zu stehen, und wir sind es gewohnt, das, was unser Feuer nährt, zu unterdrücken – denn unsere Mütter hielten unsere Kraft oft nicht aus. Wenn wir tatsächlich brennen wollen für das, was unser Herz will, dann dürfen wir nie wieder unterdrücken, was wir wirklich sind, egal ob das unseren Müttern gefällt oder nicht. Wir können, sollten und dürfen uns vor dem Schmerz der Frauen verneigen – UND wir müssen endlich unseren eigenen Weg des inneren Schamanen gehen. Dann wird der Schmerz – der der Frauen und unserer – aufhören, und wir werden gemeinsam den Tanz der Erfüllung tanzen.

So geht es in diesem Buch nicht darum, was du, lieber Leser, tun kannst, um dich männlich zu fühlen. Es geht darum, zu erkennen, wer du als Mann bist, du ganz persönlich, völlig unabhängig von Vorstellungen und Mythen.

Denn so verdammt wir als Männer auch werden mögen, wir haben selbst so viele romantische Geschichten um das Mannsein aufgebaut. Wir sind weder herzlose Kampfmaschinen oder egoistische Ausbeuter noch Ritter auf weißen Pferden, die die Prinzessin erlösen. Wir sind nicht immer Helden. Auch schwärmerische Vorstellungen von Blutsbrüderschaften helfen uns nicht, wenn wir nicht wissen, wie wir diese Kraft leben sollen. Und dennoch gehören diese Verbindungen zu unserem Leben, das zeigt sich in der Tierwelt: Wenn ein Weibchen relativ zeitgleich von verschiedenen Männchen begattet wird, wie das bei vielen Tierarten üblich ist, wenn also Samenzellen mehrerer Spender um die erfolgreiche Befruchtung einer Eizelle kämpfen, dann unterstützen die Spermien eines jeden Männchens sich gegenseitig, indem sie Botenstoffe aussenden, die Fremdspermien behindern. Ist das nicht spannend? Im Zweifel gilt also: Einer für alle, alle für einen. Es ist unsere Natur, füreinander einzustehen. So erklärt sich die bedingungslose Kameradschaft, die Frauen oft nicht verstehen, nicht nachvollziehen können. Sie sollte allerdings dem Leben dienen ...

Lasst uns zusammen und doch jeder für sich erkennen, welche besondere männliche Kraft durch uns zur Erde kommen will, auf welche Weise wir das Mannsein leben und verkörpern. Die Frage »Willst du das?« hilft uns, unser Herz zu erkennen und unsere wahre Kraft und Natur in die Tat umzusetzen.

Was sagen denn eigentlich Märchen über wilde Männer? Nun, wilde Männer in Märchen haben zwar übermenschliche Attribute, manchmal auch so etwas wie Zauberkräfte oder seherische Fähigkeiten, aber im Gegensatz zu Elfen und Feen sind sie Wesen, die verwundbar sind, beschossen und verletzt werden können. Wilde Männer sind in der Regel den Menschen unterlegen, wenn ihre große Körperkraft unschädlich gemacht wird – und sie sind verführbar. Das kann auf sexuelle Weise geschehen, durch Alkohol, durch Zauber, durch Waffen. Dem Rätsel ihrer Wildheit kommt man allerdings nicht auf die Spur ...

Können wir uns das bitte noch mal anschauen? Wilde Männer sind in der Regel Menschen unterlegen – und zwar durch sexuelle Verführung, Alkohol, Zauber etc. ... Und stimmt das nicht? Geben wir nicht allzu bereitwillig unsere wilde Natur ab und unsere innere Wahrheit auf, wenn ein verführerisches Weibchen oder ein finanzielles Angebot, dem wir nicht widerstehen können, daherkommt? Lassen wir uns nicht viel zu rasch verführen, verleugnen wir unsere wahre Kraft nicht sogar vor uns selbst? Halten wir nicht gerade das für Freiheit, für unsere wilde Natur?

Echte Freiheit zeigt sich darin, dass wir die Wahl erlangen, welchen Impulsen wir folgen und welchen nicht. Wir brauchen nichts zu unterdrücken – aber wir dürfen lernen, zu wählen.

Was Frauen beachten sollten

Hört ihr zu, ihr Lieben? Der wilde Mann lässt sich durch sexuelle Verführung vom Weg abbringen – weil er sie gar nicht als solche erkennt! Hier ist unser Schmerz verankert, unser Gefühl, austauschbar zu sein, einfach verlassen zu werden, wenn eine andere mit den Wimpern klimpert, und wir uns deshalb bis an den Rand der Selbstaufgabe und darüber hinaus anstrengen zu müssen, um seine Aufmerksamkeit zu halten. Auch und gerade der wilde Mann braucht einen Reifungsprozess, wenn er den Männern wirklich als Kraftquelle dienlich sein will.

Reden wir nun über uns. Auf welche Weise werden wir Frauen zu Tätern, wenn wir einmal vom Offensichtlichen absehen? (Denn natürlich können auch wir zur Waffe greifen und all das.) Wir nutzen die sexuelle Kraft als Waffe. Es wird zwar im Allgemeinen belächelt, und wir kokettieren damit, dass der neueste Lippenstift endlich den Mann verführen wird, den wir haben wollen, aber letztlich schmieren wir uns damit schwarzmagische Kraft auf die Lippen.

Jetzt denkt ihr vielleicht: »Bis eben war sie ja noch ganz nett, aber jetzt dreht sie leider völlig durch«, und ihr wollt das Buch zuklappen. Schenkt mir bitte noch eine Minute – denn wenn wir wirklich frei werden wollen, dann müssen wir auch genau hinschauen. Mal ehrlich, ihr Lieben – macht man das? Verführt man andere? Ich meine damit nicht das Spielchen, das wir spielen. Einen Mann zu verführen, der euch liebt und Ja zu euch gesagt hat, ist natürlich wunderbar, und dann könnt ihr den roten Lippenstift nutzen, wo und wie ihr wollt. Selbstverständlich steht es euch auch frei, einfach mal zu gucken, was er macht. Tragt den kurzen Rock, die hohen Schuhe, lächelt ihn so liebevoll an, wie ihr nur könnt – aber lasst ihn dennoch frei. Bindet ihn nicht. Eine Frau verführt nicht. Sie liebt.

Ihr verletzt das kollektive Weibliche zutiefst, wenn ihr eine andere Frau, einen anderen Ausdruck der Göttin, beiseitedrängt. (Sicher haben wir das alle schon getan, und genauso sicher haben wir alle die Rechnung dafür bekommen.) Lasst ihn erst beenden, was zu beenden ist, und dann nehmt den Platz an seiner Seite ein. Vorher ist er sowieso nicht frei – wenn er es nicht beendet, dann steht er nicht wirklich zur Verfügung, egal was er euch verspricht. Ihr bekommt seine Asche, nicht sein Feuer. Ihr bekommt Versprechungen und Absichten, nicht den Schutz und die liebevolle Handlung. Er geht mit euch ins Bett – aber er wird nicht da sein, sein Herz werdet ihr nicht spüren.

Wir wissen, wie man Männer bindet, selbst wenn wir dieses Wissen nicht anwenden. Wenn wir beginnen, bewusst und manipulierend die Bedürfnisse eines anderen auszunutzen, seine Sehnsucht nach Anerkennung oder was auch immer zu stillen, damit er uns liebt, dann wird es kritisch. Wir nutzen den anderen, um unsere eigenen Wunden zu heilen, nicht bewusst, aber das spricht uns nicht frei von der Verantwortung. Abgesehen davon klappt es natürlich auch nie, wir werden dadurch nicht heil.

Wollen wir den Weg zu echter Liebe freiräumen, dann müssen wir uns unsere eigenen Bedürftigkeiten und Wunden anschau-

en und aufhören, darauf zu bestehen, dass ein Mann uns heilen soll. Männer können uns nicht heilen oder retten, egal wie sehr sie es versuchen.

Männer zerbrechen sogar an dem Versuch, uns zu retten, es uns recht zu machen oder von uns geliebt zu werden. Und das Ergebnis gebrochener Männerherzen können wir beinah täglich in den Nachrichten sehen.

Die Verantwortung dafür tragen wir, ihr liebsten Frauen. (Huh, ich höre den Aufschrei: »Was schreibt sie denn jetzt ... geht's noch?«) Es sind unsere Söhne, wir haben sie verletzt. Wie unser Vater dafür gesorgt hat, dass wir Männer umwerben, uns wie verrückt anstrengen und immer hinter dem herjagen, der uns nicht liebt (damit wir den Kampf um das Herz endlich doch gewinnen), so ziehen Frauen, die distanziert, nicht erreichbar und gleichzeitig tief bedürftig sind, Männer an wie das Licht die Motten.

Ich weiß, wie das wieder klingt, und ich lehne mich weit aus dem Fenster, bin darauf angewiesen, dass ihr euch öffnet und tief in euer Herz blickt. Es geht hier auf keinen Fall um Schuldzuweisung, sondern um Klarheit. Gerade weil wir auf seelischer Ebene vollkommen unschuldig sind, gerade weil wir im Aufstiegsprozess sind, können wir so deutlich hinschauen. Wir wissen ja, dass es nicht um Schuld geht, sondern um das Anerkennen dessen, was ist. Sonst heilen die Wunden nicht.

Wir schauen uns unser aller Verletzungen an, und wie wir unseren Vater anschauen müssen, so erkennen Männer, dass ihre Verletzungen, was Frauen betrifft, mit ihrer Mutter zu tun haben. Was für uns gilt, gilt auch für sie. Das Buch *Wenn Frauen zu sehr lieben*[4] erklärt hervorragend, wie sehr wir Frauen immer wieder versuchen, das Herz unseres Vaters zu erobern und seine Liebe zu bekommen – bis hin zur völligen Selbstaufgabe. Männer tun selbstverständlich das Gleiche, und wir erleben Männer oft noch viel bedürftiger und verletzbarer als Frauen. Wird das Herz eines Jungen einmal zu oft gebrochen oder einfach ignoriert (auch wenn das vollkommen unabsichtlich geschieht!), dann verliert er den Kontakt dazu.

Es fällt Männern schon aus hormonellen Gründen viel leichter, nicht zu fühlen. Spritz einem Mann ein bisschen Östrogen, und du wirst sehen, wie er auf einmal fühlen kann, das weiß die Wissenschaft aufgrund der hormonellen Behandlung von Transsexuellen. Ich habe es selbst in meinem engsten familiären Umkreis erlebt. Die Unterschiede sind dramatisch. Außerdem erleben wir Frauen die Macht weiblicher Hormone jeden Monat – wenn diese Hormone verrückt spielen, sind wir doch auch emotional wie ferngesteuert und nicht immer ganz zurechnungsfähig.

Die Macht der Hormone ist besonders auf der emotionalen Ebene größer, als wir es oft wahrhaben wollen, aber wenn wir das anerkennen, verstehen wir, warum Männer sich oft selbst nicht fühlen.

Statt den Schmerz zu fühlen, schneidet ein Mann sich also von ihm ab, sonst überlebt der kleine Junge in ihm das nicht. Wir

---

4 Robin Norwood: *Wenn Frauen zu sehr lieben. Die heimliche Sucht, gebraucht zu werden.* rororo 1991.

kennen das natürlich auch, aber als Frauen wissen wir nicht, wie vollständig ein Mann sich von seinem eigenen Fühlen distanzieren kann. Wenn aber seine starke männliche Energie, seine Tatkraft und seine sexuelle Kraft vom Herzen getrennt sind, gründlicher, als wir uns das vorstellen können, dann brauchen wir uns über gar nichts mehr zu wundern. Haben wir beide vorhin gesagt, männliche sexuelle Energie sei die gefährlichste Kraft dieses Planeten? Ganz genau betrachtet, ist männliche sexuelle, VOM HERZEN ABGESCHNITTENE UND VERLETZTE Energie die gefährlichste Kraft.

Wir Frauen sind die Opfer, ja. Weil Frauen die Ursachen sind. Wir alle haben unsere Gründe, es ist ein Kelch, den wir uns gegenseitig immer wieder weiterreichen, wir halten das Rad der Verletzungen in Schwung. Der Schmerz der Männer über ihre Mutter ist so groß, dass die meisten nicht hinschauen können und vehement leugnen, dass sie überhaupt verletzt sind. Der Ritter greift ein und tut, was ein Mann tun: Er schützt die Frauen, besonders seine Mutter. Zu erkennen und sich einzugestehen, dass die Mutter, die er beschützen will, möglicherweise die Ursache seines Schmerzes ist, wäre nicht auszuhalten. Genauso wie wir Frauen es nicht ertragen, fast daran sterben, dass die Kraft, die uns hätte beschützen sollen, unser Vater, oft derjenige ist, der uns am meisten verletzt hat.

Vorsicht: Suchtgefahr!

Liebe Leserin,

das alles weißt du längst. Wie oft haben wir Frauen einen Mann entschuldigt, haben uns etwas gefallen lassen, seine emotionale Unerreichbarkeit mit den Worten »Er hat nie die Liebe bekommen, die er gebraucht hätte« gerechtfertigt? Sollten wir uns wirklich bewusst machen, dass es unter anderem auch die Mütter sind, die einen Mann so sehr verletzen, dass er nicht mehr lieben kann und will, zumindest nicht uns? Öffnet das unserer eigenen Sucht nicht Tür und Tor, rechtfertigt es nicht gar unseren Versuch, stellvertretend für seine Mutter an seiner Seite zu stehen?

Das Wissen um die Verletzungen der Männer ist gefährlich für unsere innere Mutter, denn dann springt sie ein und kümmert sich um die inneren Kinder der Männer. Sie kann nicht anders, sie ist eine Mutter ... Haben wir einen Mann nicht auch schon einmal deshalb nicht verlassen, weil wir die Hilfeschreie seines inneren Kindes spürten?

Wir bleiben, weil wir das Kind nicht verlassen wollen, wir spüren die Not und sorgen für ihn, den Mann, selbst wenn wir ihn gar nicht mehr lieben oder er uns schadet. Wir sind hilflos, wenn das innere Kind eines Mannes uns ruft, denn hier erfüllt sich unsere tiefste Sehnsucht, und zugleich ruft uns unser tiefstes weibliches Bedürfnis: Wir nähren und schützen und haben dadurch den Schlüssel zu seinem Herzen in der Hand. Das glauben – nein, weniger noch: Das hoffen wir.

Aber es stimmt nicht. Die Liebe eines Mannes ist nicht an die Bedürftigkeit seines inneren Kindes gebunden. Es kann uns brauchen und uns dennoch nicht lieben, wie wir selbst das auch können. Wie aber erlösen wir ihn? Hoffen wir nicht, dass ihn unsere Liebe endlich heilt? Küsst nicht die Prinzessin im Märchen den versteinerten Prinzen, erlöst sie ihn nicht durch ihre Liebe? Und wie oft haben wir das erfolglos versucht? Und hat nicht die nächste all das bekommen, was wir so gern gehabt hätten, einfach so, ohne ihn besonders großartig zu versorgen? Das, was er mit uns nicht konnte, geht plötzlich ganz leicht. Haben wir ihn also erlöst? Ich fürchte nicht. Ich fürchte, die nächste war einfach richtiger und passender, auch wenn das wirklich ein Schlag ins Gesicht oder fürs Ego ist.

Wenn ein Mann lieben will, dann liebt er. Er kann Beziehungen führen trotz der Angst, er könnte Vater werden, trotz der Tatsache, dass er sich bei uns »nicht so sehr verpflichten« wollte. Es ist sogar schon vorgekommen, dass ein Mann einfach geheiratet hat, weil er das wollte ...

Ist das also ein Aufruf, ihn zu lieben, zu ehren und ihm alles durchgehen zu lassen, damit seine Wunden heilen? Lieben und ehren ja, alles durchgehen lassen unter keinen Umständen! Lieb und ehr ihn so lange du willst, aber führe keine Beziehung mit ihm, wenn er nicht das Gleiche, was du für ihn machst, auch für dich tut. Du erlöst ihn nicht, er kann sein altes Programm durchziehen, und du verletzt dich immer wieder selbst.

Lieber Leser,

das Gleiche gilt selbstverständlich auch umgekehrt. Hör auf, lieber Ritter, die schöne Prinzessin zu retten, wenn sie dir nicht sagt und zeigt, dass sie dich liebt und genauso für dich da sein will. Sie kann es, verlass dich drauf. Tut sie es nicht, will sie nicht. Es ist leider so einfach. Du verletzt dich nur selbst und bestätigst sie in ihren Machtspielchen, das hilft leider niemandem. Du erinnerst dich: Der wilde Mann ist verführbar. Sorge dafür, dass er reift, und erkenne die Fallen.

Eine Frau, die dich liebt, zeigt dir das, auch wenn der Ausdruck – wenn sie sehr verletzt ist – unbeholfen sein mag.

Unerreichbare Prinzessinnen spielen ein übles Spiel, selbst wenn sie es unbewusst tun. Sie verführen dich. Sie signalisieren »Rette mich« (das ist symbolisch gesehen ihr knallroter Lippenstift) und lassen dich genau dann, wenn du mal was brauchst, im Regen stehen. Das ist natürlich ein idealer Sucht auslösender Trick, wenn du es gewohnt bist, nicht genügend geliebt zu werden. Sie wird dich auch dann nicht lieben, wenn du sie gerettet hast, egal was die Märchen dir erzählen. Entweder liebt sie dich gleich oder gar nicht, es tut mir leid, dir das so sagen zu müssen. In deinem Innersten weißt du es aber sowieso …

Wenn du versuchst, der hütende Vater für ihr inneres Mädchen zu sein, wenn dich ihre Bedürftigkeit so sehr rührt, dass du dich um sie kümmern musst, egal wie sehr dir das schadet, dann hast du vielleicht eine Suchtstruktur. Es gibt etwas Besseres. Dein innerer Vater wird dringend gebraucht, ja. Aber nicht in Beziehungen, die dich selbst verletzen.

Denn sonst, liebe Leserin/lieber Leser,

bist du dir selbst nicht die liebende Mutter, der hütende Vater, die bzw. den DEIN inneres Kind so dringend benötigt. Du setzt deine eigene Verletzung fort und fügst damit dem kollektiven Bewusstsein deinen Schmerz hinzu. Das ruft eine andere Person auf den Plan, die sich nun ihrerseits süchtig mit dir verstrickt, um dein inneres Kind zu heilen – und schon hast du den Kelch weitergereicht, ohne es zu wollen. Du bist selbst zum Suchtauslöser für jemand anderen geworden. Dafür kannst du nichts – oder doch? Das, was du dir selbst nicht gibst, nötigt einen anderen dazu, es dir zur Verfügung zu stellen. Wir sind ein System, und so läuft das nun mal in Systemen.

Kümmer dich um dein eigenes inneres Kind, und sei erst dann für andere da, wenn du selbst versorgt bist. Sonst stehst du einem anderen für süchtiges Verhalten zur Verfügung, und damit setzen sich der Schmerz und das vergebliche Lieben auch durch dich weiter fort.

Was eine nicht verfügbare verführerische Prinzessin wie auch ein unerreichbarer einsamer Wolf wirklich braucht, ist die Hinwendung zum eigenen Schmerz, nicht etwa deine Fürsorge. Leider.

Es gibt aber Hoffnung: In dem Moment, in dem der andere bereit ist, sich seinen eigenen Verletzungen und Schmerzen zu stellen, ist deine Liebe der großartigste Kraftspender, den es im Universum gibt. Du kannst ihn oder sie erlösen – genau in dem Moment, indem er oder sie es für sich selbst zu tun beginnt.

Wie gesagt, es geht hier auf keinen Fall um Schuldzuweisung, sondern nur darum, die zugrunde liegenden Muster anzuerkennen. Spürt eure Verletzungen, aber bitte schaut aufs Ganze. Wir brauchen eure Bereitschaft, sie für das Kollektiv zu betrachten. Wir danken euch sehr.

Und weil du eine Frau/ein Mann bist, hast du die Möglichkeit und sowieso das Recht, dieses unselige Rad zu stoppen, auch wenn du selbst es ganz anders gemacht hast oder machen würdest. Gerade dann.

Frauen kämpfen um das Herz ihres Vaters, Männer um die Liebe und Zärtlichkeit ihrer Mutter. Wirkliche Stärke aber würde uns das jeweils gleichgeschlechtliche Elternteil geben. Frauen brauchen die sorgende, nährende, auf keinen Fall in Konkurrenz mit ihr stehende Mutter, um sich selbst als Frau entfalten zu können. Männer brauchen den schützenden, tatkräftigen und verfügbaren Vater, damit sie zum Mann reifen können. Doch wer hatte das schon? Weder wir selbst noch unsere Eltern – und unsere früheren Vorfahren schon gar nicht. (Wer all diese unsäglichen Kriege durchgestanden und dennoch das Leben weitergegeben hat, ist in Mikes und meinen Augen auf hoher Ebene entschuldigt.)

Deine Eltern konnten dir nicht geben, was du brauchtest? Nun, natürlich nicht. Sie sind in einem Feld der Angst, des Mangels und des Todes aufgewachsen oder haben es durch ihre Eltern vermittelt bekommen. Stell dich in einer Familienaufstellung einmal für kurze Zeit in die Energie des Krieges, dann kannst du dich nur noch bis auf den Boden davor verneigen, dass deine Eltern überhaupt weitergemacht haben. Sie haben dir das Leben gegeben, und mehr war vielleicht nicht möglich – nun ist es an dir, es anders zu machen und Heilung und Mitgefühl in das System zu bringen.

Denn wir können endlich entfalten, was wir bräuchten, damit wir es selbst leben und weitergeben können. Weil wir alle verletzt sind, stehen vielleicht auch wir selbst als Mutter oder als Vater, egal wie sehr wir es versuchen, selten so sehr zur Verfügung, wie unsere Kinder das brauchen. Wahrscheinlich geht es gar nicht anders, wir tragen die Lasten unserer Ahnen, und wir geben, was wir geben können. Auch damit dürfen wir in Frieden kommen, es hilft auch nicht, wenn wir uns deshalb schuldig fühlen.

Wir alle brauchen Erlösung, wir Mütter und Väter, wir Töchter und Söhne. Erkennen wir unseren kollektiven Schmerz an.

Sind wir als Kind gescheitert (und wer ist das nicht auf irgendeine Art und Weise), dann hört der Kampf um Liebe und Anerkennung nie auf. Wenn du dich also als Frau »rar« machst, damit er dich bemerkt, dann erweckst du ein altes Vatertrauma (du wendest einen Trick an, wie du es als Kind gelernt hast)

71

und berührst ihn in seiner Sehnsucht nach der Mutter. Natürlich funktioniert das. Aber ist das Liebe? Hat das etwas mit Freiheit und Erlösung zu tun? Verführen meint, jemanden vom Weg abzubringen, mit falschen Versprechungen, Tricks und durch das Ausnutzen der Bedürfnisse des anderen dafür zu sorgen, dass er tut, was DU willst. Verführung ist nichts als Manipulation. Der wilde Mann lässt sich (noch) verführen, und daran ist nichts Kokettes. Das ist sein Drama. Er ist unschuldig, eher wie ein inneres Kind. (Wir könnten statt »unschuldig« auch »unreif« schreiben, und wir Frauen sind zu Recht oft wütend, wenn wir unter dieser Unreife leiden müssen – schauen wir uns dennoch selbst ins Gesicht und werden reif an der Stelle, an der wir selbst das beleidigte Kind oder die überbehütende Mutter geben, ja? Reagiert er unreif mit Rückzug, mit Beleidigtsein, mit Untreue, mit Lügen oder Verschleierungen, dann bleib in der wilden Frau stehen, und lass es ihm nicht durchgehen, reagier nicht darauf, flüchte dich weder in die Mutter noch ins Kind, sondern halte dein eigenes Feuer aus. Das heißt: Sag ihm, was du fühlst, und entschuldige ihn nicht – außer, er bittet dich um Vergebung und setzt alles daran, von nun an anders zu handeln.)

Wenn Männer den wilden Mann zur Verfügung haben möchten, dann braucht er einen Reifungsprozess. Dann ist er wild, aber er kennt die Tricks, und vor allem kennt er seine eigenen Bedürfnisse!

Du bist genau ab dem Moment nicht mehr verführbar, in dem du deine eigenen wunden Punkte erkennst und beginnst, selbst für dich zu sorgen.

Weiter im Text der Männer:

Kriege führen wir in »betrunkenem Zustand«, anders könnten wir es gar nicht. Wir ziehen heroisch in die Schlacht, berauscht vom eigenen Adrenalin und voll hehrer Gedanken und Gefühle – bis wir erkennen, was wir angerichtet haben. Wir sterben an den Folgen, was wir spätestens seit der Heimkehr der Vietnamkämpfer wissen. Kriege zerstören Leben, jedes Leben. Und dennoch führen wir sie in jeder Hinsicht. Was soll das? Wir schlachten uns gegenseitig ab, weil wir uns unter Drogen setzen lassen, egal wie diese Droge aussieht, sei es Alkohol, Angst oder irrsinniger Machthunger. Verneigen wir uns vor unserem eigenen Schicksal. Es zu tragen ist Schwerstarbeit, und wir zerbrechen daran. Es wird dringend Zeit für etwas Neues, wir dürfen aufhören, diese Bürde zu schultern.

Was ist das, die wahre männliche Kraft, und wie können wir sie leben, ohne dass sie uns und andere zerstört? Wie können wir unsere Kraft nutzen, um zu dem besten, wildesten und freiesten Mann zu werden, der wir nur sein können?

Frauen, das wissen wir, sind zutiefst verletzt und enttäuscht von uns Männern, und das lassen Mütter ihre Söhne durchaus spüren, sei es offen oder unterschwellig. Der Vater, den wir gebraucht hätten, war nicht da – er ernährte entweder die Familie und war deshalb nicht verfügbar, oder er zog sich von ihr zurück, emotional, körperlich oder mental. Nur wenige von uns hatten einen Vater, der Zeit mit uns verbrachte. Doch auch hier liegt ein riesiger Schmerz – besonders der Schmerz der Missachtung. Denn wurden die Väter dafür anerkannt, dass sie die Familie ernährten? »Nie bist du da!«, klagte die Mutter, und sie hatte recht. Aber was war mit »Ich danke dir, dass du uns ernährst, uns den Raum zur Verfügung stellst, in dem wir die Kinder aufziehen können« oder einem ähnlichen Satz? (Das ist natürlich sehr einfach ausgedrückt, es gibt so viele Geschichten wie es Familien gibt. Erkenne bitte die Essenz, halte nicht an den Beispielen fest. Selbstverständlich gehen Frauen auch arbeiten und ernähren die Familien, und auch sie werden nicht anerkannt. Aber wenn du die Kräfte in männlich (Yang, Tatkraft) und weiblich (Yin, Hingabe), nicht in Mann und Frau unterscheidest, dann wird in diesem Fall die männliche Tatkraft der Frauen nicht anerkannt.)

Wollte unsere Mutter uns nicht zu genau dem Mann machen, den sie gern gehabt hätte – anders als unseren Vater, besonders aber anders als ihren eigenen Vater, unseren Vorfahr? Spürten wir nicht ihre Ohnmacht, ihre Ablehnung, ihre Wut auf Männer, weil sie selbst so sehr verletzt war? (Du erkennst das Muster, ist es nicht wirklich tragisch? Wir reichen uns gegenseitig immer wieder den Kelch der Ablehnung und Missachtung. DU kannst es stoppen, indem du lernst, damit aufzuhören, für dich und für das Kollektiv.)

Ist das nicht ein furchtbarer Verrat an dem Mann, der uns gezeugt hat, dessen Gene wir tragen – und deshalb auch ein Verrat an uns selbst? Wie sollen wir NICHT sein wie unser Vater? Was wäre das für ein Mann? Ein Frauenversteher, ein Ritter. Nun ja. Wir sind Ritter. Und was tun Ritter, wenn der König zur Schlacht ruft? »Zu den Waffen« heißt es, egal ob die Prinzessin das mag oder nicht …

Der wilde Mann in uns allen ist zutiefst verletzt, und wir verletzen ihn immer wieder selbst, indem wir ihn verleugnen.

Ritter töten Drachen, um die holde Jungfrau zu retten, und wir töten uns dabei selbst, denn wir sind die Hüter der Drachen. Hätten wir sie nur mal vernünftig gehütet, dann bräuchten sie vielleicht gar keine jährlich wiederkehrenden Opfergaben. Die Kirche hat den Drachen mit »dem Bösen« gleichgesetzt und damit diese unbändige Heils- und Lebenskraft verteufelt. Die Kirche (also wir Männer!) hat Frauen verfehmt und verbrannt – Frauen sind die Opfer, ja.

Aber wir auch. Wir haben Jesus Christus, einen der Erlöser unserer Energie, ans Kreuz geschlagen und uns selbst gleich dazu. Unsere wahre Kraft, das, was uns als Mann ausmacht, wurde uns genauso ausgetrieben wie unseren Frauen ihre wahre Kraft. Wir geißelten uns selbst für alles, was männlich ist, wir versuchten, unsere Schöpferkraft, das Feuer, unsere Triebe und den inneren Krieger aus uns herauszuprügeln, herauszufasten und herauszudenken. Hexen wurden verbrannt, und das ist nicht wiedergutzumachen, die Kirche kann Frauen nur um Gnade bitten. Nicht um Vergebung, das reicht nicht. Um Gnade. Aber auch wir wurden verbrannt und zutiefst verletzt. Wir haben uns selbst ans Kreuz genagelt, unsere Chance auf Erlösung nicht nur vertan, sondern uns selbst verdammt. Es wird Zeit, das anzuerkennen, denn wenn wir uns unserem eigenen Schmerz nicht stellen, kann er nicht heilen. Wir müssen, wenn wir unser Mannsein wieder annehmen wollen, den ganzen langen Weg zu uns selbst zurückgehen, auch wenn es wehtut. Gerade WEIL es wehtut.

Bitten wir die Drachen und den inneren wilden Mann um Gnade und Beistand auf diesem Weg. Holen wir unseren inneren Jesus endlich vom Kreuz, vergeben wir uns dafür, dass wir ihn verraten und gekreuzigt haben. Wir haben uns selbst verraten und gekreuzigt, haben das verdammt, was uns heilig ist. Wir konnten nicht anders, wir waren zu verletzt. Hören wir endlich auf damit! Das Leben ruft nach unserem Feuer und unserem Schutz.

Der innere wilde Mann

Wozu brauchen wir diesen inneren wilden Mann überhaupt? Haben wir ihn nicht endlich erfolgreich ausgerottet, sind wir nicht kultiviert und gepflegt, erfolgreich und zivilisiert? Oder aber, falls dir das nicht gefällt: Haben wir uns nicht vom wilden Mann verabschiedet, um endlich unsere intuitive Seite zu leben, um spiritueller, mitfühlender und verständnisvoller zu werden?

Wozu wollen wir diese Kraft in uns wiedererwecken, die Kraft, die letztlich doch dazu geführt hat, dass unsere kollektive Geschichte ist, wie sie ist? Brauchen wir diese Kraft, die blindlings zuschlägt, Kriege führt und Frauen benutzt, wie sie uns gerade über den Weg laufen? Wollen wir wieder Mammuts über dem Feuer rösten und uns mit dem Faustkeil um die fruchtbarsten Weibchen und die schönsten Jagdgebiete streiten? Nein. (Zumindest nicht nur.)

Aber sind wir mal ehrlich – fehlt uns nicht etwas? Und haben wir nicht Angst vor genau der Kraft, die wir uns insgeheim wünschen? *Sail away, dream your dreams*, heißt es in dem Lied einer bekannten Werbung. Ja, das wollen wir, aber wohin? Die Gewässer sind so streng reglementiert, die Kreditraten für unser Einfamilienhaus knebeln uns so sehr, dass wir zwar das Bier trinken, das Segelschiff aber ohne uns ziehen lassen – voller Wehmut. Ist das der Preis, den wir für diese scheinbare Sicherheit zahlen? Und willst du das wirklich? Oder kennst du einfach nur keinen anderen Weg?

Wir brauchen den inneren wilden Mann, weil wir ihn schmerzlich vermissen.

Der wilde Mann ist eben nicht der herzlose und ungestüme Krieger, der achtlose und gleichgültige Eroberer, der nimmt und wegwirft. Es ist ein innerer Aspekt, eine Kraft, die wir weniger beschreiben als vielmehr fühlen können. Er ist die Kraft, die uns auf die Frage »Willst du das?« ganz klare Impulse gibt, die Kraft, die deine Lebendigkeit und unsere männliche Energie hütet und in den Dienst der Schöpfung stellt. Klingt das zu spirituell? Das ist es nicht. Wir alle sind Hüter, Beschützer, Krieger oder Prediger im Dienst des Lebens. Egal wie verdreht wir uns auch verhalten mögen, am Ende haben wir alle einen einzigen Beweggrund:

Wir schützen das, was zu uns gehört und von dem wir glauben, dass es schützenswert ist. Wir verteidigen unsere Burg gegen Eindringlinge, was immer unsere Burg auch ist. Das ist unser Recht und unsere Pflicht als Mann. Wir dürfen nur ein wenig genauer hinschauen, was wir da verteidigen und ob es immer das Richtige ist. Und genau hier brauchen wir den wilden Mann.

Was hat eigentlich Jesus Christus damit zu tun, von ihm war ja vorhin schon die Rede, ist er nicht genau das Gegenteil dieses inneren wilden Mannes? Nein, im Gegenteil, er verkörpert ihn in seiner reinsten Form. Jesus unterschied nicht nach Richtig und Falsch, er bat nicht darum, geliebt zu werden. Er verurteilte nicht, er wählte. Jesus folgte (soweit wir das wissen) ausschließlich seiner inneren Stimme, den Fragen »Willst du das?« und »Dienst du damit der Schöpfung, der Liebe, dem Leben und damit dir selbst?«

Vergessen wir nicht immer, dass Jesus' Geschichte gut ausging? Er hing am Kreuz, ja, doch er wurde erlöst und ist auferstanden, können wir uns bitte wieder daran erinnern und das kollektive Leid endlich gehen lassen? Wozu feiern wir Ostern? Er ist erlöst, ihr Lieben, und deshalb dürfen auch wir endlich erlöst werden. Wir sind irgendwie hängen geblieben, wenn wir auf Jesus am Kreuz schauten. Es ist, als würde die Kirche ihre eigene Botschaft immer wieder untergraben und sich selbst im Leid gefangen halten. Er sitzt zur Rechten Gottes, heißt es in der Bibel, lassen wir ihn doch bitte da sitzen und nageln ihn nicht immer wieder auf Erden und im Leid fest. Wer stellt eigentlich all diese Kreuze her, und wie fühlen sich diejenigen, die ihn immer wieder ans Kreuz schlagen? Könnten wir nicht langsam damit aufhören? Wozu das dient, sei hier außen vor gelassen. Uns dient es jedenfalls nicht. Auf dem Zuckerhut in Rio de Janeiro ist Jesus als Schützer und Hüter dargestellt, und DAS ist seine Energie, nicht das schmerzverzerrte Leid.

Eine andere Möglichkeit, die Energie des wilden Mannes sichtbar werden zu lassen, finden wir im Schamanismus. Immer mehr Männer zieht es zum Schamanismus, immer mehr Männer erkennen, dass ihnen etwas Grundsätzliches fehlt – und immer häufiger zeigen sich in der schamanischen Arbeit verletzte Drachen, die in die Dunkelheit verbannt wurden.

Die Drachenenergie ist äußerst wirkungsvoll und braucht einen Hüter.

Die Autorin und Schamanin Jeanne Ruland sagt dazu:

»In anderen Ländern und vor allem im asiatischen Raum ist der Glaube an den Drachen und die Drachenkräfte noch heute sehr lebendig. Hier steht der Drache für die Himmelswelten, gilt als mächtiger Wächter und Beschützer. Er ist ein Sinnbild der Schönheit, der unermeßlichen Kraft, der Erdenergie und ihrer Erneuerung [...] In Asien steht der Drache für großes Glück, Führung aus den oberen Welten und Schutz vor Dämonen und wird entsprechend verehrt. Mächtige Drachen hüten hier die Tempel und Schreine mit deren spirituellen Schätzen. In Asien gibt es den Kampfstil des Drachen, Long Quan; er lehrt die Beherrschung und Kontrolle des Chi, der Lebensenergie. Dabei wird weniger Wert auf den Kampf gelegt als auf die spirituelle Wandlung des Übenden, die Konzentration und den Aufbau der Kraft durch Atmung und die Kontrolle des Geistes. Der Kämpfer kennt nur wenige Stellungen, er baut vielmehr mit Hilfe der Atmung ein großes Kraftfeld auf und agiert mit der feinstofflichen Energie und einem ausgeglichenen Geist. Dem Drachen ist die Rune Eihwaz zugeordnet, sie steht für den Baum des Lebens und des Todes, für göttliche Einweihung, Ausdauer und Schutz. Sie bewirkt das Begreifen des Mysteriums und hilft, sich an frühere Formen der Existenz zu erinnern.«[5]

---

5 Jeanne Ruland: *Krafttiere begleiten dein Leben.* Schirner 2004. Seite 82–83.

Was ist passiert? Wir haben verlernt (oder vielleicht niemals gelernt), die ungeheuer heilsame und machtvolle Drachenenergie zu hüten und zu meistern, sie im Dienst am Leben zu lenken.

Wenn dieser Ansatz dich anspricht, dann bist du vielleicht ein Drachenhüter, und es wird Zeit, deinen Drachen zu finden und zu erlösen. Ist er nicht erlöst, dann wirkt er auf eine dunkle Weise im Unbewussten, verletzt, missachtet, ausnutzend und betrügend – in Bezug auf andere, aber besonders auf dich selbst.

Selbstverständlich gilt das auch für Frauen, wenn sie sich gerufen und angesprochen fühlen. Es gibt genauso Drachenhüterinnen wie Drachenhüter. Die Drachenenergie ist weder männlich noch weiblich, sondern zeigt sich auf sehr unterschiedliche Weise, wie wir das auch von der Engelenergie kennen.

Lassen wir die große Drachenseele stellvertretend für all die nicht gehüteten Drachen zu Wort kommen:

Wir brauchen euch. Wir sind in einen tiefen Schlaf gesunken, den Schlaf der Trägheit und Verweigerung. Wir sind sehr verletzt, haben unser Feuer allzu zerstörerisch eingesetzt und sind darüber zynisch und kalt geworden. Ein verletzter Drache ist grausam, eiskalt und geht über Leichen. Er hat keine Gefühle mehr, wird schwarz und bringt Tod und Zerstörung. Verletzte Drachen sind die Krafttiere des Krieges und aller Grausamkeiten. Auch die dunkle Seite hat Krafttiere, auch wir können wie Luzifer in die Tiefen sinken und der Angst dienen, wenn wir nicht gehütet oder sogar missbraucht werden. Wir haben uns zurückgezogen in die Tiefen der Erde und warten darauf, dass ihr kommt, uns von unseren Fesseln befreit und uns gesund pflegt. Wir brauchen die Drachenhüter, damit unsere Kraft dem Wohle aller zuträgt, damit wir in Frieden und in Liebe dienen können. Unsere erlöste Kraft ist äußerst heilsam, zutiefst beschützend und hütend, wir dienen der Erde und halten alle Energien im Gleichgewicht. Wir werden gebraucht. Die Erde ruft uns, und das Bewusstsein für die Drachen erwacht bei immer mehr Menschen. Unser Feuer reinigt dort, wo es angemessen ist, und wir stellen hohe, allerhöchste Heilkraft und Schutz zur Verfügung. Wir wollen erwachen, wir wollen dienen, aber dazu brauchen wir die Hüter. Unsere Kraft hat zu viel zerstört, und wir sind nicht bereit, wieder unbehütet in der Welt zu wirken. Wir sind Krafttiere, und wir wollen gerufen werden. Ruft uns, holt uns aus dem Verlies, und nehmt uns in euren Dienst, in den Dienst an der Liebe und am Leben!

Wie aber können wir zum Drachenhüter werden, welche Kräfte helfen uns – und ist die Drachenenergie überhaupt die Kraft, die wir brauchen?

Mit dieser Meditation kannst du deinen Drachen erlösen (lass sie dir am besten vorlesen):

Meditation: Die Erlösung der Drachen

Mach es dir bequem, setz oder leg dich hin, es gibt nichts mehr zu tun. Erlaube dir, zur Ruhe zu kommen. Dein

Atem darf kommen und gehen, so, wie es ihm gefällt. Schau ihm einfach nur zu, wie er kommt und geht, sanft fließend kommt und geht, fast wie von selbst – ganz ruhig und gleichmäßig. Du darfst ihn begleiten auf seinem Weg in deinen Körper hinein und wieder hinaus. Nutze deinen Atem, um deine Aufmerksamkeit auf dein Inneres zu lenken, du darfst ganz bei dir sein. Es gibt nun nichts mehr zu tun, du darfst alles fließen lassen, alles geschehen lassen, alles geht wie von selbst.

Vielleicht magst du mit jeder Ausatmung loslassen, was dich schwer macht und beschäftigt. Jede Ausatmung reinigt deinen Körper und deine Seele, wenn du einfach alles nach außen abgibst. Mit jeder Ausatmung wirfst du Ballast ab, das schafft Raum für das, was dir wirklich wichtig ist. Mit jeder Einatmung nimmst du die Energien, die Kräfte auf, die du brauchst, die dich erfüllen und glücklich machen. Du brauchst nicht zu wissen, welche Kräfte das sind, denn deine Seele weiß es ganz genau. Vielleicht tut es dir gut, dir diese Energien als Farben, als Lichter oder als angenehme Düfte vorzustellen. Atme sie ein, nimm sie in dich auf, und erlaube, dass sie genau dahin fließen, wo du sie brauchst und wo sie dir guttun. Es gibt nichts mehr zu tun, du brauchst niemandem zu gefallen und es niemandem recht zu machen, ruh dich einfach aus.

Nun erlaube, dass vor deinem inneren Auge ein Tor entsteht, vielleicht eine Tür, ein Portal oder eine Spalte in einem Felsen – ein Tor, das dich in die Anderswelt hineinführt, in jene Welt, in der die Dinge viele Bedeutungen haben. Wenn du kein Tor erkennen kannst, dann stell dir einfach eines vor. Du gehst hindurch und befindest dich tatsächlich in einer anderen Welt, selbst wenn sie dir sehr vertraut erscheint. Hier herrschen andere Gesetze, und die Dinge haben eine andere, tiefere Bedeutung.

Du befindest dich in einer Landschaft, die dir jetzt, in diesem Moment guttut. Vielleicht bist du in einem Herbstwald, an einem Sandstrand, auf einer Frühlingswiese – die Erde ist wunderschön, und sicher bist du in genau der Umgebung, die heute zu deiner Stimmung passt. Du bemerkst den Eingang zu einer Höhle – es ist ein Gang, der in die Erde hineinführt. Du betrittst diesen Gang und folgst ihm. Sachte führt er dich in leichten Kurven tief in die Erde hinab, es ist ganz einfach, ihm zu folgen. Dieser Tunnel scheint wie für dich geschaffen zu sein, er hat genau die richtige Höhe, ist mit genau dem richtigen Material verkleidet – es ist, als schenke dir die Erde deinen persönlichen Weg mitten in ihr Herz. Du fühlst dich vielleicht sogar überraschend sicher und geborgen, als kehrtest du in den Schoß der Erde zurück. Tiefer und tiefer führt dich der Gang hinab. Der Tunnel ist sanft beleuchtet, es ist, als schicke die Erde ihre Liebe wie Licht auf deinen Weg. Du fühlst dich immer wohliger, es ist gerade so warm oder kühl, wie es für dich angenehm ist. Du nimmst ein Leuchten wahr, fühlst es eher, als dass du es siehst, und mit allen Sinnen spürst du das Herz der Erde schlagen. Es hat genau den gleichen Rhythmus wie dein eigenes Herz, und du fühlst dich auf eine vielleicht noch nie gekannte Weise im Gleichklang mit Mutter Erde. Noch ein Stück tiefer führt dich der Gang hinunter – und nun öffnet sich der Tunnel in eine große Höhle.

Die Energie ändert sich, du spürst noch die Geborgenheit, die die Erde dir geschenkt hat, doch etwas Neues, Großes wartet auf dich. Du schaust dich um. Du weißt, hier in dieser Höhle gibt es etwas Wichtiges, sehr Wesentliches für dich zu tun.

Bitte deine Schutzengel zu dir, deine Seelenführer und deine Krafttiere, und – wenn der richtige Zeitpunkt für dich gekommen ist und du die Kraft hast, dich jetzt um den Drachen, den zu hüten du versäumt hast, zu kümmern –, bitte sie, dich jetzt zu ihm zu führen. Vielleicht bestand deine Art, den Drachen zu hüten, bisher darin, ihn festzuketten. Du wirst wichtige Gründe dafür gehabt haben – doch jetzt erlaube, dass du ihm ganz neu begegnest.

Ruf deinen Drachen, trau dich, aus deinem Herzen einen Ruf auszusenden, mit dem du ihm zeigst, dass du da bist. Komm ganz in die Stille, konzentriere dich mehr und mehr auf dein Herz, und ruf deinen Drachen. Vielleicht berührt dich das sehr, vielleicht bekommst du Angst, vielleicht spürst du Kälte und Versteinerung – lass es sein, wie es ist, auch wenn es sich nicht gut anfühlt. Genau deshalb willst du den Drachen ja erlösen, natürlich fühlt es sich nicht gut an.

Lass dich immer tiefer in die Höhle hineinführen, folge nur dem Ruf deines Herzens und der Antwort deines Drachen. Auf einmal nimmst du eine Präsenz wahr, du siehst ihn vielleicht noch nicht, aber du spürst eine Anwesenheit – sei bitte ganz und gar offen für deine Wahrnehmungen. Wie geht es deinem Drachen? In welchem Zustand findest du ihn vor? Vielleicht ist er sehr verletzt, vielleicht auch wütend oder voller Angst. Nähere dich ihm vorsichtig, achtsam. Schick aus deinem Herzen Liebe und Hochachtung, Anerkennung und Respekt in seines, und warte, was er dir antwortet. Ruf die große Drachenmutter zu dir, bitte sie, sich ihres verletzten Kindes anzunehmen, und bitte sie um Vergebung dafür, dass du deinen Drachen nicht gehütet hast. Bitte sie, den Drachen, der zu dir gehört, zu heilen. Vielleicht gibt es noch andere Drachen in dieser Höhle, die auch erlöst werden wollen, bitte die Drachenmutter, zu tun, was jetzt nötig ist und was getan werden darf. Bitte die Engel, die zu den Drachen gehören, sich wieder mit ihnen zu vereinen, wenn der Engelanteil abgetrennt wurde. Je dunkler ein Drache wirkte, je weniger er gehütet wurde, desto weiter hat er sich vielleicht von dem Engel entfernt, der zu ihm gehört. Nimm wahr, wie der Engel sich mit dem Drachen verbindet, wie er ihm sein Herz zurückgibt, und dann befreie ihn von den Fesseln, die er vielleicht trägt. Tu, was nötig ist, damit dein Drache frei wird und mit dir zusammen fliegen kann.

Vielleicht erkennst du, warum du ihn in diese Höhle verbannt hast, warum es sicherer war, ihn dort festzuhalten. Jetzt ist die Zeit gekommen, in der Engel und Drachen sich wieder verbinden und vereinen, und so darf auch dein Drache von nun an in Frieden, in all seiner Kraft und Schönheit und in Freiheit wirken. Spür, welche Energie du bekommst, wenn er an deiner Seite ist, und nimm dir Zeit für diesen Prozess. Vielleicht ist es ein sehr kleiner Drache, vielleicht gar noch ein Drachenei, das zu dir gehört, vielleicht aber auch ein großer, machtvoller Drache. Frag ihn, welche Energien er dir bringt, vor allem aber, was er braucht, damit er sich gut gehütet fühlt. Frag ihn, auf welche Weise du mit ihm umgehen darfst, was es für dich zu tun gibt, und werde bereit, die Kraft dafür in dich einfließen zu lassen. Du spürst, wie groß die Verantwortung ist, wenn du ein Drachenhüter bist, wie achtsam du mit dunkler und heller Lichtkraft umgehen solltest und wie mächtig der Drache an deiner Seite ist.

Führe ihn achtsam aus der Höhle, vielleicht gibt es außerhalb der Höhle einen Wasserfall, unter dem der Drache sich reinigen will, vielleicht erhebt er sich auch gleich in die Lüfte oder will sein Feuer spucken und seinen Raum einnehmen. Lass ihn tun, was er braucht, um neu geboren zu werden, und sei bei ihm, verbinde dich mit seinem Herzen, und halte diese Lichtbindung zu ihm.

Einen Drachen zu hüten heißt, dein Herz mit seinem zu verbinden – von nun an hast du einen sehr kraftvollen und mächtigen Gefährten, aber auch eine sehr machtvolle Herausforderung an deiner Seite. Halte die Herzensverbindung, und komm in deiner Zeit durch das Tor zurück in den Raum, in dem du dich befindest – bleib aber verbunden mit der Kraft deines Drachen.

Wenn wir Männer uns das Leid anschauen, das unsere Energie über die Welt gebracht hat, werden wir stumm vor Schmerz und Abscheu und wenden uns ab. Vielleicht haben wir uns aber auch so weit von uns selbst entfernt, dass wir nicht einmal mehr den Schmerz spüren, sondern nur diese merkwürdige Kälte und Distanziertheit. Es ist ziemlich wahrscheinlich, dass uns genau an dieser irgendwie tauben und leeren Stelle wertvolle Seelenanteile verloren gegangen sind, weil wir die Schocks sonst nicht ertragen hätten. Unsere so wertvolle Fähigkeit, uns (kurzzeitig!) von unseren Gefühlen zu distanzieren und zu tun, was getan werden muss, wurde uns zum Verhängnis.

Wenn wir nicht fühlen, können wir nicht mehr unterscheiden, ob wir aus Liebe zum Leben handeln oder nicht.

Warum? Weil wir ein wichtiges, ebenfalls männliches Werkzeug vergessen haben: die Achtung und Würdigung derer, gegen die wir kämpfen, sogar (nein, erst recht!) derer, die wir töten. Selbstverständlich haben wir das vergessen, weil wir selbst nicht geachtet, gewürdigt und geliebt wurden, persönlich, kollektiv. Ganz bestimmt findest du dieses Muster in deiner Ahnenreihe.

Endgültig deutlich wurde diese vollkommene Verzerrung der männlichen Kraft in der Geschichte Erzengel Michaels, der den Drachen tötete. Erzengel Michael gilt als Überbringer der Gesetzestafeln an Moses, als Hüter des Paradieses, als jene Kraft, die darauf achtet, dass die geistigen Gesetze bedingungslos eingehalten werden. Erzengel Michael dient mit seinem Schwert der Klarheit und der Unterscheidung, er hütet das Licht und das Leben, er sorgt dafür, dass die geistigen Gesetze, die wir einhalten, wirken, und er gibt uns die Kraft, uns immer wieder von allem anderen zu trennen. Warum hat Michael in der Geschichte den Drachen getötet? Weil der Drache in der christlichen Mythologie mit Satan und der Schlange des Bösen gleichgesetzt wurde, nur dann ergibt das Sinn.

In der Bibel besiegt Erzengel Michael den Teufel in Gestalt eines Drachen und stößt ihn hinab auf die Erde:

»Michael und seine Engel stritten mit dem Drachen. Und der Drache stritt und seine Engel und siegeten nicht; auch ward ihre Stätte nicht mehr funden im Himmel. Und es ward ausgeworfen der große Drache, die alte Schlange, die da heißt der Teufel und Satanas, der die ganze Welt verführet; und ward geworfen auf die Erde; und seine Engel wurden auch dahin geworfen.«[6]

Ursprünglich verband Erzengel Michael die geistige Energie des Himmels mit der Form gebenden Energie der Erde, setzte die gewaltige Schöpferkraft frei, um damit den Himmel auf Erden zu verwirklichen. Die Mormonen glauben sogar, Erzengel Michael habe sich im ersten Mann, in Adam verkörpert.

---

6 Offb 12,7-10

Was nutzt uns das? Was zeigt es uns? Wir sehen eine äußerst machtvolle, hütende, schützende männliche Kraft, die Klarheit und Unterscheidungskraft verkörpert – und ihren Missbrauch im Dienste der Angst. Erzengel Michael hat weder Satan noch sonst jemanden getötet, egal was in der Bibel steht. Er gibt dir die Kraft, dunkle, süchtige Energien zu erkennen und diese nicht zu verwirklichen! Sein Schwert dient der Klarheit und nicht dem Tod, der Unterscheidungskraft, nicht der Rache.

Wir sind Krieger, und das brauchen wir nicht zu leugnen. Aber wir sind keine Kampfmaschinen. Auch das Kämpfen dient dem Leben, wenn wir an unsere ursprüngliche und echte Kraft angeschlossen sind. Wo genau sind wir also falsch abgebogen? Wir hüten und beschützen das, was wir lieben, das tun wir immer, und jeder Krieg drückt das aus.

Aber der Zweck heiligt selbstverständlich nicht die Mittel, wenn diese Mittel den geistigen Gesetzen des Lebens widersprechen. Hier ist die kollektive Aufgabe der männlichen Energie, die zentrale männliche Frage:

Was dürfen wir aus Liebe tun und was nicht?

Ein einfaches Beispiel zeigt das kollektive Dilemma: Das Vaterland gegen Eindringlinge zu verteidigen, um die Familie und Werte wie Freiheit, Unabhängigkeit und Wohlstand zu schützen, ist nötig und aus männlicher Sicht vollkommen richtig. Auch unsere Frauen würden Zeter und Mordio schreien, wenn wir einfach erlaubten, dass jemand daherkäme und uns nähme, was zu uns gehört. Ein Land zu besetzen, um mehr Raum für die eigene Sippe zu erhalten, hat den gleichen Beweggrund, nämlich Schutz und Fürsorge für die eigene Familie. Dürfen wir das? Nun, das kommt darauf an, wen wir fragen, die Besetzer oder die Besetzten.

Noch einfacher lässt sich unser Problem an dieser Standardfrage zeigen, sie ist klassisch und zeigt unser kollektives Leid:

Würdest du, obwohl du friedliebend bist, jemanden töten, der deine Familie bedroht?

Ja, sicher. Wo ist nun die Grenze? Wir erkennen an dieser Frage, in welch unlösbarem Dilemma sich die männliche Energie befindet. Wir sind nirgendwo falsch abgebogen, der Weg führte uns an genau diesen Punkt.

Wie viele Opfer darf und muss ich in Kauf nehmen, um die Meinen zu beschützen? Wie hüte ich das Leben, ohne es an anderer Stelle zu zerstören?

Selbst die grausamsten Diktatoren dienen auf eine vollkommen verdrehte und zutiefst ungesunde Weise dem Leben, so, wie sie es verstehen. Das tun wir alle.

Die männliche Energie ist Tatkraft. Eine männliche Frage ist: Wie kann ich Hüter und Schöpfer sein, ohne zum Täter zu werden?

Frauen haben andere Fragen und Aufgaben, die genauso schmerzlich und unlösbar sind. Weibliche (Yin-)Energie ist ihrer Natur nach Hingabe.

Die entsprechende grundlegende weibliche Frage ist: Wie gebe ich mich dem Leben hin, ohne zum Opfer zu werden?

Auf diese Frage würde ein Mann niemals kommen. Wir haben durch unsere unterschiedlichen Energien also vollkommen verschiedene Fragen und Aufgaben.

Die weibliche Frage der Hingabe spiegelt sich hier:

Wenn du schwanger wärst und bei der Geburt entweder du sterben müsstest oder dein Kind, für wen würdest du dich entscheiden?

Es gibt keine allgemeingültige Antwort auf diese Frage. Eine Frau würde diese Frage völlig anders beantworten als ein Mann, eine Mutter anders als eine Frau, die noch niemals diese allumfassende, selbst aufopfernde Liebe zu einem Kind erlebt hat.

Vielleicht erwartet das Universum aber gar keine Lösung. Vielleicht gilt Rilkes Ausspruch auch hier:

»[...] ich möchte Sie, so gut ich es kann, bitten, [...] Geduld zu haben gegen alles Ungelöste in Ihrem Herzen und zu versuchen, die Fragen selbst liebzuhaben wie verschlossene Stuben und wie Bücher, die in einer sehr fremden Sprache geschrieben sind. Forschen Sie jetzt nicht nach den Antworten, die Ihnen nicht gegeben werden können, weil Sie sie nicht leben könnten. Und es handelt sich darum, alles zu leben. Leben Sie jetzt die Fragen.

Vielleicht leben Sie dann allmählich, ohne es zu merken, eines fernen Tages in die Antwort hinein.«[7]

(Damit hier nichts missverstanden wird: Es geht weder um Rechtfertigung noch um Entschuldigung. Auch nicht um eine künstliche Trennung – jeder hat, wie schon mehrfach angesprochen, beide Anteile. Männer »sind nicht so« und Frauen auch nicht. Wir reden über grundlegende Energien, nicht über Männer und Frauen.)

Es ist kein Wunder, dass die ganze Sache irgendwann aus dem Ruder lief. Es ließ sich nicht vermeiden, das liegt einfach in der Natur der Dinge. Verneigen wir uns vor den unlösbaren Aufgaben, für die wir uns als Männer und Frauen gestellt haben. Wir haben die männliche und die weibliche Energie in all ihren Spielarten erlebt, haben zutiefst darunter gelitten, sind schuldig geworden und leben nun in stummer Verzweiflung.

Hören wir auf damit. Wir HABEN die Aufgabe gelöst, wir haben sie in all ihrer Auswirkung erlebt. Es gibt keine Antworten. Es gibt nur die Erfahrungen, die wir gemacht haben, weil wir uns mit diesen Fragen auseinandergesetzt haben.

Wir brauchen nun Erlösung und eine geläuterte, transformierte, neue männliche Energie wie auch eine geläuterte weibliche Kraft, eine Energie, die sich nicht mehr vom Ego und der Angst missbrauchen lässt.

---

7 Rainer Maria Rilke in einem Brief an Franz Xaver Kappus, 16. Juli 1903

All das Bisherige gehörte zum Schöpferplan – wenn man von einem Schöpferplan ausgeht. Aber jetzt darf es anders werden. Schauen wir es uns noch ein einziges Mal an, stellen wir uns dem Schmerz, und bitten wir um Gnade. Wir können nicht alles wiedergutmachen, denn daran würden wir zerbrechen.

Wir brauchen eine Kraft, die reinen Tisch macht, damit wir neu starten können. Wir Männer sind energetisch und moralisch gesehen bankrott, und das spüren wir auch. Wir halten uns aufrecht, aber wir wissen selbst nicht, welche Kräfte uns überhaupt bewegen. Die gefährlichste Spezies der Erde sind Männer zwischen 17 und 30, wurde in einer Studie herausgefunden, und das ergibt durchaus einen Sinn.

Auch wenn uns das nicht gefällt, es unseren Stolz zu brechen scheint: Melden wir Insolvenz an, und bitten wir um Erlösung. Wir sehen an dem, was in der Welt geschieht, wie die alten männlichen Strukturen mit Karacho in sich zusammenstürzen. Wir hüten die Tatkraft, die sichtbare, handlungsorientierte Yang-Energie, und deshalb ist natürlich auch der Zusammenbruch deutlich zu hören.

Unsere alte männliche Energie funktioniert nicht mehr, und das braucht sie auch nicht. Es gibt etwas Besseres, eine neue Kraft. Die erlöste männliche Energie, die erlöste Christuskraft, die Kraft der Drachenhüter und die Kraft von Erzengel Michael finden ihren Weg zur Erde, wenn wir sie rufen. Sie stehen uns zur Verfügung, wenn wir aufhören, uns unsere eigenen Energien zurechtzustricken, diese seltsame Mischung aus Kontrolle, antrainierter Kraft und Vorstellungen davon, wie ein Mann zu sein hat.

Als wir beide begonnen haben, dieses Buch zu schreiben, fragte eine Frau ganz ernsthaft »Und wie soll der sein, dieser wilde Mann?« Diese Frage ist schon im Ansatz Unsinn. Er soll gar nicht irgendwie sein. Er darf sich endlich zeigen, wie er ist! Wir dürfen gespannt sein ...

Es scheint für uns Männer schwierig, das Haupt zu senken und aufzugeben. Aber haben wir wirklich ein Problem damit, den Stärkeren als solchen anzuerkennen? Nein. Wir sind Krieger, und es liegt in unserer Natur, zu erkennen, wann wir die Waffen strecken müssen. Diese Zeit ist jetzt gekommen. Der Stärkere, in diesem Fall ist es das Leben, hat gewonnen. Neigen wir also unser Haupt vor dem Leben. Selbst wenn wir mit unserer bisherigen Art, die Dinge zu tun, erfolgreich gewesen sind, fehlt uns doch ein großer Teil unserer eigenen Seele. Wie dieser Teil aussieht, ob es die Christuskraft ist, der Hüter der Drachen, der innere Schamane – wir sind viele und haben unterschiedliche Aufträge. Aber eines haben wir gemeinsam:

Wir haben Angst vor unserer männlichen Energie, halten sie lieber unter Verschluss oder kanalisieren sie in kontrollierbare Räume, in denen sie denen, die wir lieben, keinen Schaden zufügen kann.

Angst kann sich sehr wohl auch in einer Art innerer Taubheit ausdrücken, in einer Lähmung, Abwehrhaltung oder, gerade bei uns durch unsere Hormone besonders beliebt: in Aggression. Ein verletzter Wolf beißt um sich, und das tun wir auch.

Eine besonders perfide Art des Um-sich-Beißens ist Schweigen. Wir strafen unsere Lieben und uns selbst mit Nichtachtung und Liebesentzug, nutzen die Waffe der Kälte und Grausamkeit, um unseren Unmut, unsere Feindseligkeit, unseren Ärger, unseren Frust und unsere Verletzung auszudrücken. Manchmal müssen wir uns zurückziehen, um uns zu sortieren, aber das ist hier nicht gemeint. Schweigen ist eine der kraftvollsten Waffen, besonders gegen Frauen und Kinder, denn diese sind von ihrer Struktur her kommunikative Wesen und halten unser Schweigen nicht aus. Wir selbst halten es übrigens auch nicht aus. Wir ziehen eine seltsame Befriedigung aus unserer emotionalen Überlegenheit (das richtige Wort ist natürlich Taubheit), schneiden uns aber damit von unserer eigenen Kraft ab, verlieren den Kontakt zu uns selbst und allem, was uns wahre Kraft gibt. Magersüchtige nutzen das gleiche emotionale Verhalten, um sich selbst nicht spüren zu müssen.

Wir führen einen stummen Krieg gegen Frauen, gegen alles, was uns anders haben will, als wir sind, rebellieren unterschwellig, sind passiv-aggressiv. Wir verweigern die Gefolgschaft, sagen aber nichts und setzen dem nichts entgegen – weil wir nicht wissen, was. Dazu müssten wir erst mal verstehen, was wir da eigentlich tun. Weil wir uns aber so sehr von uns selbst abgeschnitten haben, finden wir den Schlüssel zu uns selbst nicht mehr.

Wozu tun wir das? Warum verweigern wir, ziehen uns zurück, machen nicht mit? Weil wir spüren, dass etwas nicht stimmt. Uns fehlen Würdigung, Anerkennung, Liebe, das Leben, und

ganz besonders fehlt uns unser eigener gesunder und selbstverständlicher männlicher Ausdruck.

Wenn du auch nur ein Mal bei einer systemischen Aufstellung das Wesen des Krieges mit hineinstellst, wenn du auch nur ein Mal diese unermesslich eisige, grausame und vollkommen mitgefühllose Kraft erlebt hast, dann brauchst du dich nicht zu wundern, warum Männer nichts mehr fühlen. Es ist nicht zum Aushalten. Wir alle sind nachhaltig und massiv durch die Weltkriege geschädigt, unsere Familien sind heimatvertrieben worden, wir alle haben Großeltern im Krieg verloren, und das Leid der Heimkehrer ist unaussprechlich, im wahrsten Sinne des Wortes. Kein Wunder, dass Männer nicht mehr fühlen und reden. Wir würden an dem, was unsere Großväter und Väter zu erzählen haben, zerbrechen. Sie können nicht darüber reden, die Schmerzen des Krieges lassen sich womöglich nicht erlösen, sie sind zu tief, zu grundlegend.

Hier ist ein Brief vom durch uns gefühlten, aber natürlich nicht umfassenden Kollektiv der Männer. Schau, ob er dir aus der Seele spricht oder nicht. Wenn ja, dann sei willkommen in deinem Schmerz. Wenn nicht, dann hoffen wir sehr, dich an einer anderen Stelle zu berühren und abzuholen.

An Frauen

Ich will dich lieben, ehren und bei dir sein, bis der Tod uns scheidet, und am liebsten würde ich erst gar nicht geboren werden, mich der Welt nicht stellen, sondern in deinem Leib bleiben. Gleichzeitig habe ich eine unbändige Lust am Leben, will die Welt erobern, Kämpfe bestehen und meine Kraft erproben.

Doch du stößt mich schmerzhaft aus dir heraus, ich werde geboren, und damit fängt mein Drama an. Ich muss funktionieren, ich muss sein, wie du mich willst – ich bin zu wild, zu sanft, zu emotional, zu wenig emotional. Ich trage die zur Unkenntlichkeit verzerrten Projektionen der Welt mit mir herum und versuche verzweifelt, allem gerecht zu werden. Und ich habe diesen Drachen bei mir, eine Kraft, von der ich nicht weiß, wie ich sie beherrschen, wie ich sie meistern soll. Meine Kraft verletzt Frauen, zuallererst meine Mutter, das weiß ich. Ich habe zwei Möglichkeiten. Entweder ich unterdrücke meine Energie, passe mich an und gehe den Weg, den mir der tief eingetretene Trampelpfad vorgibt, den die ihrer Kraft beraubten Männer vor mir gegangen sind, oder ich verweigere mich vollständig. Dann lebe ich am Rand der Gesellschaft, bin nicht sichtbar, unterdrücke meine Energie oder erlaube ihr, ungehindert zu zerstören.

Ihr jammert über das, was dieser Drache euch antut? Wir Männer tragen ihn täglich, stündlich, in jeder Sekunde mit uns herum und folgen seinen Spielchen und Begierden. Wir sind zerrissen zwischen unserem Wunsch einerseits nach einer Heimat, nach einem Hafen, nach der Frau, die uns liebt und uns sein lässt, wie wir sind, und andererseits dem ewig lockenden Weib, das erobert werden will. Klingt das wie ein Klischee? Es ist ein Klischee, und es langweilt und ermüdet uns, lässt uns tief in der Seele auch verzweifeln. Wie ist es wohl, zu wissen, dass wir ein Monster in uns tragen, das uns zwar sehr viel Kraft, Durchhaltevermögen und Feuer gibt, aber einen immensen Preis verlangt? Der

Drache im Märchen, der die Jungfrau fordert, der grausam über das Land herrscht – wie meistern wir diese Kraft? Den Drachen zu töten, ist sicher auch nicht der Weg. Wollen wir diese Kraft wirklich in unserem Leben haben?

Wie oft leiden wir unter unserer unerfüllten sexuellen Energie. Wir leben mit einer Frau zusammen, wollen aber eine andere – und haben wir sie, beginnt das Spiel von vorn. Wir kommen nie an, sind ewig auf der Suche und wissen doch gar nicht, was wir überhaupt suchen. Einigen von uns ist dieses Spiel so zuwider, dass sie förmlich darum gebeten haben, von dieser Kraft befreit zu werden – und da stehen sie nun, wunderbare, gestandene Männer, ihrer sexuellen Kraft beraubt, weil sie sich nicht mehr antreiben lassen wollen.

Wir töten den Drachen, bevor er uns tötet, oder wir lassen uns von ihm mitzerren, von Frau zu Frau, von Begierde zu Begierde. Vielleicht könnten wir ihn reiten, ihn meistern, ihn als guten Freund an unserer Seite haben – aber selbst wenn das so ist, liebste Frauen, können wir nicht dafür garantieren, dass er euch so zur Verfügung steht, wir ihr das wünscht. Wir wissen nicht, was dieser Drache braucht und was seine wahre Natur ist, wir wissen nicht, wie er sich wandelt, wenn wir ihm einen guten Platz in unserem Herzen geben. Wir brauchen eure Bereitschaft, uns den Raum zu öffnen, das Risiko einzugehen, ihn neu einzuladen. Er darf sich verändern, er hat genug Tod und Zerstörung gebracht. Der wilde Schrei, den er ausstößt, wenn er seine Beute erlegt hat, lässt unser Herz wie eures in tausend Stücke zerspringen. Wir verabscheuen uns selbst für das, was dieser Drache anrichtet. Schaut über die Schlachtfelder, schaut auf die Kinder und Frauen, die unsere Opfer sind, schaut auf uns, die wir uns gegenseitig töten. Glaubt ihr wirklich, dieser Drache ist eine Quelle der Freude?

Wir können ihn nur gemeinsam erlösen – aber, noch einmal: Wir wissen nicht, was dann geschieht. Wir können nicht versprechen, an eurer Seite zu bleiben, wie ihr euch das so sehr wünscht, vielleicht wird es ganz anders, und vielleicht gefällt es euch nicht. Was uns fehlt, ist die Mitte. Nicht der oft als golden bezeichnete und doch meist langweilig graue Mittelweg, sondern etwas Neues, eine echte Anbindung an unsere eigene Mitte. Wir Männer sind so weit von unserer Mitte entfernt (was immer diese Mitte ist), dass sich gar keine Voraussage treffen lässt, auf welche Weise sich die Energien zeigen werden, wenn wir erst angebunden sind.

Doch hier ist nun die gute Nachricht: Wir haben diesen inneren Gefährten, diesen treuen Begleiter, der uns in der Tiefe unseres Seins versteht. Wie wir ihn nennen, ist nicht so wichtig, denn für jeden ist er anders. Er ist unser innerer wilder Mann, die Kraft, die den Druiden innewohnt, den Schamanen, den Hütern aller indigenen Kulturen – in gereifter Form, denn wir müssen mit weitaus mehr Anforderungen umgehen als die alten Kulturen.

Wie fühlt sich diese neue Kraft an, und woher soll sie kommen? Wir Männer sind kollektiv vor eine schwierige Aufgabe gestellt worden, und wir brauchen eine weibliche Eigenschaft, um uns zu transformieren: Hingabe. Wir wissen nicht, wie die neue und erlöste männliche Kraft sich anfühlt, aber wir spüren, dass wir sie brauchen und dass sie kommt. Das, was Frauen seit Jahrtausenden üben, Hingabe an die Prozesse des Lebens, wird nun unser wichtigstes Werkzeug.

Frauen dagegen lernen, zur Tat zu schreiten und ihre wundervollen Fähigkeiten in Handlungen umzusetzen, sich damit zu zeigen und männliche Energie zu nutzen, Tatkraft und Schöpferenergie. Der männliche und der weibliche Pol kommen in jedem Einzelnen nun in das jeweils richtige Gleichgewicht (die Verteilung muss nicht exakt bei fünfzig Prozent weiblicher und fünfzig Prozent männlicher Energie liegen, denn jeder trägt ein individuelles Gleichgewicht dieser Pole in sich!).

Männer brauchen weibliche Yin-Kräfte (Hingabe und Offenheit), damit die erlöste männliche Energie den Weg zur Erde findet, während Frauen männliche Yang-Energien (Entschlusskraft, Verantwortlichkeit und Mut, die Dinge zu TUN) brauchen, um ihre weiblichen Fähigkeiten offen sichtbar werden zu lassen und in die Welt zu bringen.

Männer werden dadurch nicht weiblicher und Frauen nicht männlicher, wie wir es lange Zeit befürchtet haben. Im Gegenteil. Wir bekommen einfach neue Werkzeuge, um unsere jeweilige Energie sichtbar und auf der Erde wirksam werden zu lassen.

Hier ist unser durch uns gefühlter kollektiver weiblicher Schmerz. Auch hier gilt: Schau bitte, ob dir das aus der Seele spricht, und wenn nicht, dann gilt es für dich einfach nicht. Wir hoffen, dich dann an einer anderen Stelle zu berühren und zu erkennen, was dich bewegt.

An Männer

Ich bin wie nur wenige Male in meinem Leben stumm, wenn ich darüber schreiben soll, wie ich mich in Bezug auf Männer fühle. Der Schmerz über alles, was ihr uns zugefügt habt, ist so groß, dass ich gar nicht weiß, ob ich ihn tatsächlich fühlen möchte – und das muss ich, wenn ich darüber schreiben will, so darüber schreiben will, dass es euch berührt. Ich drücke mich, will kluge Sätze vor meinen Schmerz schieben.

Hier ist mein Herz: Ich habe höllische Angst davor, vernichtet zu werden, wenn ich an Männer denke, denn ich kann der Kraft der sexuellen Begierde nichts entgegensetzen. Ich versage im Kampf um männliche Aufmerksamkeit, und das so sehr, dass ich erst gar nicht damit beginne. Der Drache der männlichen Sexualkraft ist zugleich so wunderschön, furchterregend und unermesslich bedrohlich, dass ich mich in eine graue Masse verwandle, wenn ich hinschaue. Wie kann ich diesen Drachen zähmen, an meiner Seite halten, nähren – und was muss ich tun, um mir seiner Aufmerksamkeit sicher zu sein? Ich weiß es tatsächlich nicht, und wüsste ich es, würde ich es nicht nutzen, denn das ganze Spiel ist mir zuwider.

Und merkt ihr, worum es geht? Die Frage von uns Frauen ist: Wie können wir männliche sexuelle Energie bändigen, an uns binden? Denn sind wir nicht genug verlassen, betrogen, ausgetauscht worden? Ist das nicht unser tiefster Schmerz, irgendwann einfach nicht mehr zu genügen und weggeworfen zu werden, für irgendeine andere Frau, einen anderen Ausdruck der Göttin, der weiblichen sexuellen Kraft? Was ist das für eine Information an das Kollektiv der Frauen – »Ihr steht in Konkurrenz zueinander, aber wir Männer legen die Kriterien fest, und sie ändern sich täglich, von Mann zu Mann, von Epoche zu Epoche. Wir nehmen euch, benutzen euch, werfen euch weg, tauschen euch aus.«?

Die sexuelle Kraft der Männer ist für uns tatsächlich Himmel und Hölle zugleich. Der Himmel, wenn ihr uns liebt und uns eure Kraft zu

Füßen legt, die Hölle, wenn ihr euch abwendet und dieselbe Kraft mit der gleichen Inbrunst einer anderen schenkt – doch auch sie ist nur ein durchlaufender Posten. Soll uns das trösten? Das bestärkt nur das Leid. Wir werden verrückt vor Schmerz, wenn ihr euch abwendet, einfach so, scheinbar wahllos.

Wir können euch nicht vertrauen, wir können uns euch nicht hingeben und öffnen, zu oft sind wir auf jede nur erdenkliche Weise getötet worden. Der männliche Drache der Sexualität scheint ein gefräßiges, zynisches, eiskaltes Monster zu sein – und kann doch gleichzeitig als unendlich liebevoller, schützender Lebensspender wirken, nach dem wir uns mit jeder Faser unseres Herzens sehnen. Er scheint kein Herz zu haben, dieser Drache, sondern blind auf Reize zu reagieren, euch Freiheit und Kraft zu versprechen – aber eure Freiheit und Kraft macht alles kaputt, was wir zusammen aufbauen.

Ich weiß nicht, wie ich diesem Drachen noch einmal Raum geben kann, ich kann nur hoffen, dass die Art, auf die wir männliche Energie bisher erleben und erdulden, noch nicht der Weisheit letzter Schluss ist. Denn die Alternative ist, den Drachen eingesperrt zu lassen und die sexuelle Kraft nicht zu leben. Dann ist zwar alles friedlich und sicher, aber so versteinert das Leben. Ich hoffe sehr, dass es unsere Aufgabe ist, diesen Drachen zu erlösen, ihm ein Herz zu geben und ihn in den Dienst der Liebe zu stellen. Aber ist das nicht wieder nur die Sicht der Frauen? Will das der Drache überhaupt, wollen das die Männer, ist das ihr Wesen, oder müssen wir den Tatsachen ins Auge sehen? (Selbstverständlich wirkt diese Art von Drachenkraft auch durch Frauen, diesen Text könnten sicher auch einige Männer schreiben.)

Liebster, ich wünsche mir aus ganzem Herzen deine Hingabe, deine Liebe, deinen Schutz und dein Begehren, aber ich weiß auch, dass diese Kraft unberechenbar ist.

Ich weiß, wie rasch der Reiz des Neuen dafür sorgen kann, dass all das, was mir heilig ist, auf einmal nichts mehr zählt. Ich weiß, dass ich wieder in meinem eigenen Blut knien und die Scherben meines Herzens aufsammeln werde, und ich weiß, dass ein weiteres Stück meines Herzens unwiederbringlich zerstört sein wird.

Will ich das? Nein. Will ich auf deine Liebe verzichten? Ich weiß es nicht. Der Preis dafür scheint zu hoch zu sein.

Wie halten wir all die Zurückweisungen aus, die wir uns gegenseitig zumuten? Wie können wir unser Herz wieder öffnen oder offenhalten, wenn wir zu oft das »Nein« gehört haben und uns jedes Mal der Mut sinkt? Wie können wir es wagen, unser Herz wieder zu öffnen, wenn wir nicht sicher sein können, dass wir nicht wieder zurückgewiesen und verletzt werden?

Machen wir uns gemeinsam auf, und erschaffen wir einen neuen Raum. Wir sind Schöpferinnen und Schöpfer unserer Wirklichkeit. Wenn wir Männer wirklich in unserer Mitte angekommen sind, dann steht uns die Drachenkraft, die Kraft der Liebe, die Kraft des Feuers und der Erde vielleicht auf eine völlig neue Weise zur Verfügung. Wenn wir Frauen in unserer Kraft stehen, den Hochzeitskorb hüten, dann können wir auch das Feuer der Drachen halten und nähren, und dann kann »er« bleiben.

Ich weiß, dass wir scheinbar wahllos mit Worten wie Liebe, Erd-kraft, Feuer, Drachen oder Christusenergie um uns werfen. Wir wissen nicht, wie sich die neue Energie anfühlt, und wir wollen ALLE ansprechen. Wo auch immer du dich energetisch zu Hause fühlst – bitte wähle, was zu dir passt.

»Aber, ihr beiden«, hören wir von Freunden, »müsst ihr andau-ernd die Christuskraft erwähnen? Da ist so ein Nachgeschmack von Leid, könnt ihr nicht ein anderes Wort finden?« Nein, ihr Lieben. Nicht obwohl, sondern gerade WEIL dieses Wort einen Nachgeschmack von Leid mit sich trägt, wird es Zeit, diese Ener-gie davon zu erlösen. Es ist nun einmal eine ganz besondere Kraft, diese Christusenergie. Sie anders zu nennen, um den Schmerz nicht fühlen zu müssen, wäre irgendwie – feige, oder? Das würde ein erlöster, heilender Drache nie zulassen.

Eine Freundin meint, wir sollten nicht immer von »Männern« und »Frauen« reden, das ginge so gar nicht, jeder wäre anders. Wirklich? Wir bitten euch, seid nicht so kleinlich. Nehmt, was ihr braucht, was euch gefällt und euch dient, und lasst den Rest lie-gen. Die Muster, die uns berühren, sind nicht so unterschiedlich.

Ein anderes Pärchen sagt: »Müsst ihr dauernd über die sexu-elle Energie reden? Wir haben damit keine Probleme, was soll das eigentlich?« Nun, wir reden über sexuelle Energie, weil sie die stärkste Kraft dieses Planeten ist, die reine Schöpferkraft. Ohne sexuelle Energie gäbe es nichts, kein Leben. Sexuelle Ener-gie drückt sich bei Weitem nicht nur körperlich aus. Nennt es Lebenskraft, nennt es Schöpferkraft, Lebensfreude, euren Kraft-strom – nennt es Mut zum Leben. Dann stimmt es. Denn was auch immer in eurer Beziehung nicht fließt, wo auch immer euer

Nein oder das Nein des Partners sich äußert – es fehlt immer der Mut, Ja zum Leben zu sagen. Ja zum Leben, wie es eben ist.

Vielleicht habt ihr in eurer Beziehung überhaupt kein Problem mit dem Thema Sex, aber dafür kannst du deinem Mann nicht erzählen, dass du zu spirituellen Seminaren gehst. Weißt du, wie viele Frauen ein paar Straßen weiter parken, wenn sie ein Seminarzentrum betreten möchten, damit sie nicht damit in Verbindung gebracht werden können? Solches Verhalten ist absurd? Nein, es spiegelt vonseiten des Mannes die Angst vor dem Leben – und vonseiten der Frau die Angst vor ihrer Verantwortung für sich selbst. Du willst eine Katze, aber er sagt Nein, er will mit dir schlafen, aber du hast keine Lust, er will ein Wochenende im Freien verbringen, Kanu fahren, wandern und zelten – aber ohne deine Handtasche gehst du nirgendwohin? Das sind alles Klischees, und doch stimmen sie alle. (Selbstverständlich kannst du das alles auch genau andersherum finden, das ist hoffentlich klar.)

Wie also gehen wir damit um, wenn einer Ja sagt, der andere aber Nein, und warum ist das überhaupt so schlimm? Einiges können wir auch leicht allein tun, wir müssen nicht alles teilen, nicht alles gemeinsam machen, nur weil wir in einer Beziehung leben. Aber was ist mit den Aspekten, die davon abhängig sind, dass beide Ja sagen? Er kann allein zelten gehen, natürlich, aber er kann seinen Wunsch, das Erlebnis mit dir zu teilen, nicht verwirklichen, wenn du nicht willst. Du kannst auch mit dir selbst oder außerhalb deiner Beziehung Sex haben, aber du kannst deine Energie nicht mit ihm teilen, wenn er nicht will.

Du kannst alles auch allein tun. Du bist nicht abhängig davon, dass der andere da ist. Aber dass du etwas mit ihm teilen kannst, ist abhängig davon, dass beide Ja sagen – und DARUM geht es hier, um das Teilen.

Sollten wir uns nicht auf das konzentrieren, was fließt, statt unser Augenmerk auf das zu richten, was eben nicht fließt? Warum ist das eine kleine Nein so schlimm, wenn doch achtzig Prozent der Beziehung super laufen? Weil wir im Quantensprung sind. Weil wir Ja zum Leben sagen müssen, in allen Bereichen, sonst können wir das Tor zur nächsten Ebene der Freude und Liebe nicht gemeinsam durchschreiten. Wenn einer Nein sagt, dann verzerrt sich dieses Nein deshalb zu einer unförmigen, riesigen Energie, weil es erlöst werden will. In der nächsten Dimension, auf der nächsten Stufe oder Ebene von Liebe zählt nur noch dein Ja zum Leben. Deshalb ist das Nein so deutlich und schmerzhaft spürbar, und deshalb zeigt es sich jetzt so überdimensional groß. Es schmerzt vielleicht mehr, als es angemessen wäre, wenn du dir das Gesamtbild anschaust, und du kommst dir vor, als würdest du völlig übertreiben. Das liegt daran, dass ihr euch einem gefühlten oder tatsächlichen Dimensionstor nähert. Eure Beziehung möchte die Frequenz wechseln, den Übergang schaffen, das teilen, was uns der kollektive Aufstieg bringt und ermöglicht.

Dein eigenes inneres Nein hat sich vielleicht schon vor Jahren gezeigt, und du hast viel an dir gearbeitet. Jetzt zeigt sich

**das Nein, dein eigenes und/oder das deines Partners, inner-
halb deiner Beziehung. So schaut gemeinsam hin, fühlt den
Schmerz, und bittet die Liebe und Freude der nächsten Dimension, zu wirken und euch zu transformieren.**

Dafür schreiben wir beide dieses Buch.

Teil II –
Die Sieben Schlüssel

Schlüssel I: Will ich das?

Willst du die Beziehung überhaupt weiter führen, oder wird es Zeit zu gehen? Wenn du tief in dein Herz schaust, dann spürst du ganz genau, ob die Beziehung mit in die neue Energie hinüberwechseln kann oder ob ihr euch am Tor voneinander verabschieden müsst.

Das ist schwierig, natürlich, und es schmerzt, aber du spürst auch die Erleichterung, weil du weißt, dass es richtig ist. Vielleicht aber spürst du auch das uneingeschränkte Ja, selbst das Ja zu dem Nein in deiner Beziehung. Wenn du dir nicht sicher bist, dann geh eben noch ein Stück weiter. Je näher du dem Tor kommst, desto klarer wird sich zeigen, ob diese Beziehung für die nächste Dimension bestimmt ist oder nicht. Wenn sie dazu bestimmt ist, dann gibt es auch Lösungen, das versprechen wir dir, auch wenn du sie jetzt noch nicht kennst. Du kannst sie noch gar nicht kennen, denn es sind Lösungen der neuen Energie, und sie warten hinter dem Tor auf dich.

Wie aber finden wir heraus, was wir wirklich wollen? Jetzt brauchen wir die Kräfte, von denen wir die ganze Zeit schon sprechen: den wilden Mann und die wilde Frau.

Meditation: Der wilde Mann, die wilde Frau

*Lest euch bitte beide den Text durch, oder
lest ihn euch gegenseitig vor.*

Schließ deine Augen. Bitte deine Vorstellungen und deinen kontrollierenden Verstand, einen Schritt zur Seite zu treten, damit du deine wahren Kräfte kennenlernen kannst. Die wilde Frau/der wilde Mann ist wahrscheinlich ganz anders, als du es erwartest, darum sei bitte so offen, wie es dir möglich ist. Es ist eine neue Kraft, die du wahrscheinlich noch nicht kennst, zumindest nicht in der Form (oder aber sie ist dir so vollständig vertraut, dass du das Gefühl hast, endlich nach Hause zu kommen). Lass deine Vorstellungen los. Du weißt nicht, wie sich dein wilder Mann/deine wilde Frau zeigen wird. Es wird auf jeden Fall genau richtig sein, selbst wenn es anders ist, als du es erwartest.

Entspann dich also ein wenig, dann stell dir ein Tor vor, ein Tor, das in die Welt der Freiheit, der Lebendigkeit und der Lebensfreude führt. Schau, wie es aussieht, und bitte das Tor ausdrücklich, dir den Weg zu dieser Welt zu öffnen. Vielleicht spürst du es auch eher als dass du es siehst, halte nicht an inneren Bildern fest, nimm einfach wahr, was in dir geschieht. Tritt durch das Tor hindurch, in deiner Zeit und so, wie es dir angenehm ist. Es kann sein, dass du vorher einiges loslassen musst, vielleicht trägst du eine schwere Rüstung, eine Idee, die du als Hut oder

Klammer um den Kopf herum wahrnimmst, einen alten Rucksack, einen Keuschheitsgürtel oder ein ganzes Waffenarsenal. Leg bitte alles vor dem Tor ab, und dann geh hindurch. Bitte die Hüter deiner Kraft, bei dir zu sein, bitte die geistigen Kräfte deines Vertrauens, seien es Engel, Krafttiere, Jesus Christus oder jede andere geistige, der Liebe dienende Energie, dich zu führen, und dann sieh, wo du gelandet bist.

Du nimmst eine wunderschöne Landschaft wahr, eine Welt, in der die Gesetze von Liebe und Lebendigkeit verwirklicht sind, und du tankst bereits jetzt Kraft und Lebensmut. Du schaust dich um und gehst ein wenig umher, und in einiger Entfernung siehst oder spürst du ein Feuer. Du gehst hin zu dem Feuer und nimmst auf einmal eine Präsenz wahr, ein Wesen, eine Gestalt. Es kann sein, dass du noch niemanden erkennen kannst, aber du spürst die Energie dieser Gestalt. Frag sie, ob sie deine wilde Frau/dein wilder Mann ist. Spürst du ein Ja, dann nähere dich ihr, und lass dich mehr und mehr von ihrer Energie berühren. Spürst du ein Nein, dann frag sie, ob sie dich zu deinem wilden Mann/deiner wilden Frau führen wird – und dann folge ihr. Passiert nichts, dann nimm zunächst die Energie in dich auf, und wiederhole die Meditation später.

Wenn du deinen wilden Mann/deine wilde Frau jetzt spürst oder erkennen kannst, dann nähere dich ihr/ihm so, wie es für dich richtig ist, und lass alle Ideen darüber, wie er/sie sein sollte, los. Es sind tatsächlich einfach nur

Ideen, sie haben nichts mit der wirkenden Energie zu tun. Mehr und mehr erlebst du nun die Kraft deines wilden Mannes/deiner wilden Frau, du lässt sie in dich einwirken und erkennst, dass sie dir schon lange gefehlt hat. Nimm dir Zeit, diese Energie zu fühlen, sie fließt überall dorthin, wo sie gebraucht wird, und verbindet die losen Einzelteile in dir zu einem stimmigen Ganzen. Weisheit, Frieden, Ruhe, aber auch Unbestechlichkeit und Klarheit schenkt dir dein wilder Mann/deine wilde Frau. Wenn du eine Frage hast, dann stell sie, besonders aber frag ihn/sie, was er/sie braucht, ob du etwas für ihn/sie tun kannst.

Befreie deinen wilden Mann aus den Fesseln, falls er welche trägt, schau, wie es ihm geht. Vielleicht liegt ein erschlagener oder auf andere Art getöteter Drache neben ihm. Wenn das so ist, dann bitte deine geistigen Führer und Lehrer, die Situation zu erlösen. Vielleicht musst du den Drachen heilen, wiederbeleben, vielleicht auch begraben und betrauern – und vielleicht gibt es ein kleines Drachenjunges, das du von nun an hüten darfst. Vielleicht ist es auch ganz anders, schau, was passiert, und vertrau, lass dich leiten, die Kräfte der Geistigen Welt wissen, was sie tun.

Wie immer deine Geschichte ist, bitte die wilde Frau/den wilden Mann, dir von nun an zu zeigen, was wirklich gut für dich ist und was dein Herz wirklich will. Diese Kraft ist weitaus liebevoller, klarer, geduldiger und weiser, als du dir vorstellen kannst, sie kennt die Rhythmen des Lebens und des Todes. Dein wilder Mann kann auch Jesus Christus, ein Drache, Erzengel Michael, ein Indianer oder ein Druide sein. Vielleicht ist deine wilde Frau uralt, und du hast etwas ganz anderes erwartet – wer aber sollte sich besser auskennen mit den Rhythmen des Lebens als die weise Alte? In welcher Gestalt er/sie sich zeigt, ist völlig unwichtig, nimm die Energie wahr. Die Form will dir nur helfen, die Energie besser zu spüren, denn natürlich hat er/sie in Wahrheit keine Verkörperung. Das bist du, das ist deine ureigene Kraft, die sich dir hier in einer Gestalt zeigt, die dir hilft, sie besser zu erkennen.

»Ich habe dich erwartet«, sagt die Gestalt nun und bietet dir einen Heiltrank an, der in einem Kessel über dem Feuer kocht. Vielleicht gibt sie dir auch eine Waffe, gereinigt und dem Leben dienend, vielleicht ein anderes Symbol für deine Kraft. Lass es bitte sein, wie es ist, es ist eine neue Kraft, die dir von nun an zur Verfügung steht. Wann immer du eine Frage hast oder Kraft brauchst, komm bitte ans Feuer, wann immer du Energie brauchst oder dich selbst nicht mehr richtig spürst, lass dir einen Heiltrank geben, der genau das enthält, was du in diesem Moment brauchst. Dein wilder Anteil hütet deine Seelenkraft. Nutze die Weisheit und Ruhe deines wilden Mannes/deiner wilden Frau. Die schamanischen, ursprünglichen Kräfte des wilden Mannes/ der wilden Frau wissen genau, was du brauchst, denn sie sind in engstem Kontakt zu deinen Selbstheilungskräften und zu der unermesslichen Schöpferenergie des Lebens selbst. Das Leben hat bis jetzt noch immer eine Lösung gefunden, und das wird es auch weiterhin tun, wenn du ihm erlaubst, zu fließen, wie es eben fließen will.

Der wilde Aspekt kann dir nicht versprechen, dass dir nie wieder wehgetan wird oder dass du keine Brüche und Trennungen mehr erlebst. Das kann passieren, das ist das Leben. Er kann dir aber garantieren, dass er da ist und immer eine Lösung für dich findet, immer wieder einen neuen Ausdruck des Lebens und der unermesslichen Schöpferkraft erschafft und in dein Leben ruft. Mehr haben wir nicht, aber vielleicht genügt das, um weiterzumachen.

Komm durch das Tor zurück, und schreib auf, was du erlebt hast, bleib ein wenig in Stille, und nimm dir Zeit, die neue Energie zu integrieren.

Wozu dient diese neue innere Kraft, die so neu natürlich gar nicht ist? Nun, sie kann die tatsächlich wirkenden Energien von deinen gefühlten Projektionen unterscheiden.

Es gibt immer eine Wahrheit und eine Vorstellung von der Wahrheit, eine tatsächlich wirkende Kraft und das, was du selbst denkst, fühlst und glaubst.

Im besten Fall stimmen diese Energien überein, doch meist ist das innere Kind, das all deine Erfahrungen und Verletzungen in sich trägt, so präsent, dass du nicht sicher sein kannst, ob das, was du fühlst, wirklich stimmig und angemessen ist.

Du kennst das sicher zur Genüge: Dein Partner verhält sich auf eine Weise, die dich ärgert, verletzt oder mit einem alten Thema in Kontakt bringt. Und schon fällt ein Teil von dir in Ohnmacht, wird handlungsunfähig, und das alte Programm läuft durch.

Die Angst, verlassen zu werden, nicht sein zu dürfen, wie du bist, dich verbiegen zu müssen, kontrolliert zu werden – was auch immer dein Grundthema ist, dein Partner berührt dich zwangsläufig immer wieder an dieser Stelle, löst diesen Schmerz in dir aus, einfach, weil er dich berührt!

Was nun? Wenn du nun zur wilden Frau oder zum wilden Mann Kontakt aufnimmst und diese weise, unverfälschte Kraft um ihre Einschätzung der Situation bittest, bekommst du ein klares Gefühl. Gleichermaßen wertvoll ist diese Kraft, wenn du dazu neigst, dir Dinge schönzureden. Die Kraft ist unbestechlich und spürt ganz genau, welche Energien tatsächlich wirken.

Hier ein Beispiel: Du freust dich auf einen gemeinsamen Abend, aber er oder sie hat auf einmal etwas vor, will allein ein Bier trinken, mit Freundinnen ins Kino gehen oder was auch immer. Alles kein Drama – denkst du! Für dein inneres Kind aber ist es möglicherweise eine echte Katastrophe – und zwar egal in welcher Rolle du dich befindest. Bist du die- oder derjenige, die oder der den Abend allein verbringen will, hast du möglicherweise Schuldgefühle und fühlst dich eingeengt und eingesperrt, wenn dein Partner deshalb traurig ist und dich vermisst. Bist du der- oder diejenige, der bzw. die den Abend gern gemeinsam mit dem Partner verbringen möchte, fühlst du dich zurückgewiesen, verlassen, ungeliebt, und befürchtest, die Kontrolle zu verlieren und den anderen bald endgültig zur Tür hinausgehen zu sehen – wie du es zu oft erlebt hast.

Das ist ein so banales Beispiel, dass ich es am liebsten gar nicht schreiben würde, aber letztlich geht es immer um das Gleiche:

um das Zusammenspiel von Nähe und Distanz. Du willst Sex, sie aber nicht? Du willst etwas mit ihm unternehmen, aber er will seine Ruhe? Du willst Zeit für dich selbst, aber sie/er bekommt Angst und beginnt zu manipulieren und zu kontrollieren?

Gehen wir gemeinsam an die Ursprünge: Was geschieht während der Zeugung? Die weibliche Eizelle hält den Raum, bietet dem, was kommen will, Schutz und Nahrung, ist präsent und bereit. Das stärkste und schnellste männliche Spermium (es ist übrigens kein Wunder, dass für Männer das Leben ein Kampf ist – sie kennen es nicht anders, schon in der Entstehung gewinnt der Beste und nur der Beste, die anderen sterben!) dringt in die weibliche Eizelle ein und bringt ihr, was nötig ist, damit ein neuer Ausdruck des Lebens entstehen kann.

Aber – und vielleicht ist das wichtig – das Eindringen der Samenzelle in die Eizelle ist nur die Besamung, noch nicht die Befruchtung. Die Befruchtung erfolgt, weil die Eizelle nun beginnt, die Samenzelle zu zerlegen. Einige Teile dürfen hinein, andere nicht. Sie wählt, sie nimmt sich, was sie braucht, der Rest wird entsorgt. Ist es ein Wunder, dass Männer Angst haben, von der Frau gefressen und zerstört zu werden, und sind wir nicht falsch informiert, wenn wir »Hingabe« mit »Opferhaltung« gleichsetzen? Die Eizelle gibt sich hin, aber in vollem Bewusstsein. Sie wählt. Die Samenzelle ist aktiv, dringt ein und weiß doch ganz genau, dass sie beim Eindringen zerstört wird und nur Teile von ihr benötigt werden. Die Eizelle bleibt stabil, die Samenzelle wird zerlegt. Es ist ein hoher Preis, den die Samenzelle als solche zahlt: Sie stirbt bei der Zeugung!

Es kann auch wichtig sein, den Vorgang der sogenannten Kapazitation kennenzulernen – das bedeutet »Befähigung«. Wenn das Spermium in die Frau einströmt, ist es noch nicht fähig, die Eizelle zu befruchten, es kann die Oberfläche der Eizelle, die Glashaut, nicht überwinden. Ein bestimmtes Hormon, das die Frau zur Verfügung stellt, sorgt dafür, dass die Samenzelle in die Lage versetzt wird, die Glashaut der Eizelle zu durchdringen. Dazu werden spezielle Eiweiße im Kopf des Spermiums benötigt, die erst und auch nur dann entstehen, wenn es mit weiblichen Sekreten in Kontakt kommt. Kann die Samenzelle diese Eiweiße nicht zur Verfügung stellen, findet keine Befruchtung statt. Damit sie diese Eiweiße aber bereitstellen kann, ist eben die Aktivierung durch ein weibliches Sekret erforderlich.

Der Körper der Frau sorgt also selbst dafür, dass die Eizelle befruchtet wird. Wir Frauen haben, wie wir sehen, alles im Griff! Sobald die Samenzelle in die Frau eingeflossen ist, verliert die Zelle ihre Selbstbestimmung, der Prozess der Veränderung beginnt, die Samenzelle lässt sich selbst los und gibt sich der Befruchtung hin, sie zahlt mit ihrem Leben dafür. Beeindruckend, oder?

Verneigen wir uns vor der männlichen Bereitschaft, sich dem Leben vollkommen hinzugeben! Wird es nicht Zeit dafür? Und ist es nicht genau das, was dem Männlichen fehlt, die Anerkennung für die völlige Hingabe an das Leben?

Das Männliche nährt sein Feuer mit sich selbst – das ist seine Art der Hingabe. Sie ist nach außen nicht sichtbar, und deshalb wird sie nicht gewürdigt. Uns Frauen gebührt für unsere Hingabe die volle Hochachtung, das Weibliche muss in all seiner Kraft gesehen und gewürdigt werden. Aber auch das echte, dem Leben dienende Männliche braucht endlich unsere Verneigung!

Das Männliche stellt sein Feuer zur Verfügung, das Weibliche nährt es und gibt ihm Raum zu wachsen. In diesem perfekten Zusammenspiel von Hingabe und Kontrolle, von Aktion und Geschehenlassen liegt unsere Lösung – und die wilde Frau und der wilde Mann wissen das.

Wie wäre es mit folgender Hypothese, nur mal so als angenommene Arbeitsgrundlage: Das Männliche (die Samenzelle) verändert sich, wie wir wissen, unweigerlich, wenn es mit dem Weiblichen (dem Körper der Frau) in Kontakt kommt. Widersetzt eine Samenzelle sich der Veränderung, dann ist sie zeugungsunfähig. Das ist die grundlegendste Art, Nein zu sagen.

Lasst uns einmal etwas ausprobieren, lasst uns die Zeugung auf unsere Beziehungen übertragen. Denn wie wäre es, wenn Männer deshalb so viel Freiraum bräuchten, weil sie befürchten, sich in unserer Gegenwart aufzulösen? Wie wäre es, wenn sie einfach nur immer wieder dafür sorgen müssten, innerlich stabil zu werden? Wie wäre es, wenn allein unsere Anwesenheit dafür sorgte, dass sie sich verändern, sich selbst nicht mehr richtig spüren? Wenn die Samenzelle im Körper der Frau angekommen ist, dann sorgen weibliche Sekrete dafür, dass das Spermium zur Befruchtung fähig wird, das Weibliche verändert das Männliche, damit es dem Leben überhaupt zur Verfügung steht. In diesem Prozess küsst die Prinzessin den versteinerten

Prinzen tatsächlich mit Erfolg wach, hier wird er durch die Frau zum lebendigen, lebensspendenden Mann.

Wie wäre es also, wenn die Urangst der Männer, vom Weiblichen vereinnahmt zu werden, stimmte? Bei der Zeugung geschieht genau das, und das wissen unsere Zellen, es IST einfach so. Das Weibliche löst das Männliche in seine Bestandteile auf, stellt es dem Prozess des Lebens zur Verfügung.

Vielleicht geschieht das auch, völlig unbewusst, auf anderen Ebenen? Glauben wir Frauen nicht oft, wir wüssten, was für unsere Männer richtig ist? Und, wenn wir es auf der erlösten Ebene betrachten, stellen wir Frauen nicht tatsächlich oft den Raum zur Verfügung, in den hinein der Mann sich entwickeln kann, wie er es in unserem Körper bereits einmal erfolgreich getan hat? Und leisten Männer nicht ihren Dienst, opfern sie ihr Leben nicht bis hin zur völligen Erschöpfung, zahlen sie nicht oft mit ihren Leben für das, was ihnen heilig ist?

In der Erlösung tun wir das auch, aber – und das ist der Unterschied zum Ego –, nicht, um uns selbst zu dienen! Das Leben ist heilig, nicht die Firma, nicht das Öl, nicht das Geld. Die Firma, das Öl und das Geld können eingesetzt werden, um dem Leben zu dienen, aber sie selbst haben keinen Wert.

Die erlöste Kraft weiß das und dient einzig und allein dem Leben selbst.

Neutral betrachtet, macht sich das Weibliche während der Befruchtung das Männliche nicht untertan, sondern es sorgt dafür, dass Leben entstehen kann. Es gibt sich auch nicht sinnlos hin, öffnet sich nicht einfach so, sondern wählt und nimmt nur das, was dem Leben dienlich ist. Das Männliche dringt nicht wahllos ein und opfert sich nicht blindlings, sondern ausschließlich, damit das Leben weiter fließt.

Und wie wäre es, wenn wir Frauen deshalb so gern mit unserem Partner verschmelzen und unseren Mann ändern würden, weil wir das während der Entstehung des Lebens tun müssen, damit es überhaupt entsteht?

Vielleicht kommen unsere Beziehungsthemen in der Hauptsache daher, weil wir durch unsere jeweiligen Energien geprägt sind und nur die Ebenen verwechseln?

Denn das Weibliche wählt aus, verändert das Männliche und nimmt es in sich auf – im Dienst des Lebens, niemals des Egos! Und das Männliche dringt in das Weibliche ein, nicht, um es zu dominieren, sondern um sich selbst im Dienst des Lebens hinzugeben.

Wir pervertieren die Rhythmen des Lebens und glauben dann, wir könnten keine glücklichen Beziehungen führen. Wenn wir Frauen anerkennen, dass das Männliche sich sofort zu verändern beginnt, wenn wir mit unserer Energie präsent sind, und dass Männer deshalb Raum für sich selbst brauchen, können wir sie leichter und vor allem ohne Schmerz, aber voller Liebe und Mitgefühl gehen lassen. Und wenn Männer verstehen, dass wir Frauen mit ihnen verschmelzen und sie verändern müssen, weil das die Aufgabe des weiblichen Körpers ist, damit Leben überhaupt entstehen kann, dann können sie nachsichtiger sein, sich nicht gleich angegriffen fühlen, sondern verstehen. Vor allem aber können wir lernen, anders mit unseren ureigenen Energien und den daraus resultierenden Ängsten umzugehen.

Und dabei können die wilde Frau und der wilde Mann uns helfen, denn sie haben ein untrügliches Gespür für das, was tatsächlich zu tun ist.

Wann immer du also von nun an nicht weißt, was du willst und ob deine Wahrnehmung stimmig ist, such deine wilde Frau oder deinen wilden Mann auf.

Wie aber macht man das? Nun, zunächst brauchen wir eine gute Beziehung zu unserem ursprünglichen, wilden Anteil. Es hilft nicht viel, ihn ein Mal in einer Meditation herbeizurufen, und das war es dann. In den Büchern *Die kleine wilde Frau* und *Was dir Kraft gibt*[8] biete ich (nach einer Idee von Luisa Francia) eine alte schamanische Technik an, nämlich das Bauen eines Erdtopfes. Ein Erdtopf ist ein Gefäß, in das du alles hineinfüllst, was dich mit der ursprünglichen Energie und Schöpferkraft der Erde in Kontakt bringt. Vielleicht magst du lieber einen Altar errichten oder dir einen besonderen Kraftort in der Natur suchen. Vielleicht hilft es dir auch, wenn du dir eine Trommel kaufst oder baust, damit du deinen wilden Anteil herbeitrommeln kannst.

---

8 Susanne Hühn: *Die kleine wilde Frau.* Schirner Verlag 2008 und *Was dir Kraft gibt. Kleine Rituale für das tägliche Glück.* Schirner Verlag 2010.

Übung

Geh, wenn du magst, in die Natur, und unternimm eine schamanische Reise: Stell dir vor, dass es ein Tor gibt, durch das du ganz bewusst hindurchschreitest, während du im Wald wanderst.

Sei von nun an achtsam. Frag den Wald oder das Feld, welche Kraftgegenstände du brauchst, um in Kontakt mit deinem wilden Anteil zu kommen, frag, was du tun kannst, um einen stabilen Kontakt herstellen und pflegen zu können. Bitte die Natur, dir das zu schenken, was du brauchst, um die Energie deines wilden Anteils zu erkennen und dich immer wieder daran zu erinnern. Das kann ein Stein sein, ein Teil eines Hirschgeweihs, vielleicht auch ein Gefühl oder ein Gedanke, ein inneres Bild. Geh bitte ganz bewusst in die Natur, um deinen wilden Anteil zu treffen, und sei offen für das, was dir geschieht.

Meditieren kann zu einer Antwort auf die Frage führen, es gibt aber auch viele andere Möglichkeiten. Den wilden Teil kannst du besser über das Tanzen spüren, über das Singen, über einen körperlichen Ausdruck, denn er ist eine zutiefst erdige, vitale und ausdrucksvolle Energie. Leg dir eine für dich kraftvolle Musik auf, ruf deinen wilden Teil, und tanz ihn, egal was dann passiert und wie du dabei aussiehst. Du brauchst weder sexy noch zurückhaltend zu sein.

Erinnere dich daran: Du bist dabei, eine neue Beziehung einzugehen, und wie jede andere Beziehung braucht sie

Zeit und Pflege. Ihr müsst erst lernen, miteinander zu kommunizieren, dein wilder Teil und du. Feuer kann sehr hilfreich sein, eine Kerze oder ein richtiges Lagerfeuer – alles, was dich mit dir selbst in Kontakt bringt, hilft. Unternimm eine Krafttierreise, indem du die Augen schließt und dein Krafttier bittest, sich dir zu zeigen. Frag es, ob es dein Krafttier ist, was es braucht, ob du etwas für es tun kannst und welche Energie es dir zur Verfügung stellt. Lern ihn kennen, deinen wilden Teil, mach ihm ein Angebot, dem er nicht widerstehen kann. Lock ihn, indem du ihm das anbietest, was er liebt, aus seinem inneren Versteck, in das du ihn wahrscheinlich selbst geschickt hast.

Auch sehr hilfreich ist die Technik des Familienstellens. Selbst wenn du damit noch nicht vertraut bist, probiere einmal Folgendes: Stell dich bitte fest auf deine Füße, am besten in der Natur, schließ deine Augen, und bitte jetzt deinen wilden Anteil, einen Kraftplatz auf dem Boden zu bilden, eine Art Lichtfleck oder Kraftfeld. Es ist wirklich wie in der Aufstellungsarbeit, du wirst den Kraftort spüren, deine Füße wissen, wohin sie dich führen sollten. Nun geh diesen einen Schritt hinein in das Kraftfeld deines wilden Mannes oder deiner wilden Frau, und erlaube der Energie, dich zu durchströmen. Sie ist ganz anders, als du erwartet hast, oder? Vielleicht aber ist sie dir auch sehr, sehr vertraut. Wenn du dich traust, dann probiere diese kleine Aufstellung, während eine Musik läuft, die du liebst, und beginne, im Kraftfeld der wilden Frau bzw. des wilden Mannes zu tanzen. Gib ihnen Raum, sich auszudrücken, es wird dann sehr viel leichter für dich sein, Kontakt zu dieser Energie aufzunehmen. Wenn du dem wilden Anteil Ausdruck verleihst, dann werden sich deine Gehirnareale miteinander vernetzen: Das Zentrum für Bewegung bekommt einen Impuls aus dem Zentrum, mit dem du deinen wilden Anteil spürst, und dadurch wird die Energie real, wirksam, spürbar und erfahrbar. Eine Energie körperlich, zum Beispiel durch Tanz, umzusetzen, bedeutet immer, dass sie irdischer wird, für den Körper fühlbar, und dass sie damit aus dem Reich der mentalen Bilder in das Reich der gefühlten Realität wechselt. Auf diese Weise steht dir diese Kraft viel leichter zur Verfügung, und du denkst viel öfter daran, sie zu nutzen, denn sie verankert sich im Bewusstsein.

Setz dich also innerlich an ein Feuer, ruf die wilde Kraft, und frag sie dann, was du fragen willst.

Zum ersten Schlüssel gehört unbedingt diese Frage:

Will ich diese Beziehung überhaupt führen?

Sei mutig, trau dich, dir diese Frage zu stellen, und schau, wie dein wilder Mann bzw. deine wilde Frau reagiert. Vielleicht spürst du einen Kraftstrom, vielleicht kommt auch folgende Antwort: »Ja, aber nicht auf diese Weise.«

Eine wunderbar hilfreiche Übung ist folgende: Nimm dir ein wenig Zeit, und beginne, folgenden Satz in dir wirken zu lassen, indem du ihn ein paar Mal aussprichst:

»Wenn ich Ja sage zu meiner Beziehung mit …, dann …«

Was passiert dann? Wie würdest du den Satz weiterführen?

»Wenn ich Ja sage zu meiner Beziehung mit …,

… dann müsste ich meine Träume aufgeben.«
… dann spüre ich Trauer.«
… dann spüre ich Freude, Stabilität.«
… dann habe ich Angst, wieder enttäuscht
und verletzt zu werden.«

Und was noch? Mach bitte noch ein bisschen weiter, lass dich tiefer führen, und lass dich überraschen! Sag doch einfach mal Ja dazu – und schau, was dann in dir passiert. Daran wirst du erkennen, was du willst! Natürlich kannst du das auch mit einem »Nein« ausprobieren:

»Wenn ich Nein sage zu meiner Beziehung mit …, dann …«

Wir brauchen nicht immer gleich die Beziehung an sich zu beenden, meistens genügt es, diesen speziellen gemeinsamen Raum zu verlassen. Stell dir deine Beziehung vor wie ein Haus: Ihr habt wunderschöne gemeinsame Räume, aber einige sind sicher sehr vollgerümpelt, fehlen vielleicht ganz oder sind nur sehr spärlich eingerichtet. Schau dir innerlich den Raum an, in dem du dich mit deinem Partner befindest, wenn ihr diese Schwierigkeiten habt, wegen derer du dieses Buch liest.

Wie sieht es in dem Raum aus? Gibt es etwas auszuräumen, treiben sich hier womöglich Personen oder Geister aus der Vergangenheit herum, die dort wirklich nichts zu suchen haben? Mütter, Expartner, Väter, idealisierte Traumprinzen oder perfekte Traumprinzessinnen haben nichts in diesem Haus zu suchen, das ist klar, oder? Ganz bestimmt ist das auch kein Spielplatz für dein inneres Kind.

Vielleicht ist dein Partner hier gar nicht anwesend, vielleicht meidet einer von euch beiden diesen Raum – frag ihn auf Seelenebene, warum er ihn nicht betreten will und was geschehen muss, damit er diesen Raum mit dir teilen kann. Vielleicht braucht es einen völlig neuen gemeinsamen Raum, den ihr erst noch erschaffen dürft.

Oder es wird Zeit, diesen Raum zu verlassen. Nicht das Haus, nicht die Beziehung, sondern dieses Energiefeld. Manchmal ist es sehr hilfreich, einfach zu gehen und dem Partner zu signalisieren, dass du vor der Tür auf ihn wartest. Manches lässt sich in diesem speziellen Raum nicht klären, manchmal muss man den Raum verlassen, damit etwas Neues entstehen kann.

Dein wilder Anteil weiß ganz genau, was zu tun ist, denn er kennt die Rhythmen des Lebens.

Wenn du leicht verführbar bist oder immer Angst hast, verlassen zu werden, wenn du dich zu rasch oder gar nicht mehr hingibst, wenn du das Leben vermeidest oder es herbeizwingen willst, wenn es also tief sitzende Vermeidungsstrategien in dir gibt, hilft dir der wilde Teil.

Er zeigt dir immer wieder einen Weg, bei dir zu bleiben, zeigt dir, welche Kräfte tatsächlich wirken, ob du süchtig reagierst, ob du auf der Flucht bist oder ob dein Gefühl stimmt und Handlungsbedarf besteht.

Schau dir den Raum an, in dem das Nein herrscht, sei es dein eigenes oder das deines Partners. Meist haben beide ein Nein, und diese Neins bedingen und verstärken sich gegenseitig. Du willst nicht verlassen werden, er will sich nicht verbiegen müssen, um es dir recht zu machen – ein idealer Klammergriff aus Vermeidungsstrategien. Er will Sex, du aber nicht, weil du dich nicht hingeben willst, die Kontrolle nicht loslassen kannst oder weil du einen mehr oder weniger unterschwelligen Groll auf Männer hast und deshalb nicht mehr bereit bist, dich zu öffnen – er wird nun alles tun, um es dir recht zu machen, und dieses Rechtmachen, das ist es womöglich, was er von zu Hause her kennt. Wie auch immer euer Paartanz aussieht, geh davon aus, dass du diesen speziellen Tanz in dein Leben gezogen hast, um auch für dich etwas zu lernen – sei es Geduld, Mitgefühl, Hingabe und echte Kommunikation, oder sei es, diesen Tanz zu beenden! Dein wilder Anteil weiß das und wird dir die richtigen Hinweise und Impulse geben.

Wann immer du also von nun an in Schwierigkeiten bist, nimm dir Raum, und such deinen wilden Aspekt auf. Er wird dir die wirkenden Energien zeigen, er wird dich beruhigen oder beleben, je nachdem, was nötig ist, und er wird dir die Kraft geben, zu tun, was zu tun ist, dir Raum geben, auf den Tisch zu hauen, zu kommunizieren – was immer angemessen ist.

Dein wilder Anteil ist auch ein hervorragender Hüter für dein inneres Kind. Wann immer du dich also verletzt fühlst, geh zu deinem wilden Mann oder deiner wilden Frau, und bitte ihn oder sie, das innere Kind zu beruhigen und zu hüten. Bei ihm oder ihr ist es wunderbar aufgehoben, und du hast die Hände frei.

Es ist wichtig, zu erkennen, dass das innere Kind manchmal versucht, eine Beziehung aufrechtzuerhalten, die gar keinen Bestand mehr hat. Vielleicht führt das innere Kind sogar noch deine letzte, längst vergangene Beziehung. Oder: Gerade weil das innere Kind so sehr klammert, verweigert, liebt oder sich trotzig zurückzieht, kann die Liebe nicht in aller Freiheit fließen.

Das innere Kind ist ein schlechter Ratgeber, wenn es um Beziehungen geht, denn die Beziehung führst du aus deinen erwachsenen, reifen Anteilen heraus.

Das innere Kind muss sich natürlich beim anderen wohl fühlen. So ist es ein wichtiger Aspekt bei der Frage »Tut mir diese Beziehung gut?« Aber es braucht deinen Schutz und deine Liebe. Wenn das innere Kind versucht, sich an den Partner zu klammern, um von ihm endlich zu bekommen, was es zu Hause nicht hatte, dann wird es gleichzeitig trotzig und sich selbst aufopfernd, sich verweigernd und alles an sich reißend handeln – das lässt sich nicht vermeiden. Dein inneres Kind braucht Liebe, Schutz, Geborgenheit, es muss gesehen werden. Aber von DIR!

Und vielleicht signalisiert dir dein wilder Anteil auf die Frage, ob du deine Beziehung überhaupt weiterführen willst, ein »Nein«. Dann bitte um Kraft, um Erkenntnis und um den Mut, in deiner eigenen Zeit deinen eigenen Weg allein weiterzugehen. Du wirst spüren, dass du es sowieso gewusst hast und dass es stimmt. Du hast unser volles Mitgefühl, wir wissen, wie schwer es ist, weiterzugehen, aber wir wissen auch, wie wunderbar es ist, wenn der Weg wieder frei wird, damit das Leben weiter fließen darf.

Es gibt von Kristiane Allert-Wybranietz ein wunderbares Gedicht, »Mut zum Adieu« heißt es. Ein Satz darin lautet sinngemäß, dass es wehtut – mehr aber auch nicht. Dieser Satz hat mir einmal den Mut geschenkt, eine langjährige Beziehung zu verlassen. Es tat weh, ja, mehr aber nicht. Ich bin weder gestorben noch völlig verzweifelt noch war ich ohne ihn lebensuntüchtig, wie es mein inneres Kind befürchtet hatte.

Wunderschön ist es, wenn ihr einen gemeinsamen Altar für eure wilden Anteile gestalten könnt, einen Erdtopf, eine Feuerstelle im Garten mit Kraftsteinen und Räucherwerk (Salbei in einem Blumentopf wachsen zu lassen, genügt völlig – pflücken und trocknen lassen), etwas, was euch an eure gemeinsame wilde Energie erinnert. Aber wenn du das zunächst für dich allein tun willst, ist es auch gut. Manchmal ist es wirklich sinnvoller, sich zunächst um sich selbst zu kümmern. Denn das ist sowieso die Basis. Pflanzt also zusammen einen Baum, legt ein Mandala aus Steinen, die ihr gemeinsam gesammelt habt, erschafft ein Symbol dafür, dass ihr von nun an eure wilden Kräfte in eurer Beziehung wirksam werden lassen wollt – oder tu es eben zunächst für dich allein. Aber Vorsicht: Wildheit bedeutet auch Freiheit.

Euer sogenannter Emotionalvertrag, also der Vertrag, der euch vor emotionalen Verletzungen schützt (»Ich sage nicht, was ich will, dafür verlässt du mich nicht« und umgekehrt) wird auf die Dauer gelockert, und ihr werdet eure inneren Kinder mit ihren Verletzungen spüren. Wenn du tatsächlich in Kontakt mit deiner wilden Frau oder deinem wilden Mann kommst, dann wirst du klarer, freier und auf eine gesunde Weise kompromissloser. Du wirst unabhängiger, und das kann Angst machen, denn vielleicht weißt du noch nicht, dass Liebe umso inniger fließt, je freier du selbst bist. Das atemlose Sich-an-den-anderen-Klammern ist keine Liebe, sondern Abhängigkeit und Kontrolle, und doch kennen die meisten von uns nichts anderes. Und oft verwechseln wir Liebe mit dem Warten auf Liebe, das wir aus der Kindheit kennen.

Wenn du in der Kraft deiner wilden Anteile stehst, sagst du, was du willst und was du nicht willst.

Du kannst dir vorstellen, wie bedrohlich diese Freiheit auf deine Beziehung wirken kann, besonders wenn ihr es euch schön kuschelig (und vielleicht ein bisschen langweilig) eingerichtet habt. Den Preis der Freiheit und der Selbstbestimmung zahlst du aber vielleicht sogar bereitwillig. Alles scheint besser zu sein, als wieder die Verletzungen des inneren Kindes spüren zu müssen oder dir den Wind der Freiheit allzu heftig um die Nase wehen zu lassen.

Aber meinst du nicht, dass in diesem bisherigen, unausgesprochenen oder sogar offen geforderten Einhalten von Regeln, dass in dieser Kontrolle auch die Ursache dafür liegen könnte, dass einige Bereiche eures Lebens nicht im Fluss sind?

Hältst du es zum Beispiel aus, wenn dein Partner (oder deine Partnerin, ich schreibe jetzt der Einfachheit halber nur »Partner«) wütend auf dich wird, oder kommt dann sofort das kleine innere Kind zum Vorschein? Kannst du stehen bleiben, auch wenn dir sein Feuer und seine Wut entgegenschlagen, oder musst du dich sofort abgrenzen und dich abwenden?

Natürlich erlauben wir nicht, die Zielscheibe für die Wut des anderen zu werden. Wenn wir aber sofort zusammenbrechen und unserem Partner nicht erlauben, auch seine Wut, seinen Ärger und seinen Schmerz zu zeigen, wenn wir uns sofort entweder verantwortlich fühlen oder das Kind in uns weinend zusammenbricht, dann lassen wir ihn in diesem Moment allein, und er muss sich wieder um uns kümmern, anstatt mit seiner Wut anwesend sein zu dürfen.

Wir schützen uns natürlich selbst und schicken unser inneres Kind in den Zaubergarten[9], aber wenn wir innerlich kollabieren, wenn unser Partner seinen (womöglich auch angemessenen) Ärger zeigt, beginnt er, in die innere Mutter oder in den inneren Vater zu wechseln. Er verlässt das Feld des Mannes oder

---

9 Mehr darüber kannst du in meinen Büchern *Die Heilung des inneren Kindes. Sieben Schritte zur Befreiung des Selbst.* Schirner Verlag 2008 und *Channel werden für die Lichtsprache. Der Zugang zu kosmischen Informationen,* Schirner Verlag 2010 lesen. Die zugehörige Meditation findest du bei Schlüssel V.

der Frau und wechselt in das Elternselbst – das kann sehr hilfreich sein, aber die Beziehung zwischen Mann und Frau findet an dieser Stelle nicht statt. Möglicherweise rutscht er auch selbst in das trotzige und verletzte Kind, schmollt, zieht sich zurück und spiegelt dir damit dein eigenes – und dann musst du in das Elternselbst wechseln. Ihr spielt dann energetisches Pingpong.

Es ist schwierig, zum Beispiel sexuelle Energie aufzubauen, wenn ihr euch gegenseitig nicht erlaubt, auch mal wütend aufeinander zu sein. Warum ist das so?

Wir alle sind verletzt, wir alle haben schwere Traumata erlitten, und wir alle haben eine Menge Wut und Ärger unterdrückt. Wenn du deine sexuelle Energie frei fließen lässt, ist die Wahrscheinlichkeit, dass sich diese unterdrückte Wut zu zeigen beginnt, ziemlich groß, weil sie im gleichen Chakra gespeichert ist. Wenn du nun weißt, dass dein Partner dich an dieser Stelle stehen lässt, weil er selbst zusammenbricht, wie kannst du es dann überhaupt wagen, dich in das äußerst schwierige Energiefeld deiner sexuellen Kraft zu begeben? Wenn du deine aggressiven Impulse unterdrücken musst, weil dein Partner sie nicht erträgt, dann wirst du dich in jedem Bereich kontrollieren (müssen!), in dem sie auftauchen könnten, denn du willst ihn ja nicht verletzen, oder? Genau hier braucht ihr den wilden Aspekt in euch, denn der kann die Wut aushalten und dennoch frei bleiben.

Es geht nicht darum, dass du (zum Beispiel) beim Sex selbst wütend wirst. Du hast sicher – in jedem Bereich – gelernt, an deinen eigenen Gefühlen vorbeizuleben, zu tanzen und zu atmen. Aber irgendwie bleibt die Energie dann seltsam flach, oder? Es hat vielleicht damit zu tun, dass du in genau jenen Bereichen, die nicht fließen, all die Gefühle und Energien vergraben hast, die du dir selbst, deinem inneren Kind und deiner Beziehung nicht zumuten willst und die vielleicht auch tatsächlich nicht ertragen würden.

Wenn ihr also bereit werden wollt, euch in jeder Hinsicht dem Leben zu öffnen, dann braucht ihr einen eigenen inneren und einen gemeinsamen tragfähigen Raum.

Was aber passiert, wenn du spürst, dass du diese Beziehung nicht weiter führen willst und kannst? Was passiert, wenn du weißt, dass die Beziehung dir nicht guttut, dich der Gedanke an Trennung aber an den Rand der Verzweiflung und darüber hinaus bringt? Was ist, wenn du erkennst, dass du dich süchtig oder co-abhängig in die Beziehung verwickelt hast, dass du nicht in der Lage bist, zu gehen, aber auch nicht in der Lage bist, die Beziehung weiter zu führen und dabei gesund zu bleiben?

Wenn das so ist, dann such dir bitte Hilfe. Eine Trennung, selbst wenn du noch so deutlich spürst, dass sie für dich wichtig ist, kann dich in alte Kindheitsverletzungen führen, die so schmerzhaft sind, dass du allein vielleicht nicht damit zurechtkommst. Besonders wenn du dich süchtig verstrickt hast oder dein Partner alte Kindheitserinnerungen oder -muster wachruft, brauchst du ganz bestimmt Hilfe. Die wilde Frau oder der wilde Mann wird dich führen, wenn du es erlaubst, und dich darauf hinweisen, dass du dir Unterstützung suchen solltest.

Ich, Susanne, kann es nicht allein aushalten, wenn mir das Herz bricht, wenn ich spüre, dass ich allein weitergehen muss.

Dann suche ich mir sofort Hilfe, gerade weil ich mich liebe, auf mich aufpassen und mein inneres Kind schützen will. Ich gehe in eine entsprechende 12-Schritte-Gruppe und suche mir eine Therapeutin, einen Schamanen oder einen anderen Heiler, der mich unterstützt, bis ich spüre, dass ich mich selbst wieder auffangen kann. Ist das ein Zeichen von Schwäche? Ja, vielleicht, aber es ist die Wahrheit, denn wenn ich verletzt bin, dann bin ich schwach und brauche Hilfe. Auch Mike sucht sich einen Schamanen, wenn er Hilfe braucht. Wir lassen uns selbst nicht im Stich. Manchmal arbeiten wir auch miteinander und füreinander, aber wir suchen bewusst auch die Impulse und Energien von anderen Schamanen und Heilern.

Es ist einfach die Wahrheit: Manchmal brauchen wir Unterstützung. Und damit zeigen wir eher Stärke als Schwäche, denn wir erkennen, was wir brauchen, wir erkennen es auch AN, und dann sorgen wir dafür, dass wir es bekommen. So scheu auch du dich bitte nicht davor, dich unterstützen zu lassen!

Hier eine Liste der Selbsthilfegruppen, die dir womöglich helfen können, wenn du spürst, dass du dich verwickelt hast. Kontaktadressen findest du im Internet.

- Anonyme Alkoholiker
- Anonyme Arbeitssüchtige
- Emotions Anonymous – Selbsthilfegruppen für Emotionale Gesundheit

- NA Narcotics Anonymous (Deutschland)
- Overeaters Anonymous
- Borderliners Anonymous
- Erwachsene Kinder von suchtkranken Eltern und Erziehern
- Homepage der Al-Anon Familiengruppen, den Selbsthilfegruppen für Angehörige und Freunde von Alkoholikern
- Anonyme Co-Abhängige in Deutschland
- Anonyme Sex- und Liebessüchtige

Es gibt eine Fülle von Möglichkeiten, dir helfen zu lassen, bitte nimm deinen Schmerz und die Angst ernst, und such dir Unterstützung. Auch das ist im Sinne der wilden Frau und des wilden Mannes, denn sie wissen, dass wir nicht alles allein können und auch nicht können müssen.

Dieses Buch ist ein Arbeitsbuch, denn ihr alle braucht sicher nicht noch mehr Informationen, sondern praktische Umsetzungsmöglichkeiten. Bitte nehmt euch, wenn ihr mögt, ein wenig Zeit, ruft eure wilde Frau und euren wilden Mann, und schaut euch folgende Fragen an. Es kann sein, dass es zunächst hilfreich ist, diese Dinge für euch allein oder mit einem vertrauten, aber unabhängigen Menschen zu klären, besonders wenn ihr euch bereits ein wenig entfremdet, voneinander entfernt habt. Vielleicht aber seid ihr auch so gut in Kontakt, dass ihr euch zusammensetzen könnt.

Fragen zu Schlüssel I

Wie ist meine ideale Beziehungsform, was will ich wirklich von meiner Beziehung?

Werden die wesentlichen Wünsche und Bedürfnisse, die ich in einer Beziehung habe, erfüllt?

Natürlich ist dein Partner nicht da, um deine Bedürfnisse zu erfüllen, deine BEZIEHUNG aber sollte deine Bedürfnisse schon erfüllen, sonst brauchst du sie gar nicht zu führen – ist sie doch ein Teil deines Lebens. Erfüllt sie sie nicht, dann passt der Partner womöglich nicht. Dabei darfst du unterscheiden, ob es angemessene oder unangemessene Bedürfnisse sind. Dein Bedürfnis nach zum Beispiel Klarheit, Eindeutigkeit oder Treue ist angemessen, wenn dir diese Werte wichtig sind. Dein Bedürfnis danach, 24 Stunden am Tag emotional vom anderen versorgt zu werden, ist es nicht, weil das eine Sehnsucht des inneren Kindes ist. Das Bedürfnis des inneren Kindes selbst aber ist angemessen – es braucht allerdings DEINE Rund-um-die-Uhr-Versorgung.

Dein wilder Anteil kennt den Unterschied, so lass bitte ihn deine wahren Bedürfnisse und Wünsche formulieren! Schau dabei nicht auf das, was andere für richtig halten, sondern nur auf das, was für dich wesentlich ist. Es ist deine Beziehung, und sie muss zu deinem Leben passen. Lass dir das, was für dich wesentlich ist, nicht ausreden. Es ist zum Beispiel weder spirituell besonders erleuchtet, zwanghaft treu zu sein noch frei und offen zu schlafen, mit wem du willst. Es ist aber sehr erleuchtet, ganz genau zu schauen, was DU teilen willst, in welcher Art also deine Energie am liebevollsten, klarsten und lebendigsten fließt.

Was genau verletzt mich in dieser Beziehung, wo spüre ich, dass meine Energie nicht frei fließt?

Wichtig: DEINE Energie! Es kann sein, dass du fühlst, dass dein Partner dafür verantwortlich ist, aber was macht es mit dir, was kann dadurch in dir nicht frei fließen? Welchen Preis zahlst du, weil du in dieser Beziehung bist? Zum Beispiel Liebe, Vertrauen, Hingabe, Freude, Geborgenheit, Freiheit, ein Tier haben, sexuelle Erfüllung, umziehen, spirituelle Arbeit machen …

Vereinnahme ich meinen Partner zu sehr, oder kann ich ihn auch mal in Ruhe lassen und mich um meine eigene Dinge kümmern?

Fühle ich mich zu sehr vereinnahmt, und wenn ja, was bewirkt das in mir?

Haben wir unausgesprochene oder auch offene emotionale Verträge? Und wollen wir sie noch einhalten, oder müssen sie neu verhandelt werden?

Kümmere ich mich mehr um das innere Kind des anderen als um mein eigenes?

Stimmt denn die Form unserer Beziehung noch? Pressen wir unsere Beziehung in eine bestimmte Form, die uns gar nicht mehr entspricht?

Es ist eine unglaubliche Herausforderung, die Form einmal vollkommen loszulassen und der Energie zu erlauben, sich so zu zeigen, wie sie fließen will, denn die Angst vor dem Verlassenwerden ist natürlich immens. Dennoch ist es wichtig, wenigstens für einen kleinen Moment alle Strukturen aufzugeben und zu fühlen, wie die Energie fließt, wenn sie frei ist. Dazu geben wir euch bei Schlüssel III Übungen, für den Moment genügt es, sich mit der Idee vertraut zu machen, dass ihr vielleicht eine andere Form braucht – vielleicht ist es eine Form, die es so auf der Erde noch gar nicht gibt ...

Wie erlebe ich den wilden Mann/die wilde Frau in mir, und welche Botschaften hat er/sie?

Es kann hilfreich sein, den wilden Mann und die wilde Frau in einer systemischen Aufstellung anzuschauen und ihnen eine Stimme zu verleihen. Lasst eure wilde Frau und euren wilden Mann miteinander kommunizieren, indem ihr euch auf die entsprechenden Energieplätze stellt. Das geht ganz einfach: Nehmt zwei Blatt Papier, schreibt »Wilder Mann« auf das eine und »Wilde Frau« auf das andere, und legt sie auf den Boden, ganz intuitiv, so, wie ihr fühlt, wie die beiden zueinander stehen. Es gibt kein Richtig oder Falsch. So, wie ihr es empfindet, ist es richtig. In der neuen Energie gilt nicht mehr »entweder – oder«, sondern

»sowohl – als auch«. Dann stellt euch bitte auf die jeweiligen Zettel, und erlaubt den Energien (wie bei einer systemischen Aufstellung), zu wirken. Wie geht es dem wilden Mann mit deiner wilden Frau und umgekehrt?

Ganz besonders wirksam und hilfreich kann es sein, euer jeweiliges sexuelles Selbst aufzustellen, wenn euer Thema im sexuellen Bereich liegt. Das sexuelle Selbst hat ein eigenes Bewusstsein und fühlt sich oft ganz anders an als der Mann oder die Frau, die ihr seid. Stellt euch auf die jeweiligen Energiefelder, und redet miteinander, sagt, wie ihr euch fühlt und was ihr braucht. Geht aufeinander zu, und schaut, was passiert – wenn es Blockaden gibt, dann werdet ihr sie jetzt erkennen. (Natürlich holt ihr euch bitte Unterstützung, wenn ihr euch das nicht allein anschauen möchtet, auch wir brauchen, wie gesagt, immer wieder Hilfe von außen – und warum auch nicht?) Es kann sehr sinnvoll sein, auch das NEIN, das zwischen euch herrscht, in die Aufstellung mit hineinzunehmen und zu erleben, was es eigentlich in Wahrheit will – meist lässt es sich gut erlösen, es will nur gesehen werden.

Kann ich meinem Partner all meine Gefühle und Gedanken zumuten, oder muss ich ihn beschützen?

Wenn ihr wollt, dann nehmt euch gemeinsam Zeit, und beantwortet diese Fragen zunächst schriftlich, ohne darüber zu sprechen. Traut ihr euch, ist es natürlich wundervoll, wenn ihr euch gegenseitig mitteilen könnt, wie ihr euch in eurer Beziehung erlebt. Redet bitte noch nicht über euer schwieriges Thema, über das Nein in eurer Beziehung, klärt erstmal die Basis – sonst seid ihr nur wieder in den alten Strukturen, und wir wollen ja etwas Neues ausprobieren.

Sucht von nun an ganz bewusst eure wilden Aspekte auf, nehmt sie mit in eure Beziehung hinein, lasst immer auch den wilden Mann und die wilde Frau zu Wort oder zur Tat kommen, wenn ihr miteinander agiert. Stärkt die Beziehung zu euren wilden Anteilen, indem ihr in die Natur geht und sie in Meditationen, wie weiter oben beschrieben, bewusst aufsucht. Wenn ihr wollt, dann besorgt euch jeder ein Symbol, einen Stellvertreter für den wilden Aspekt[10], und gebt ihnen einen guten gemeinsamen Platz oder getrennte Plätze, je nachdem, was sich für den Moment besser anfühlt.

---

10 Für die wilde Frau gibt es zum Beispiel die »Kleine wilde Frau« von Manja Wöhr als Puppe, zu beziehen über www.schirner.com; der wilde Mann braucht vielleicht seinen schamanischen Kraftstab stellvertretend für sein Feuer – findet ein Symbol, damit diese Kräfte bewusst Teil eurer Beziehung werden!

Schlüssel II:
Der gemeinsame Heilige Raum der Vergebung

Wenn ihr einen neuen gemeinsamen Weg gehen wollt, braucht ihr einen gemeinsamen Heiligen Raum, in dem ihr beide sicher seid und euch öffnen könnt. Dort kann Transformation geschehen. Der Heilige Raum ist wie eine gemeinsame Kapelle, wie eine Schwitzhütte, wenn ihr dem Schamanismus zugewandt seid, wie ein Energiefeld, eine Lichtsäule, in dem bzw. der das heilende, mitfühlende und vergebende Licht der Liebe wirken kann.

Alles, was ihr in diesen gemeinsamen Heiligen Raum hineingebt, alles, was ihr ihm anvertraut, wird erlöst und gelöst zu euch zurückkehren.

Wie erschafft man einen gemeinsamen Heiligen Raum? Und was macht man, wenn der Partner überhaupt keine Lust dazu hat, weil »dieses ganze spirituelle Zeugs« nicht sein Ding ist und ihr genau deshalb immer wieder Schwierigkeiten bekommt?

Du kannst den Heiligen Raum auch allein erschaffen, aber du kannst ihn nicht allein halten, weil es eure beiden Energiefelder braucht. Sonst ist es einfach DEIN Heiliger Raum. Das ist zwar auch sinnvoll, hat aber nichts mit eurer gemeinsamen Energie zu tun. Ein Teil von deinem Partner, selbst wenn es nicht der bewusste Anteil ist, muss den Raum mit dir gemeinsam erschaffen; zumindest sein höheres Selbst oder sein wilder Mann oder die wilde Frau müssen anwesend sein.

Heilige Räume sind so vielfältig wie gemeinsame Energien eben sein können. Er kann physisch oder rein geistig sein, ein Ort in der Natur, ein Altar in eurem Haus, eine Kirche oder Kapelle, die ihr liebt, auch das Grab eures Kindes kann ein gemeinsamer Heiliger Raum sein. Ein Raum wird dann zum Heiligen Raum, wenn ihr ihn bewusst dazu macht, wenn ihr ihn also weiht.

In der folgenden Übung zeigen wir euch, wie man die Energien und Kräfte ruft, die einen Raum weihen und ihn zu einem wahrhaft heiligen Raum werden lassen, in dem ihr Kraft tanken und Leben erschaffen könnt.

Übung: Der gemeinsame Heilige Raum

Nehmt einander gegenüber Platz. Lest diese Übung, und schließt dann die Augen. (Wenn ihr das nicht könnt, weil einer von euch beiden, aus welchen Gründen auch immer, nicht anwesend sein kann oder will, dann setzt sich der andere Partner allein an einen ungestörten Ort, vielleicht sogar vor euren Altar oder in die Natur.)

Berührt euch sanft an den Händen, wenn sich das für euch gut anfühlt. Nun stellt euch bitte vor, dass um euch beide herum eine goldene Acht liegt, die euch verbindet und dennoch frei sein lässt. Die Kreuzung der beiden Hälften ist genau zwischen euch. Ist dein Partner nicht anwesend (vielleicht kennst du ihn ja noch gar nicht, und er ist erst auf dem Weg zu dir), dann bitte seinen wilden

Mann oder ihre wilde Frau auf den freien Platz in der Acht.

Schau, was geschieht. Kommt er oder sie, dann könnt ihr einen gemeinsamen Raum erschaffen. Kommt er bzw. sie nicht, dann bitte die Schutzengel oder Krafttiere deines Partners, dir eine Information darüber zu geben, ob er überhaupt bereit ist oder nicht. Wenn er es nicht ist, dann kannst du nichts machen – außer, du bist bereit, deinen IDEALEN Partner einzuladen, der- oder diejenige, mit dem oder der du deinen weiteren Weg gehen und teilen kannst. Das kann ein Seelenaspekt deines jetzigen Partners sein, vielleicht aber ist es auch ein anderer Mensch. Lade denjenigen ein, mit dem du für deinen weiteren Weg verabredet bist.

Brich die Übung bitte nicht ab, öffne dich dafür, dass es jemanden gibt, mit dem du deinen Weg weitergehen kannst. Weil du diese Sehnsucht hast, gibt es auch jemanden, du bist verabredet, sonst würdest du dieses Drängen nicht spüren. Das heißt nicht unbedingt, dass du deine Beziehung verlassen sollst, denn es kann auch sein, dass dein Partner sich genau in dieses Energiefeld hineinentwickeln möchte. Vielleicht aber spürst du wirklich, dass es Zeit wird, weiterzugehen.

Wie auch immer es ist, stellt euch nun vor, dass ihr jeweils durch eine Lichtsäule mit eurer eigenen Seelenessenz verbunden seid. Ladet euren wilden Mann und eure wilde Frau ein, und gebt euch über eine Berührung ein Zeichen, wenn sie da sind. Ladet auch eure Krafttiere, eure Schutzengel und all die Kräfte ein, mit denen ihr euch gut verbunden fühlt und die euch wichtig und heilig sind. Selbstverständlich darf das auch die Christusenergie und jede andere geistige Kraft sein, die dem Leben und der Liebe dient.

Nun bittet darum – jeder für sich, leise oder auch laut –, dass all die geistigen Kräfte ein gemeinsames heiliges Energiefeld erschaffen, ein Feld, das größer ist als ihr beide, ein Feld, in dem Liebe und Freude herrschen. Bittet um Schutz für dieses Feld, und bittet darum, dass alle Kräfte anwesend sind, die ihr für eure gemeinsame heilige Aufgabe braucht. Ruft ein Krafttier, einen besonderen Engel, ruft die Kraft der Erde, und bittet um den Segen der Ahnen.

Erlaubt dem Raum, sich zu entfalten, erlaubt, dass sich immer mehr Kraft versammelt, öffnet euer Herz, und nährt den Raum mit eurer Liebe zueinander. Bittet eure eigenen Seelenkräfte, dafür zu sorgen, dass ihr immer den Mut und die Eingebungen habt, die ihr braucht, um euren gemeinsamen Weg gehen zu können. Fragt die Hüter eures gemeinsamen Raumes, was er braucht, damit er stabil und kraftvoll bleibt.

Sprecht miteinander, während ihr den Raum ruft, sprecht aus, was ihr fühlt, denkt, redet über die inneren Bilder und Informationen, die ihr bekommt, über alles, was ihr wahrnehmt. Versprecht euch gegenseitig und den Hütern des Raumes, zu tun, was gebraucht wird, damit der Raum erhalten bleibt und immer wieder neu genährt wird. Vielleicht ist es hilfreich, sich ab und zu bewusst

Zeit zu nehmen, um den Raum immer wieder zu rufen und zu reinigen und einen Altar einzurichten.

Nun probiert aus, wie die Kraft des Raumes wirkt: Öffnet die noch unerfüllten Bereiche eures gemeinsamen Lebens für das Wirken des Heiligen Raumes. Atmet alles, was euch schwer macht, in diesen gemeinsamen Raum, und bittet darum, dass das Leben wieder fließen darf. Nehmt euch Zeit, diesen gemeinsamen Heiligen Raum zu erleben, zu spüren und seine besonderen Qualitäten wahrzunehmen. Vielleicht gibt es dort bereits Hinweise über euren gemeinsamen Weg und über eure Aufgaben, vielleicht aber auch nicht. Es kann ein sehr lichtvoller, leichter Raum sein, aber auch ein äußerst kraftvoller, sich beinah irdisch anfühlender Ort des Bewusstseins, je nachdem, wie eure gemeinsame Energie schwingt. Es macht nichts, wenn ihr unterschiedliche Bilder bekommt. Die Essenz ist die gleiche, euer Gehirn übersetzt die Energien nur in unterschiedliche Wahrnehmungen, weil ihr unterschiedliche Bewusstseinssprachen sprecht.

Machst du diese Übung allein, dann schau, ob es mit deinem Partner überhaupt einen gemeinsamen Heiligen Raum gibt. Wenn du erkennst, dass sich kein Raum entwickeln will, dann ist entweder die Zeit noch nicht reif, oder du spürst, dass dein Weg dich über kurz oder lang weiterführen wird. Frag deine wilde Frau oder deinen wilden Mann, was er oder sie dazu sagt. Wiederhole die Übung mit deinem idealen Partner. (Ideal meint jetzt nicht, dass er oder sie ist, wie du es haben willst, sondern dass er bzw. sie genau die Energien verkörpert, die nötig sind, damit ihr euren gemeinsamen heiligen Auftrag erfüllen könnt. Auch ein Kind zusammen zu zeugen und für ein stabiles, schützendes Umfeld zu sorgen, ist selbstverständlich ein heiliger Auftrag, es geht nicht immer um gemeinsame spirituelle Arbeit.)

Aber was bedeutet das eigentlich, eine Beziehung führen? Sicher hat jeder andere Vorstellungen, doch was bedeutet es energetisch?

Wenn wir uns auf eine feste Bindung mit einem anderen Menschen einlassen, dann entsteht unweigerlich ein neues Energiefeld, ein Feld, das aus unseren Energien geschaffen wird. Es entsteht immer, egal ob wir es bewusst rufen oder nicht. Das Energiefeld ist aber noch lange nicht der Heilige Raum, im Gegenteil, oft genug lässt sich das gemeinsame Feld eher mit der Astralebene vergleichen.

All unsere Wünsche, Träume, Projektionen, Verletzungen, unsere Liebe, unsere heiligsten und höchsten, aber auch unsere dunkelsten Seiten spiegeln sich in unserem gemeinsamen Energiefeld wieder.

Dir ist klar, worauf du dich einlässt, oder? Du öffnest allem, was dein Partner an erlösten, aber auch an unerlösten Anteilen in sich trägt, deine Tür und mutest gleichzeitig dem anderen neben deiner Liebe und Güte auch all deine Schattenseiten zu, ob du willst oder nicht. Du bist auf einmal abhängig vom Energiefeld des andern! Abhängig nicht in dem Sinn, dass du ohne ihn nicht leben kannst, sondern abhängig, weil das Feld aus euren gemeinsamen Energien besteht.

Das Licht und das Glück in diesem Feld hängen ab von der Bewusstheit, Klarheit und Aufrichtigkeit beider.

Jeder von euch hat Zugriff auf euer gemeinsames Feld und kann es ungehindert verschmutzen, missbrauchen, aber auch nähren und mit Licht erfüllen. Das hört sich ziemlich erschreckend an, und das ist es auch! Wir lieben uns, ja. Aber was ist mit unseren unerlösten Anteilen, die umso stärker wirken, je mehr wir sie nicht wahrhaben, sondern verdrängen wollen? Unser gemeinsames Feld ist (im Gegensatz zu unserem eigenen, das nur von uns selbst abhängt) auf Gedeih und Verderb unser beider unbewussten (ausdrücklich unser beider, denn auch das eigene Feld ist ja von unbewussten Energien bestimmt, aber eben nur von deinen eigenen) Energien ausgesetzt – und wir alle wissen, was sich da herumtreiben kann. Alle Glaubenssätze, alle Verletzungen, aller Groll, die tiefen Schmerzen des inneren Kindes, die Sehnsüchte, die verletzten Krafttiere, die Schicksale der Ahnen, des ganzes Volkes schwingen in unserem Beziehungsfeld.

Es ist eine ungeheure Aufgabe, dieses gemeinsame Beziehungsfeld zum Blühen zu bringen, und es braucht sehr viel Liebe, Hingabe und Bewusstheit.

Sonst dümpeln wir so vor uns hin oder verlassen genau dann den Raum, wenn Transformation und Heilung geschehen könnten. Das kennen wir alle. Deshalb brauchen wir den Heiligen Raum.

Er ist ein bewusst erschaffener Raum, in dem wir immer wieder Kraft tanken können, der ausdrücklich licht und rein ist und in dem die dunklen Energien nicht wirken können.

Wir brauchen einen heiligen Schutz, einen Engel, ein Krafttier oder die Kraft der Erde, die Christusenergie oder was immer uns dienlich ist. Von hier aus können wir nach und nach den gemeinsamen Beziehungsraum erleuchten und reinigen.

Dazu braucht es unsere Bereitschaft, uns anzuschauen, was wir beide mitbringen – und genau hier scheitern die meisten Beziehungen. Es braucht sehr viel Liebe, Mut, Bewusstheit und Bereitschaft, die rosaroten Wunschträume aufzugeben, um sich mit dem zu befassen, was WIRKLICH ist. Nur wenn beide Partner es ernst meinen und bereit sind, eine Weile zusammenzubleiben, werden sich die tieferen Themen zu zeigen beginnen.

Unsere Seelen wissen ganz genau, was wir unserem gemeinsamen Raum zumuten können und was nicht. Je tiefer eine Verbindung möglich ist, desto deutlicher werden sich die Schatten zu zeigen beginnen. Auch wenn das kein Trost ist: Je dunkler die Schatten sind, die sich zeigen, desto inniger sind unsere Seelen miteinander verbunden.

Natürlich wünschen wir uns alle das Glück des Himmels auf Erden, und wir sind auf dem Weg. Noch inniger aber wünscht sich die Seele Heilung und Erlösung. Wirkliche, wahre Liebe zeigt sich darin, dass wir in unserem eigenen Feuer UND im Feuer des anderen stehen bleiben können. Wir bleiben, verlassen eben nicht den Raum, sondern halten uns selbst und den anderen aus.

Macht dich das nicht wieder zum Opfer? Nein. Du hältst die Prozesse aus, nicht die Muster und Programme. Verstehst du den Unterschied? Natürlich bist du nicht mehr bereit, auszu-halten, dass der andere eben nicht in seiner Kraft ist, sondern dich betrügt, süchtig nach etwas ist, sein Leben nicht auf die Reihe bekommt, sich selbst immer wieder entschuldigt und be-schwichtigt. Das brauchst du nicht auszuhalten, das nervt nur noch. Übrigens nervt es dich hoffentlich auch, wenn du dich selbst auf diese Weise verhältst …

Es wird Zeit, dass ihr euch anschaut, was ihr miteinander erlö-sen möchtet, damit ihr ein möglichst reines, klares und kraft-volles Energiefeld ausbilden könnt – ein Tor erfüllter Liebe, durch das andere hindurchgehen können.

Es ist, als würdet ihr zusammenziehen, einfach alles, was ihr habt, auf einen Haufen schmeißen – und merken, dass ihr weit-aus mehr habt, als ihr dachtet! Warst du der Meinung, du kämst mit einer schicken Designercouch und zwei ausgesucht schönen Farnen daher, die so perfekt zu seinem Flachbildfernseher und seinem edlen Couchtisch passen, so stellst du auf einmal fest, dass noch drei LKWs mit dem Gerümpel deiner letzten Partner und deiner Großeltern hinter dir herfahren – den langen Treck der Ahnen, die heimatvertrieben worden sind, deine eigene Inkarnationsreihe mit all den Verletzungen noch gar nicht mitgerechnet. Und was der andere so mit sich schleppt, willst du wahrscheinlich gar nicht erst wissen. Ganz am Ende der Kolonne gibt es dann auch noch den mit Warnzeichen versehenen Gefahrguttransporter, der das enthält, was ihr euch gegenseitig in vergangenen Leben angetan habt und euch nun miteinander zu erlösen vorgenommen habt.

Was nun? Es genügen dein Herz und die Bereitschaft, all das Gerümpel auszuräumen, den schönen Dingen Raum zu geben und sie zu ehren, die alten, schmerzhaften und zerbrochenen Energien und Gegenstände zu reinigen, zu heilen oder zu entsorgen. Das ist aber eine Lebensaufgabe, und es ist kein Wunder, dass wir oft genug unsere Sachen wieder an uns nehmen und gehen.

Wenn nicht beide wirklich von Herzen bereit sind, sich mehr und mehr anzuschauen, was sie alles mit in die Beziehung bringen, dann trägt diese zu schwer.

Gerade weil wir eine Beziehung eingehen, müssen wir uns mit den Umzugswagen (passt »Müllwagen« nicht sogar besser?) hinter uns beschäftigen. Sind wir allein, können wir es uns auf der Designercouch bequem machen und die Dinge lassen, wo sie sind, weil sie nicht in Wechselwirkung mit uns und unserem Leben treten. Wir können sie kontrollieren und ein Auseinandersetzen mit ihnen vermeiden. Öffnen wir unseren Raum aber für einen anderen, treten wir also »in Beziehung«, so beginnen unsere Energien, miteinander zu tanzen – und wir fangen an, auch das zu erkennen und zu spüren, was wir unbewusst und doch so sorgfältig in die unterste Schublade gestopft haben.

Das lässt sich nicht vermeiden, und deshalb ist das Führen einer lebendigen, lichtvollen, festen Beziehung eine der schwierigsten Aufgaben auf diesem Planeten. Unsere Sehnsucht nach einem Partner, nach Liebe und Glück und Sex ist deshalb so immens, so riesig, so unstillbar, weil die Aufgabe so unermesslich groß und heilig ist. Wir würden es sonst einfach sein lassen. Wir alle haben aber noch die Seelenverbindungen der anderen Dimensionen im Herzen, wir wissen, wie es ist, im Licht zusammen zu sein, erfüllt und voller Liebe, eins mit dem anderen und im erfüllten Auftrag an der Liebe und dem Leben.

In anderen Dimensionen tragen wir nicht die Schatten und kennen keinen Schmerz. Wir spüren uns und den anderen und leben die heilige Seelenverbindung, die uns Hollywood immer wieder vor Augen hält. Was wir da fühlen, ist kein Traum, ihr Lieben, deshalb berührt es uns so sehr. ABER: Das ist nicht physisch! Wir sind auf der Erde, wir leben in der Dualität, und hier wirken auch die Schatten, auch die Vermeidung, die Angst, die Gier, der dunkle Drache. Hier gibt es (oder wählen wir) Krieg, Tod, Schmerz und Leid, das so unvorstellbar ist, dass man sich wundert, wozu wir überhaupt noch auf diesem Planeten sind. Dafür kann die Erde nichts, das verwirklichen wir alles schön selbst. Das ist auch nicht »das Leben«, sondern das, was wir daraus machen.

Wir, und nur wir erschaffen Krieg, Leid, Mangel und Schmerz. Wir könnten auch anders wählen.

Weil das aber so ist, wirken natürlich auch all diese Energien in unseren Beziehungen, und gerade dort, weil wir in Beziehungen so offen und voller Licht sind – und deshalb zeigen sich die Schatten erst recht, denn sie wollen erlöst werden. Erlöst werden meint, einen Zustand höherer Ordnung annehmen, aus einem Zustand niedriger Ordnung in etwas Größeres transformiert zu werden. Unsere Beziehungen bieten den idealen Rahmen dafür, weil wir so sehr beteiligt sind, weil wir dort nicht kneifen können, sondern weil wir, gerade WEIL wir so sehr lieben, in Kontakt mit allem Unerlösten kommen.

Entweder wir richten uns in unserem Gerümpel ein, schließen die Tür und leben wirklich nur auf der Designercouch – dann brauchen wir ungeheure Kontrolle, denn die verdrängten Energien drücken mit Macht gegen die Tür. Warum? Weil sie auf einmal mit jemandem wechselwirken, weil ein anderer da ist, der sie spiegelt!

Oder aber wir richten eine Kapelle, einen Kraftplatz ein, an dem wir uns ausruhen und in unsere Klarheit finden können, und machen uns dann auf den Weg. Natürlich muss jeder sein eigenes Zeug entsorgen und verarbeiten. Aber nur weil wir in Beziehung leben, erkennen wir es überhaupt, denn es beginnt, zu wirken, sich zu zeigen, auch wenn wir es noch so sehr verdrängen oder durch bewusst erzeugtes Licht überstrahlen wollen. Das funktioniert nicht, wir können nichts wegmeditieren.

Energien werden durch das Herz erlöst, das Herz ist unser Transformationszentrum, nicht der Kopf, nicht der Geist, nicht der Verstand. All das bewusst herbeigerufene Licht hilft natürlich, weil es die Basis für Erlösung ist. Aber die echte Transformation findet durch das Herz statt, durch das Fühlen, die Liebe und das Mitgefühl – durch das gelebte und durchlebte Leben.

Weil das Herz in Beziehungen das zentrale Chakra ist, zeigt sich in Beziehungen alles, was durch Liebe erlöst werden will.

Es lässt sich nicht vermeiden. Eine ideale Beziehung auf Erden ist also nicht die, in der du nie verletzt, aber auf Händen getragen und nichts als bedingungslos geliebt wirst, sondern die, die dir und dem anderen den Raum gibt, in der genug Liebe herrscht, um den gemeinsamen Himmel auf die Erde bringen zu können. Natürlich sehen wir dabei manchmal sehr zerrupft und äußerst unerleuchtet aus.

Es schreibt sich zwar sehr klar und eindeutig, aber sich das Gerümpel wirklich anzuschauen, ist ein äußerst chaotischer, schmerzhafter und manchmal höchst einsamer Prozess. Es kann sein, dass ihr immer wieder darüber nachdenkt, euch und eure Beziehung zu verlassen, immer wieder Angst verspürt, doch wieder in einer co-abhängigen Beziehung gelandet zu sein.

Ihr braucht den Heiligen Raum, weil dort Klarheit herrscht.

Wenn ihr mitten im Prozess seid, dann nutzt er euch vielleicht nicht viel, weil ihr gar keine Möglichkeit spürt, ihn aufzusuchen, zu tief und schmerzhaft sind die Gefühle, zu weit habt ihr euch in euch selbst zurückgezogen. Aber sobald ihr wieder klar sehen könnt, dient der Heilige Raum dazu, euch selbst neu auszurichten und Kraft zu schöpfen, zu erkennen, ob ihr noch ein

Stück gemeinsam weitergehen könnt und wollt, und euch dann Kraft dafür zu holen.

Der Heilige Raum spiegelt eure gemeinsame Bereitschaft, es diesmal zu schaffen, dazubleiben und bei der Bewältigung eurer heiligen Aufgabe höhere Kräfte einzubeziehen.

Und weil ihr diesen Raum gerufen habt, wirkt er, GERADE dann, wenn ihr mitten in euren Aufräum- und Entrümpelungsarbeiten steckt. Der Heilige Raum wirkt wie eine schützende Hand, die eure Liebe und eure Herzen hält, während ihr euch die Schatten anschaut – wobei das Wort »anschaut« viel zu harmlos klingt. »Anschauen« meint hier »durchleben«, und oft genug meint es somit auch »durchtoben«, »durchleiden«, »durchschreien«, »durchweinen« und »durchtrotzen«. Eben im Feuer stehen bleiben.

Als Mike und ich mitten in unserer schwierigsten Phase waren, versprachen wir uns gegenseitig oft, dass wir üben wollten, zusammenzubleiben. Wir haben viele Trennungen erlebt und wissen, wie man eine Trennung in sich auffängt. Wir wussten aber noch nicht, wie man zusammenbleibt und die Themen in die Erlösung bringt. Das wollten wir üben und lernen.

Denn DAS ist die heilige Aufgabe, egal welches Stück Himmel ihr gemeinsam erlösen wollt. Es geht nicht mit jedem, und oft genug ist der andere nur für eine kurze Zeit Spiegel, dann müsst ihr allein weitergehen – euch eurer Heilung widmen, bis ihr bereit seid, euch das nächste Stück anzuschauen. Oft genug seid ihr zwar bereit, aber der andere nicht. Manchmal dauert die heilige Aufgabe genau eine Nacht – und natürlich ist diese Nacht auch oft genug gar keine Aufgabe, sondern geschieht einfach.

Eure wilden Aspekte wirken, wenn ihr ihnen den Raum gebt, und genau dafür braucht es ein geschütztes, heiliges Energiefeld.

Nehmt es als eure Kraftzentrale, das Cockpit. Die Fluggäste schreien und toben herum (und ihr dachtet eigentlich, ihr würdet allein fliegen ...), aber ihr, euer Herz und euer höheres Selbst, eure Seelen, sitzen gemeinsam vorn und behalten den Überblick. Ihr gebt mithilfe des Heiligen Raumes, mithilfe eurer höheren Führung die Richtung vor und verlasst euch ansonsten auf eure Flugbegleiter – eure inneren Kräfte. Schwierig, geradezu unmöglich ist der Flug nur dann, wenn ihr vergessen habt, eure Flugbegleiter mitzunehmen! Natürlich müsst ihr ab und zu nach hinten gehen und schauen, was eure Fluggäste brauchen – und dann hilft ein gut ausgestattetes Cockpit, dessen Autopilot funktioniert. Richtet den Autopiloten auf das Licht aus, auf euer höchstes Potenzial, auf die Engel, die euch begleiten. Am Sinnvollsten ist es sowieso, wenn ein paar Engel vorneweg fliegen und euch den lichtvollsten Weg weisen, besonders wenn es Gewitter gibt und ihr Umwege nehmen müsst.

In diesem zweiten Schlüssel gibt es keine Fragen, denn er ist ein Werkzeug, das ihr errichten und erschaffen dürft – nehmt euch Zeit dafür, wir brauchen den Raum später, wenn die Prozesse beginnen ...

Schlüssel III:
Absolute Aufrichtigkeit sich selbst und dem anderen gegenüber

… und zwar ab jetzt!

Legt von nun an alle Karten auf den Tisch, auch die, von denen ihr glaubt, sie könnten den anderen verletzen oder ihn dazu veranlassen, die Beziehung zu beenden. Seid vor allem auch euch selbst gegenüber vollkommen ehrlich und klar, bittet Erzengel Michael, das Schwert der Klarheit zur Verfügung zu stellen, und deckt alles auf. Besonders die Bereiche, in denen ihr bislang aus Angst oder Scham geschwiegen habt, gehören nun in das Licht der Klarheit, damit sie erleuchtet und transformiert werden können. Das Tor zur nächsten Dimension erlaubt nur Klarheit, Liebe und Eindeutigkeit. So zeigt euch wirklich mit allem, was ihr tatsächlich seid, auch wenn es euch schwerfällt.

Es gibt ein sehr hilfreiches Werkzeug, die schamanische Technik der Rederunde, mit deren Hilfe ihr über schwierige Themen reden könnt, ohne in die alten Muster zu verfallen. Nutzt die Rederunde, um euch einander zu öffnen, denn dabei redet ihr euch nicht dazwischen, spielt kein Frage-Antwort-Spiel, sondern bekommt genug Raum, um euch auch selbst nahezukommen.

Die Rederunde

Sucht euch einen Kraftgegenstand, der sich gut in die Hand nehmen lässt, z. B. eine Muschel, einen Stein, ein Edelsteinherz oder einen kleinen Stab. Die Rederunde ist eine alte schamanische Technik, die zum Beispiel in den 12-Schritte-Gruppen genutzt wird (dort allerdings ohne Redestab). Der Gegenstand wird unter den Anwesenden herumgereicht, und derjenige, der ihn jeweils in der Hand hält, hat das Wort und die ungeteilte Aufmerksamkeit der anderen. Jeder redet nur von sich, geht währenddessen nicht darauf ein, was andere sagen, analysiert die anderen nicht, rechtfertigt sich nicht. Jeder spricht nur von den eigenen Gefühlen, Erfahrungen, Ängsten und Träumen.

Wenn dein Partner also zum Beispiel sagt »Ich habe Angst, meine Sexualität zu leben, weil ich Angst habe, dass ich dann auch andere Männer oder Frauen attraktiv finde«, dann antwortest du nicht darauf, sondern du teilst, wenn du an der Reihe bist und das willst, ihm mit, was du dabei fühlst. Zum Beispiel: »Ich habe gehört, was du gesagt hast, und es macht mir große Angst, ich weiß nicht, ob ich unter diesen Umständen bereit bin, die Beziehung weiterzuführen, will dich aber auch nicht verlieren.« Der andere mag dann vielleicht sagen: »Ich spüre Angst, ich will nicht verlassen werden, ich spüre aber auch, dass ich mir diese Gefühle anschauen muss …« Es kann auch sein, dass ihr eine ganze Zeit lang einfach schweigt.

Ihr nehmt euch also einen Kraftgegenstand, legt ihn auf den Tisch, zündet eine Kerze an – und wer beginnen will, beginnt. Keine Vorwürfe, keine Anklagen. Jeder redet nur von sich und SEINEN Gefühlen. Ist der eine Partner fertig, legt er den Gegenstand wieder auf den Tisch. Bekommt der andere einen Impuls zu reden, nimmt er ihn, wenn nicht, dann eben nicht, bekommt der erste wieder einen Impuls, einen neuen Gedanken, dann nimmt er den Gegenstand erneut und teilt auch diesen Gedanken mit.

Lasst euch tiefer und tiefer fühlen. Es kann hilfreich sein, eine Zeit zu vereinbaren, zu Beginn reichen zehn Minuten Rederunde vielleicht vollkommen. Es ist wie eine Art achtsames und rituelles emotionales Brainstorming bzw. »Heartstorming«.

Bitte nutzt diese Technik besonders dann, wenn euer Gespräch sich gewöhnlich immer wieder im Kreis dreht. Gerade weil du weißt, dass der andere bei der Rederunde nicht antworten, dir keine Vorwürfe machen, sondern bei sich bleiben und nur von sich reden wird, zeigen sich Gefühle und Gedanken, die du dir sonst nicht erlaubst.

Wenn ihr Hilfe braucht, besonders wenn ihr doch immer wieder in Anklagen und Schuldzuweisungen rutscht, dann bittet eine Person eures Vertrauens, sich dazuzusetzen, damit sie auf die Struktur achtet und euch unterbricht, falls ihr in das alte Muster verfallt.

Ist dein Partner nicht zu dieser Übung bereit, dann probiere die Rederunde mit einer Freundin oder einem

Freund, der oder die dir den Raum hält. Du redest von dir und erlaubst dir, zu fühlen und auszusprechen, was du wirklich willst. Deine Freundin oder dein Freund halten dir den Raum, sagen nichts dazu, finden keine Lösungen, analysieren dich nicht, wettern nicht gegen deinen Partner, sondern hören nur zu und geben dir einen sanften Hinweis (z. B. mit dem Satz »Bleib bei dir!«), wenn du nicht mehr von dir redest, sondern in alte Klagen verfällst.

Eine weitere hilfreiche Technik wenden Mike und ich oft an, wenn wir (besonders ich) mal wieder in Angst verfallen: Wir setzen uns einander gegenüber, und er gibt mir Raum, öffnet sein Herz, fragt mich: »Was befürchtest du?« und HÖRT ZU. Ich weiß, dass ich nun alles sagen darf, denn es geht nicht darum, ihm Vorwürfe zu machen (und auch er weiß das, er muss also nicht in eine Abwehrhaltung verfallen), es geht nur um meine Befürchtungen. Nun spüre ich, was ich befürchte, egal wie unreflektiert es daherkommt. Ich spreche es aus, und er fragt weiter: »Und was befürchtest du noch?«

Diese Frage kommt so lange, bis ich spüre, dass ich am Kern meiner Angst angelangt bin, aus dem Verallgemeinern, aus der diffusen Angst und der inneren Spannung bei dem Punkt angekommen bin, um den es tatsächlich geht. Denn nur hier, nur am wesentlichen Punkt, können Heilung, Trost und eine echte Veränderung geschehen. Dann spüre ich meine wahre, tiefe Angst und kann an dieser Stelle um Hilfe bitten, mich dafür öffnen, dass eine höhere Führung sich meiner annimmt – was auch immer sie tun wird.

Das hört sich alles sehr schön, klar und logisch an, oder? Das ist es auch. Es funktioniert nur nicht, vor allem nicht dann, wenn du gerade mitten im Durchleben eines Prozesses bist.

In diesem Schlüssel wirst du mit allem konfrontiert, was du in dir verschlossen hältst, verbirgst, selbst nicht wahrhaben willst, besonders aber mit deinen Abwehrmechanismen.

Denn könntest du nutzen, was wir dir so großartig angeboten haben, bräuchtest du es schon fast gar nicht mehr.

Mal ehrlich – kommunizierst du als Frau offen und frei? Zeigst du dich selbst über deine Körpersprache, oder lächelst du auch, wenn du wütend bist? Sagst du, was du willst und fühlst, sagst du, was dir Freude macht und was du im Moment nicht willst?

Wenn du ein Mann bist – ziehst du die Zugbrücke hoch und machst die Schotten dicht, bevor du dich auf eine Auseinandersetzung einlässt, gehst du also schon mit vollem Harnisch in die Schlacht, die doch eigentlich als Teerunde gedacht war? Nun, du weißt, es wird eine Schlacht, wenn du es bislang nicht anders kennst.

Wir Frauen können kommunizieren, wir tun den ganzen Tag nichts anderes, wir reden über unsere Gefühle, darüber, was wir wollen und was wir nicht wollen, wir reden über alles, was uns bewegt und sind bereit, uns gegenseitig zumindest einigermaßen zuzuhören. Kommunikation ist unser wesentlichstes Ausdrucksmittel. Für Männer dagegen ist es äußerst schwer, sich mitzuteilen. »Oh«, magst du als Mann jetzt denken und dich angegriffen fühlen, »ich rede doch den ganzen Tag, ich kann mich sehr wohl gut ausdrücken.« Da bin ich sicher. Aber, liebster Mann – bei allem Respekt: Kommunizierst du, oder hältst du Vorträge?

Es ist für uns Frauen schwer genug, uns mit allem, was ist, zu fühlen und uns das auch gegenseitig zu zeigen, obwohl es unserem Wesen entspricht. Für Männer ist es fast unmöglich.

Lasst mich euch zeigen, was ich meine: Mike und ich schreiben dieses Buch zusammen – das heißt, wir reden sehr viel miteinander, üben und erkennen die Prozesse, stellen es auf, entwickeln es – aber am Ende schreibe ich, Susanne, alles auf, einfach weil mir das Schreiben sehr viel leichterfällt.

Ich frage Mike also häufig: »Du, wie ist das bei Männern, woran fühlst du (zum Beispiel), dass du innerlich zumachst, dass du in eine Abwehrhaltung gehst, dass du dich verteidigst, statt offen mit mir zu reden?« (Woran ich, Susanne, das bei ihm oder natürlich auch bei mir merke, könnte ich minutiös beschreiben ... aber wie nimmt er sich selbst wahr?)

Und dann folgt das, was wir so oft erleben: ratloses Schweigen. Er zieht die Schultern hoch, macht eine Handbewegung, signalisiert, dass er sich von sich selbst abschneidet und sagt nach gefühlten zehn Minuten: »Ich atme flach.« (Wenn ich ihn nach irgendeinem König oder dem Aufbau eines bestimmten Schiffes fragen würde, könnte ich, während er redet, ein Fünf-Gänge-Menü kochen, er kann sich also sehr wohl mitteilen!)

»Wir schreiben dieses Buch zusammen«, sage ich dann, und vielleicht klinge ich dabei ein wenig ungehalten (kann der

Mann sich nicht klar und deutlich ausdrücken, so, dass ich es einfach nur noch aufschreiben muss?!?), »ich brauche dich dabei, du musst mir sagen, was du FÜHLST, damit ich es aufschreiben kann ...« Ich glaube, manchmal wünscht er sich dringend, ich würde ihn einfach in Ruhe lassen. Dann aber kommt der entscheidende Satz:

»Wenn ich es bemerke, dann öffne ich mich wieder, indem ich mich erinnere, dass du nicht meine Mutter bist – ich mach es einfach. Ich weiß auch nicht, wie. Ich handle nicht so, wie ich mich fühle, sondern ändere es.«

Aha. Was lernen wir? Ich als Frau würde es kommunizieren, wenn ich dazu in der Lage wäre (manchmal ziehe allerdings auch ich mich so weit in mich zurück, dass ich nicht mehr reden kann). Ich würde sagen: »Du, ich merke gerade, ich mache dicht, ich fühle mich angegriffen, ich höre dir gar nicht mehr richtig zu«, und dann würde ich DARÜBER reden. Das würde mich wieder öffnen. Mike hingegen bemerkt es, auf welche Weise auch immer, und ÄNDERT es, teilt es nicht mit, sondern handelt.

Lassen wir einen Mann zu Wort kommen (auch wenn er, wie die meisten, nicht gern zu Wort kommt, sondern lieber zur Tat schreitet ...):

Ich fühle nicht, ich rede nicht, ich handle. Schau doch, was ich tue, dann weißt du, was ich will und wie ich mich fühle. Schau doch einfach hin. Der Weg zu meinen eigenen Gefühlen ist sehr weit, es fällt

163

mir wirklich schwer, mich zu fühlen. Ich weiß, was ich will und wohin meine Handlungen mich drängen. Ich weiß, was ich TUN will. Aber ich weiß nicht, was ich fühle, weil das in meiner Welt keine große Rolle spielt. Ich lebe in der Welt der Tat; egal wie ich mich fühle, ich tue, was zu tun ist, und rede nicht darüber. Ich mache es einfach. Meine Gefühle haben nicht viel Einfluss auf meine Taten.

Das, was du willst, nämlich reden und dich mitteilen, ist nicht mein Werkzeug, es ist deins. Es kann sein, dass ich lernen kann, es zu verwenden, und es kann auch sein, dass es mir guttut. Aber bitte erkenne an, dass es ein weiter Weg ist. Ich höre dir gern zu, und ich kann auch lernen, dir keine Ratschläge zu geben, sondern anzuerkennen, dass du das Gehörtwerden brauchst, um wieder in deine Mitte zu kommen. Ich kann verstehen und erkennen, dass ich für dich da sein kann, auch ohne dir Lösungen anzubieten. Ich kann stehen bleiben und DA SEIN, damit du dich selbst wieder fühlen kannst. Aber ich selbst brauche etwas anderes als du. Ich würde manchmal gern reden, ich wäre manchmal gern in der Lage, mich mitzuteilen. Es scheint euch Frauen ja sehr gutzutun. Am Ende aber fühle ich mich am wohlsten, wenn ich einfach SEIN kann, wenn ich nicht reden muss, sondern einfach sein kann, wie ich will und wie ich bin. Ich bin am glücklichsten, wenn ich weder hinterfragt werde noch Rede und Antwort stehen muss, sondern wenn ich tun kann, was ich tun will. Ich weiß nicht, wie wir diesen Schlüssel gemeinsam nutzen können, ich weiß nicht mal, ob es überhaupt ein für mich funktionierender Schlüssel ist.

Doch ich weiß, dass wir Männer lernen müssen, direkt und klar zu sagen, was wir wollen, auch wenn wir wissen oder befürchten, dass die Frau sich dann vielleicht angegriffen oder überrumpelt fühlen könnte, einfach weil unsere Art der Kommunikation anders ist, weniger verschnörkelt, weniger emotional, ohne Informationen zwischen den Zeilen.

Unterschätzt nicht unseren Beschützerinstinkt. Wir können nicht immer sagen, was wir wollen, weil wir befürchten, euch zu verletzen. Und unterschätzt nicht unsere Angst vor euch. Die erste Frau, mit der wir in Kontakt kamen, war unsere Mutter oder eine ältere Schwester. Wenn sie uns nicht verstand, uns beschämte und maßregelte, wenn sie uns anders haben wollte, als wir waren, dann verlernten wir schnell, uns offen und klar mitzuteilen – wir begannen, zu tricksen und uns unseren Freiraum zu erschleichen. Und genau das tun wir heute noch.

Als kleine Jungen waren wir durchaus in der Lage, zu zeigen, wie wir uns fühlten. Wir weinten genauso wie ihr, wenn wir uns verletzten. Wir zeigten unseren Schmerz, unsere Wut, unsere Freude, unsere Begeisterung, all unsere Bedürfnisse klar und frei – so lange, bis wir erkannten, dass wir nicht gehört, nicht gesehen, nicht verstanden wurden. Unsere Bedürfnisse wurden nicht wahrgenommen, als unmännlich abgetan, vielleicht aber auch als zu männlich, zu wild, zu frei, zu stürmisch, zu wenig domestiziert. Vielleicht wollten wir zu viel, waren zu ungestüm, mussten unsere Kraft mit jemandem messen – doch das ging nicht mit der Mutter. Der Vater war nicht da, das ist das Leid vieler Männer, sie verlassen die Familie, um sie zu ernähren – oder sie verlassen sie einfach so.

Wir erlebten unsere Mutter uns gegenüber entweder unbarmherzig und kontrollierend, voller unterschwelligem Groll auf Männer im Allgemeinen und unseren Vater im Besonderen – oder wir mussten sie beschützen, vor dem Vater, vor dem Leben, vor uns selbst. Wir haben damals erfahren, wie leicht und rasch wir uns von Frauen manipulieren lassen, wir haben regelrecht Angst vor euch und all euren Gefühlen bekommen. Wir wurden nicht gehört, also verstummten wir.

Später dann passte unsere Art der Sexualität nicht zu dem, was ihr wolltet – um euch zu bekommen, verleugneten wir uns, stellten uns größer oder kleiner dar, als wir waren – weniger begierig und direkt, gezähmter und romantischer, einfühlsamer, redend und Händchen haltend. Vielleicht auch härter, cooler, »männlicher« als wir uns fühlten. Wir haben gelernt, euch zu manipulieren, euch etwas vorzumachen, um zu bekommen, was wir wollen – wir haben den perfekten Tanz mit euch gelernt. Viele von uns wissen gerade in sexueller Hinsicht sehr viel besser, was ihr braucht, als was wir selbst wollen. Oder wir wissen gar nichts mehr. Wir haben gelernt, euch zu spüren, einfühlsam zu sein – und haben dabei das Wilde, Direkte und Freie in uns selbst domestiziert. Wir können nicht kommunizieren, weil wir gar nicht wissen, was.

Ja, Mädchen und Frauen geht es genauso – aber ihr habt euch gegenseitig. Wir nicht. Wir sind nicht geübt, uns an andere Männer zu wenden, denn wir hatten als Kind keinen präsenten Vater. Und schon wieder rechtfertigen wir, was wir fühlen … Egal wie ihr Frauen es wahrnehmt, egal ob ihr das anerkennt oder nicht – DAS ist unsere Wahrheit. Gerade im Nichtanerkennen dessen, was wir fühlen, liegt unser aller Problem. Wollte unsere Mutter uns schon immer unsere Wahrnehmungen ausreden, weil sie anders sind als eure, nämlich männlich, so geschieht das auch in unseren Beziehungen wieder und wieder.

Noch einmal: Unsere Wahrnehmungen stehen nicht zur Debatte, sie sind, wie sie sind. Wenn ihr mit uns kommunizieren wollt, dann rüttelt nicht an dem, was und wie wir es wahrnehmen, sondern HÖRT ZU, und versucht, zu verstehen, oder zumindest, es gelten zu lassen. Und ja, manchmal können wir uns nicht richtig

ausdrücken und sind darauf angewiesen, dass ihr dableibt und uns weiter zuhört, uns nicht gleich unser Unvermögen um die Ohren haut.

Und noch mal, ja, ihr spürt richtig, da gibt es eine Menge Groll, Ärger und Wut – weil wir nicht mit dem gehört werden, was wir sagen, sondern weil wir oft genug zerpflückt, in unsere Einzelteile gespalten und analysiert werden, wenn wir uns mitteilen. So nehmen wir es wahr (siehe Samenzelle!). Mit einer Frau zu reden und uns zu öffnen, ist für uns nicht nur sowieso ein weiter Weg, sondern es ist auch äußerst gefährlich, denn du weißt als Mann nicht, was von dir übrig bleibt!

Wir sind in Not. Natürlich wollen wir genauso wie ihr gesehen, wahrgenommen und verstanden werden. Wir sind Männer, aber vor allem sind wir MENSCHEN.

Wenn ich, Susanne, das höre (oder schreibe), dann erkenne ich selbst, wie unglaublich schwer es mir fällt, eine andere Sicht der Dinge tatsächlich gelten zu lassen, uneingeschränkt und ohne Arroganz. Denn natürlich spüre ich als Frau besser, vielschichtiger und deutlicher – bilde ich mir ein. Aber ist das nicht absurd? Wie wollen wir eine Beziehung führen, wenn wir glauben, wir hätten besser verstanden, wie die Welt zumindest emotional funktioniert? Und wisst ihr was, ihr lieben Frauen? Das stimmt sogar. Wir wissen es. Aber wir verstehen unsere WEIBLICHE Welt. Von der männlichen haben wir oft genug keine Ahnung, und oft genug wollen wir sie auch gar nicht verstehen oder anerkennen.

Kommunikation meint nicht nur reden. Männer kommunizieren genauso miteinander wie wir das tun, nur auf andere Weise.

In diesem Schlüssel geht es darum, die Sprache des anderen zu erkennen und sie zu lassen, wie sie ist, sonst können wir diesen Schlüssel nicht nutzen – vor allem aber geht es darum, selbst so offen wie nur möglich zu sagen, zeigen und erkennen zu lassen, was tatsächlich IST. Denn hier können wir bei uns selbst beginnen.

Zeigst du dich offen? Oder spielst du Spielchen, um dem anderen zu gefallen, ihm nicht wehzutun, ihn nicht zu verärgern oder um allem gerecht zu werden? Sicher kannst du nicht anders oder empfindest es zumindest so. Offene Kommunikation kann in einem geschützten Rahmen stattfinden, das ist ein Königsweg. Aber viel wichtiger ist es, jede Minute zu zeigen, was ist, sichtbar zu werden, offen und aufrichtig.

Du hast nur auf deine eigene Kommunikation Einfluss, und du hast nur die Möglichkeit, dich selbst mit dem zu zeigen, was IST. Ob und wie dein Partner reagiert, weißt du vielleicht nicht – so brauchst du großen Mut, um deine Wahrheit zu sagen. Gerade wenn ihr schwierige Themen habt, kann es sehr sinnvoll sein, euch einen Zeugen zu rufen, jemanden, der euch den Raum hält.

Das wesentliche Werkzeug der wahrhaftigen Kommunikation ist, ZEUGE und nur Zeuge des anderen zu sein und innerlich bei sich zu bleiben – und das ist gleichzeitig der schwierigste Teil des Weges.

Denn kennst du deine Abwehrmechanismen? Kennst du dein trotziges inneres Kind? Kennst du deine Hoffnungslosigkeit, weißt du, wie sehr du bereits aufgegeben hast? All das zeigt sich in deinen Handlungen, in deiner Atmung, deiner Körperhaltung – doch du reißt dich zusammen, knirschst mit den Zähnen, verleugnest dich und machst weiter.

Absolute Aufrichtigkeit sich selbst gegenüber ist der wesentliche Teil dieses Schlüssels.

Denn wie oft verleugnest du vor dir selbst deine wahren Gefühle und das, was du willst? Wenn du ein Mann bist – wie oft handelst du eben nicht so, wie du gern würdest? Wie oft funktionierst du und trennst dich damit von dir selbst ab?

Es ist für einen Mann ziemlich katastrophal, anders zu handeln, als er will, denn er verliert dadurch den Kontakt zu sich selbst. Wir Frauen können das besser, unser Kontakt zu uns selbst bleibt über unsere Gefühle bestehen (besonders gesund ist es natürlich trotzdem nicht). Für eine Frau ist es unerträglich und vernichtend, wenn sie sich nicht fühlen darf, wie sie sich eben fühlt. Für einen Mann ist es unerträglich, nicht auf die Art handeln zu dürfen, zu der es ihn drängt.

(Wir wissen, wie plakativ das klingt, bitte seht es als Energien, natürlich muss auch ein Mann fühlen, was er fühlt und eine Frau handeln, wie sie es will. Es geht immer wieder um das männliche und das weibliche Prinzip, nicht um Männer und Frauen. In dir passiert genau das Gleiche, nämlich mit deiner eigenen männlichen und weiblichen Seite. Darfst du nicht handeln, wie du willst, bekommst du üblicherweise rechts im Körper Probleme, darfst du nicht fühlen, was du fühlst, links.)

Was tust du nun also mit all diesen unausgesprochenen Worten, nicht ausgeführten Handlungen? Du brauchst die wilde Frau und den wilden Mann. Du brauchst den unangepassten, unerschrockenen, mutigen Teil in dir, und du brauchst den Heiligen Raum.

Denn nur wenn du in Kontakt bist mit deiner echten Kraft, zumindest für eine gewisse Zeit, kannst du wahrhaftig und frei sagen, was du zu sagen hast.

Das innere Kind zittert aus Angst vor Strafe und Vernichtung. Schick es in den Zaubergarten, nimm es in den Arm, sag ihm, es soll spielen gehen. Versichere ihm, dass du es beschützt, dass du es siehst und dass es nichts mit dieser Angelegenheit zu tun hat. Beziehungsgespräche sind Erwachsenensache. Innere Kinder stören nur, wenn es um Beziehungen geht, denn sie haben immer Angst, verlassen zu werden, fühlen sich sofort verantwortlich oder angegriffen, je nachdem, worum es geht. Du willst deine Beziehungen aus dem Mann oder aus der Frau heraus führen, weder aus dem Kind noch aus dem entsprechenden Elternteil – also schick das innere Kind liebevoll in dein Herz. Sonst aktivierst du entweder das innere Kind des anderen oder den sorgenden Elternteil – und beides würde weder eurer Klarheit noch eurer Schöpferkraft dienen.

Bitte deine wilde Frau oder den wilden Mann also, sich des inneren Kindes anzunehmen, und finde deinen inneren Platz, von dem aus du deine echte Kraft spürst – meist ist es die sexuelle Energie. Das heißt nicht, dass es um Sex gehen muss, sondern um deine Schöpferkraft – und die Schale, den Hochzeitskorb der Frau oder den Feuerstab des Mannes. Wenn ihr wirklich kraftvoll und offen kommunizieren wollt, dann braucht es zunächst Vergebung, Frieden und Anerkennung des anderen.

Rituale für die männliche und die weibliche Energie

Stellt euch voreinander, nehmt euren jeweiligen Kraftplatz ein, und schenkt euch zunächst folgende Sätze.

Als Frau sagst du:

»Ich stelle dir voller Freude meine Schale (oder meinen Hochzeitskorb) zur Verfügung, und ich bitte dich um dein Feuer. Ich verspreche dir, es zu hüten und zu nähren, es zu halten und Leben zu ermöglichen.«

Als Mann sagst du:

»Ich bitte dich voller Hochachtung darum, mir deine Schale, deinen Hochzeitskorb zur Verfügung zu stellen, und ich schenke dir gern mein Feuer. Ich verspreche, dir mein Feuer weiterzugeben, nicht die Asche, die nur eine kalte Erinnerung an das Feuer ist.«

Schaut, was mit euch geschieht, während ihr euch voreinander verbeugt – und ob es überhaupt stimmt! Wenn ihr
weitergehen wollt, dann führt dieses Ritual durch:

Ritual für die männliche Energie

Finde als Mann deinen Kraftstab, zum Beispiel einen Ast
oder einen dünnen Baumstamm aus dem Wald (oder aus
deinem Garten!), der größer ist als du selbst. (Der Stab sym-
bolisiert das Feuer, denn das Holz bietet ihm die Nahrung –
das Symbol des Stabes findest du z. B. auch im Tarot.)

Frag den Stab, ob er sich dir zur Verfügung stellt, und
bitte auch den Baumgeist, dir einen Hinweis zu geben, ob
du diesen Baumteil nutzen darfst. Denn selbst wenn er
bereits umgestürzt ist, dient er anderen Lebewesen möglicherweise als Lebensraum und Nahrungsquelle. Schneide
ihn dir zurecht, und nimm das Leben, das der Baum oder
der Ast zur Verfügung gestellt hat, in dich auf – bedanke
dich dafür, dass dieser Baum oder Ast dir sein Wachstum
und seine Reifung zur Verfügung gestellt hat. Nimm die
Kraft an, und versprich dem Baum, dass du sie nutzen
wirst, um dein inneres Feuer zu nähren und zu halten.

Damit hast du die Lebenskraft transformiert und dir zu
eigen gemacht, du hast »Baummedizin« genommen. Ruf
dann alle Seelenaspekte, die zu dir gehören, die du bislang nicht in dir halten konntest, weil der Feuerstab nicht
stabil genug oder gar nicht vorhanden war, ruf sie, indem

du deine Seele darum bittest, dir von nun an alle Kraft zur Verfügung zu stellen, die zu dir gehört. Falls du erkennst, dass du das nicht allein kannst, dann brauchst du vielleicht schamanische Hilfe oder eine Rückführung – such dir Unterstützung, damit wirklich alles, was zu dir gehört, auch stabil in dich einfließen und bei dir bleiben kann.

Setz dich nun in aller Stille hin, und spür in dich mit folgenden Fragen:

Wie nähre ich mein Feuer? Wie kann ich als Mann dafür sorgen, nicht die Asche, sondern meine Feuerkraft weiterzugeben – nicht nur der Frau, sondern bei allem, was ich tue? Wie kann ich den Mut finden, mein Feuer wieder zu entfachen, weiß ich doch, dass es mich und andere (wieder) verbrennen kann, wenn ich es nicht hüte?

Es kann sehr hilfreich sein, folgenden Satz zu nutzen:

»Wenn ich Ja sage zu meiner Feuerkraft, ...«

Was geschieht dann? Was befürchtest du, aber vor allem: Was ist dann anders? Nimm dir Zeit, beginn immer wieder diesen Satz, und schreib auf oder erlebe, was dadurch in dir geschieht. Nach und nach kommst du in deine Kraft, einfach, indem du Ja dazu sagst. Erinnere dich bitte, dass das deine natürliche Schöpferkraft ist, du brauchst sie nicht erst zu entwickeln, sie gehört dir. Du darfst sie wieder an dich nehmen. Sie gehört sowieso zu dir. Verstehst du jetzt, warum dein innerer kleiner Junge hier nichts zu suchen hat? Er hätte Angst, deine Mutter zu verletzen, deine Frau, er hätte Angst vor Strafe oder vor erneuter – ich sag's mal so krass – Kastration.

»Wenn ich Ja sage zu meiner Feuerkraft,
... dann kribbeln meine Hände.«
... dann atme ich tiefer.«
... dann spüre ich den Boden unter meinen Füßen.«
... dann werde ich wütend.«
... dann bekomme ich Angst, aber ich spüre auch Freude.«

Was ist deine Wahrheit, was geschieht? Forsche nicht allzu intensiv nach besonderen Gefühlen, sonst bist du womöglich zu sehr in deiner Kontrolle, sondern lass geschehen, was geschehen will. ETWAS geschieht immer – und sei es, dass du erstarrst. Lass dich erleben, was erlebt werden will, wenn du Ja sagst zu deinem Feuer, denn das ist der Weg zurück zu dir selbst. Wenn es dir guttut, einen Zeugen zu haben, dann bitte jemanden, dein Zeuge zu sein – aber nur das. Du brauchst weder Kommentare noch Ratschläge, sondern Raum, dich selbst zu erleben. Vielleicht erlebst du, wie schmerzlich du dein Mannsein vermisst hast, wie sehr du bereits im Mutterleib kastriert wurdest, wie sehr du domestiziert bist – aber auch, wie wenig du bisher über dein Mannsein weißt, wie wenige echte Vorbilder du hast. Auf welche Weise hast du bisher die Asche verteilt, anstatt dein Feuer zu entfachen und weiterzugeben? Was IST eigentlich die Asche für dich? Was ist die Erinnerung ans Feuer, auf welche Weise erlebst du dich, wenn du eben nicht in deiner Feuerkraft stehst? Wer raubt dein Feuer, wen nährst du damit? Vielleicht muss dein Feuer deine gesamte männliche Ahnenreihe versorgen, weil deren Feuer im Krieg zu kalter Asche erstarrte. (Das ist unermesslich tragisch, und wir bieten euch in Schlüssel V ein Ahnenritual an, damit das Leben wieder fließen kann.)

Wie äußert es sich für dich, woran erkennst du, dass du dich im kleinen Jungen oder im Vater, im Retter oder im Helden, vielleicht auch in einer Vorstellung vom Mannsein verfangen hast, statt dein eigenes, ureigenes, einzigartiges Mannsein zu leben? Und wofür hast du einmal gebrannt, woraus besteht deine Asche? Ist es deine eigene Asche, oder versuchst du, den Traum deiner Väter und Großväter neu zu beleben? Spürst du den Schmerz, der in der Asche steckt, den Schmerz über das erloschene Feuer? Die Trauer über nicht gelebtes Leben?

Halte dich selbst mit diesen Fragen, lass dich nicht im Stich, sondern bleib bei dir, und fühle. Erinnere dich an die Situationen, in denen dein Feuer gefehlt hat. Vielleicht wird dir auch klar, auf welche Weise es dir abhanden gekommen ist – vielleicht hat deine Mutter es bereits in ihrem Leib erstickt, oder dein Vater hat es dir aus den Händen gerissen und es sich zu eigen gemacht. Vielleicht hast du dein Feuer bei dir, nährst aber all deine männlichen Ahnen damit, vielleicht stellst du es deiner Mutter zur Verfügung, weil dein Vater sein Feuer verloren hat – alle, die im Krieg waren, also zumindest unsere Großeltern, bringen einen riesigen Sack voller Asche mit nach Hause und ersticken das Feuer des Lebens im weiträumigen Umkreis.

Der kalte Aschehauch der nicht gehüteten, dunklen Drachen, der Krafttiere des Krieges, vernichtet nachhaltig das Leben, wo immer dieser Hauch auftaucht und weitergegeben wird. So schau nach dem dunklen Drachen in deiner Ahnenreihe, und erlöse ihn. Schick ihn ins Licht, verneige dich vor ihm, und bitte ihn um Vergebung dafür, dass wir seine Kraft missbraucht, seine immense Heilkraft ignoriert und seine Feuerkraft in den Dienst des Egos, der Angst und des Größenwahns gestellt wurde anstatt in den Dienst des Lebens und der Liebe.

Stell dich dann mit dem Stab vor das Weibliche, und sage ihm: »Ich bitte dich um Vergebung dafür, dass ich dir mein Feuer nicht gegeben habe, dass ich dir meine Asche oder gar nichts weiterreiche. Ich stehe dir nun ganz und gar mit meinem Feuer zur Verfügung.«

(Wichtig, ihr lieben Männer: Das ist nicht euer ganzes Feuer, sondern nur ein Teil davon, eben jener Teil, der in der Liebesbeziehung gebraucht wird! Wir Frauen wollen euch Männern nicht das Feuer rauben, sondern daran teilhaben. Ihr gebt einen Teil des Feuers weiter, ihr wisst, Feuer ist unbegrenzt, je mehr Nahrung ihr ihm gebt, desto mehr steht euch zur Verfügung. Ihr braucht euer Feuer für alles, was ihr tut – wir bitten euch nur um jenen Anteil, der zusammen mit unserer weiblichen Kraft etwas Neues erschaffen kann.)

Die gleiche Frage stellt sich den Frauen: Wie kannst du es wagen, deine Schale wieder an dich zu nehmen, spürst du doch schmerzlich, wie zerbrochen sie ist, wie sehr sie mit Asche beschmutzt wurde (hier muss ich sofort etwas klären für alle Männer, die das lesen – nein, es ist NICHT eure männliche Energie, die uns beschmutzt, natürlich nicht, es ist das, was euch selbst auch verletzt, nämlich Energie, die eben nicht ans Herz und an die Liebe angebunden ist!), immer dann, wenn ein Mann dir nicht seine wahre, liebende Energie geschenkt hat. Und wie kannst du es aushalten, zu erkennen, wie wenig du sie selbst bemerkt und deshalb auch geachtet hast? Vielleicht hast du die Schale gar selbst vor lauter Schmerz zerbrochen, sie einem Mann, vielleicht deinem Vater vor die Füße geworfen? Vielleicht hat deine Mutter sie dir geraubt? Wie kannst du mit der Scham umgehen, den Männern nur eine zerbrochene Schale angeboten zu haben, eine Schale, in der ihr Feuer immer wieder verpuffte? Vielleicht hoffest du gar, sie könnten deinen Hochzeitskorb heilen …

Ritual für die weibliche Energie

Nimm dir eine (physisch existente) Schale, die dir wirklich gefällt, die gut in deinen Händen liegt und die eine für dich richtige Größe hat. Es kann sein, dass das Finden dieser Schale bereits eine Suchreise und ein Prozess ist, lass dir Zeit dafür, sei aber nicht perfektionistisch. Wenn du dir Mühe machen und Energie investieren möchtest, dann flicht einen Korb, form dir aus Ton eine Schale, bau deinen Hochzeitskorb selbst. Es gibt sogar schamanische Wochenendworkshops, die sich nur damit beschäftigen. Wie sehr das Ritual wirkt, hängt allerdings nicht davon ab, wie lange du gebraucht hast, um deine Schale zu gestalten, sondern wie tief du dich berühren lässt.

Nimm sie also in deine Hände, und spür, wie es sich anfühlt, diese Schale überhaupt zu halten. Vielleicht hältst du zum ersten Mal ein Gefäß für deine weibliche Energie, vielleicht war es vorher zerbrochen oder ist dir abhanden gekommen. Lass dich berühren, und hüte die Schale. Das bloße Halten kann ein paar Minuten dauern. Ruf alle Seelenaspekte, die du verloren hast, weil deine weibliche Schale nicht vorhanden war, zu dir zurück. Schließ die Augen, und bitte alles zu dir, was zu deiner weiblichen Kraft gehört, zu dir, bitte deine Kraft, in dich einzufließen, und versprich dir von nun an, dafür zu sorgen, dass deine weibliche Kraft rein, klar und machtvoll bleibt.

Schau nach innen. Wie sieht diese Schale aus? Es kann sein, dass sie verschmutzt ist, dass Steine in ihr liegen oder dass sie voller Asche ist. Dann führe ein Reinigungsritual durch: Füll die Schale tatsächlich mit Steinen oder mit Asche. Sand tut es vielleicht auch, aber wenn es Asche sein muss, dann besorg dir welche (verbrenn ein bisschen Grill- oder Räucherkohle, oder feg deinen Kamin aus). Nun stell dich mit der verschmutzen Schale vor das erlöste Männliche, also entweder vor deinen Partner, der in seiner Kraft steht und seinen Kraftstab hält, oder vor das erlöste Männliche in deiner Vorstellung – und nun tu, was du willst. Vielleicht willst du ihm die Steine und die Asche einfach vor die Füße kippen. Sag ihm:

»Ich erlaube nie wieder, dass du meine Schale verschmutzt, ich stehe nicht mehr zur Verfügung. Ich bitte dich um dein reines Feuer.«

Er hält das aus, weil er in seiner Kraft und damit auch in seinem Mitgefühl steht. Er ist ja nicht gemeint – und selbst wenn doch, so wird es Zeit, die Dinge endlich auf den Tisch zu bringen.

Vielleicht willst du das Reinigungsritual auch für dich allein machen. Dann reinige die Schale bewusst und rituell, nimm die Steine und die Asche heraus, reinige die Schale still mit Wasser, und poliere sie. Lass das Licht der Sonne oder des Mondes in sie einfallen, schmück sie mit Blumen, oder tu, was dir guttut und dich nährt. Diese Schale hält deine weibliche Energie, sie ist das Gefäß, in dem du deine weibliche Kraft bündelst und sammelst. Fehlt sie, verpufft deine Energie immer wieder, deine und auch die des Mannes, der dir sein Feuer schenkt.

Hast du das Gefühl, es könnte stimmig sein, dann stell dich mit gereinigter und geschmückter Schale vor das Männliche, und sag ihm Folgendes:

»Ich bitte dich um Vergebung dafür, dass ich meine Schale nicht zur Verfügung gestellt und dein Feuer nicht genährt und gehütet habe – ich wusste nicht, dass ich überhaupt eine Schale habe. Jetzt stelle ich sie dir sehr gern und mit Liebe zu Verfügung.«

Während du sie hältst, spürst du, dass du von nun an nicht mehr erlauben wirst, dass sie verschmutzt oder missachtet wird, richtig? Nimm die Schale in beide Hände, und spür, was das für dich bedeutet, welche Energien sich nun in dir zeigen wollen.

»Wenn ich Ja sage zu meiner Schoßkraft, dann ...«

Was geschieht dann? Dann spürst du womöglich die Sehnsucht nach Leben, nach einem Kind, nach Fülle und Lebendigkeit ... Vielleicht spürst du auch Angst vor deiner weiblichen Energie, vor all dem, was in dir womöglich verletzt worden ist – in dir und im Kollektiv der Frauen, sei es deine Ahninnen, sei es deine eigenen Inkarnationen betreffend. Vielleicht erkennst du, wie zerbrochen die Schale in dir war, vielleicht fehlte sie ganz, vielleicht war sie randvoll mit der Asche der Männer, die nicht in ihrer Kraft standen und die du dennoch in dir aufgenommen hast. Sicher beginnst du, die Trauer darüber zu spüren, wie sehr dir deine Weiblichkeit verloren gegangen ist.

Lass dich von dir selbst berühren, und bitte einen Zeugen hinzu, wenn es dir guttut. Es kann wirklich äußerst heilsam sein, einen Zeugen zu haben, der hinschaut, deinen Schmerz anerkennt und dich damit sein lässt, voller Mitgefühl. Lass dich tiefer sinken mit dem, was in dich einfließen möchte, wenn du deine Schale wieder zu deiner Verfügung hast. Nimm dir Zeit, es in dich aufzunehmen.

Rituale zur Heilung der männlichen und weiblichen Verletzungen

Wenn ihr beide eure Schale bzw. euren Stab angenommen habt, dann findet einen festen Platz voreinander, und schaut euch an. Schaut euch im Vollbesitz eurer männlichen und weiblichen Energie an. Wer nun beginnen möchte, beginnt.

Ritual des Mannes

Verneige dich bitte vor dem Weiblichen, und sprich für dich und stellvertretend für die männliche Energie Folgendes (lies es ab, oder finde deine eigenen Worte):

»Ich bitte dich, das Weibliche, um Vergebung für all den Missbrauch, den dir das Männliche zugefügt hat. Ich bitte dich um Vergebung für all das Unbewusste, dafür, dass ich dich nicht geschützt und mit meinem

Feuer genährt, sondern missachtet und vernichtet habe. Ich bitte dich um Vergebung für jeden Missbrauch und jede Missachtung deiner einzigartigen weiblichen Kraft. Ich sehe deinen Schmerz, ich achte deinen Weg, und ich verneige mich zutiefst vor deiner Energie. Und ich bitte dich um Vergebung dafür, dass ich dir nicht das Feuer, sondern eine Illusion weitergereicht habe – eine Vorstellung von Feuer, eine Spiegelung. Ich bitte dich um Vergebung dafür, dass ich dich verletzt habe. Ich habe mich selbst damit noch mehr verletzt als dich, und ich nehme die Verantwortung dafür auf mich. Ich bitte dich, stell mir deine weibliche, geheilte Kraft zur Verfügung, damit ich mein Feuer in deine Schale geben kann – damit neues Leben entsteht. Ich liebe dich.«

Sprich das bitte aus, verneige dich, und schau, was es in dir berührt. Falls es in dir einen Widerspruch gibt, Rechtfertigungen, dann schau bitte noch einmal genauer hin. Du verneigst dich für das Kollektiv vor dem Kollektiv, es geht nicht nur um dich selbst. Probiere es bitte aus, lass dich selbst davon berühren, und spür auch die Verantwortung, die das Männliche trägt. Gibt es zwischen euch beiden ein persönliches, schmerzliches und wichtiges Thema, für das du um Vergebung bitten möchtest, dann nutze jetzt den Raum. Vielleicht möchtest du deine Partnerin fragen, ob ein bestimmter Schmerz gesehen werden will – egal ob du selbst verantwortlich bist oder nicht, nutze die Möglichkeit, das Weibliche um Vergebung für das zu bitten, was das Männliche ihm zugefügt hat. Nehmt euch Zeit, wirklich zu fühlen, was geschieht, und euch berühren zu lassen.

Ritual der Frau

Stellt euch in eure Kraftpositionen. Der Mann nimmt den Stab, die Frau hält ihre Schale. Schaut euch an. Nun, liebe Frau, verneige dich bitte vor dem Männlichen, und sag ihm:

»Ich bitte dich um Vergebung dafür, dass ich dich ab-gewertet habe, dass ich dein Feuer nicht annehme und hüte. Ich bitte dich um Vergebung dafür, dass ich dir nicht erlaube, in deiner eigenen Kraft zu stehen, sondern dass ich dich manipulieren möchte. Ich bitte dich um Vergebung dafür, dass ich dich benutze, um mich selbst zu spüren, statt dein Feuer anzunehmen, um das Leben zu nähren. Ich bitte dich um Vergebung dafür, dass Müt-ter ihre Söhne schon im Mutterleib kastrieren und dem Männlichen keinen Raum geben, sich zu entfalten. Ich bitte dich um Vergebung dafür, dass ich dich nicht ge-nährt habe, dass du in meinen Armen verhungert bist und dein Feuer erloschen ist. Ich bitte dich besonders um Vergebung dafür, dass ich selbst dafür gesorgt habe, dass dein Feuer erloschen ist, denn ich habe es ausge-treten, weil ich es nicht nehmen wollte. Ich habe mich selbst damit noch mehr verletzt als dich, und ich bitte dich, nimm meine Schale an, und gib mir dein Feuer, da-

mit ich es hüten und im Dienst am Leben nähren kann. Ich verneige mich vor deinem männlichen Weg voller Hochachtung und Respekt, und ich liebe dich.«

Gibt es etwas, wofür du dir Vergebung vom Männlichen wünschst? Dann sprich es aus, und bitte das Männliche um Vergebung. Frag deinen Partner, ob es einen Schmerz gibt, der noch nicht gesehen wurde, und verneige dich vor ihm und seinem Schmerz, egal ob du dafür verantwortlich bist oder nicht. Nutze den Raum, um ihn um Vergebung für das zu bitten, was du ihm womöglich angetan hast.

Wenn ihr bereit seid, dann verneigt euch voreinander, und sprecht nacheinander den Satz:

»Ich vergebe dir allen Schmerz, den ich durch dich erlebt habe, und ich bin bereit, von nun an gemeinsam mit dir Leben und Liebe zu erschaffen und zu ermöglichen.«

Nimm nun als Mann ein Teelicht oder eine standfeste Kerze, verneige dich vor dem Weiblichen, und biete deiner Partnerin das Licht an. Halte als Frau deine Schale in den Händen, stell sie dem Mann zur Verfügung (du behältst sie aber fest bei dir!), lass ihn die Kerze, das Feuer, hineinstellen. Halte die Schale, in der nun die Kerze brennt, und lasst euch beide davon berühren. Sag ihm:

»Ich hüte dein Feuer mit Liebe, damit neues Leben entstehen kann.«

Als Mann spürst du jetzt vielleicht dein Bedürfnis, sie zu schützen – den genau hier wird deine Schutzkraft gebraucht, genau hier dient sie dem Leben, und hier liegt vielleicht deine tiefste Sehnsucht. Sag ihr:

»Ich schütze dich, damit du das Feuer halten und nähren kannst. Ich ziehe meinen Schutzkreis um dich und um alles, was durch uns ins Leben gerufen wird und kommen will.«

Öffne schützend die Hände, und spür, wie sich das anfühlt, ob es dir Kraft gibt oder nicht. Du schützt das Weibliche, damit die Frau das Feuer hüten und nähren kann, verstehst du? So schützt und hütet ihr euch gegenseitig, aber im Dienst am Leben, ihr hütet eure gemeinsame Schöpferkraft, nicht eure inneren Kinder. Denn die hütet jeder von euch von nun an selbst. Findet einen Platz, und erschafft euch einen Altar – stellt die Schale mit der darin brennenden Kerze auf, und achtet darauf, dass dieser Ort rein und kraftvoll bleibt. Ihr habt einen physischen Kraftplatz erschaffen, ein Symbol für eure gemeinsame Schöpferenergie.

Der Heilige Raum aus Schlüssel II ist ein geistiger Raum, der zwar auch eine physische Umsetzung, z. B. in Form von Engeln, Kerzen oder Symbolen finden kann, sich aber auf die geistige Ebene bezieht, in der eure geistigen Aspekte und eure Seelenkräfte wirken. Hier, im männlichen Feuer und der weiblichen Schoßkraft, wirken jene Energien, die ihr auf der Erde in Sexualkraft und lebendige Schöpferenergie umsetzt. Ganz deutlich spürt ihr nun auch, ob das Feuer und die Schale überhaupt zusammenpassen und ob ihr euch eure Energien tatsächlich zur Verfügung stellen wollt.

Führe das Ritual für dich allein durch, wenn du ausprobieren willst, ob ein bestimmter Partner energetisch zu dir gehört! Vielleicht irrst du dich, dann kannst du aber leicht loslassen – denn dann war eure gemeinsame Schöpferkraft eine Illusion ...

Schau als Mann BITTE auch, ob dein Feuer vielleicht noch in einer anderen Schale brennt. Wenn das so ist, dann hol es zu dir zurück – ja, das kann durchaus noch mal einen Abschiedsschmerz hervorrufen.

Erkenne als Frau, ob deine Schale frei ist oder ob du noch das Feuer einer vergangenen Liebe hütest – vielleicht hütest du nur noch den Traum vom Feuer, die Asche ... aber deine weibliche Schale, dein Hochzeitskorb, ist keine Urne!

Wir sprechen in diesem Ritual immer von männlicher und weiblicher Kraft – natürlich hast du diese Aspekte beide auch in dir, das weißt du mittlerweile. Dieses Ritual kannst du genauso gut auch für deine eigenen inneren männlichen und weiblichen Anteile durchführen. Du hast dein eigenes Feuer, deine Tatkraft, und du hast deine eigene Schale für deine Schöpferkraft – weil wir aber von Beziehungen sprechen, dienen wir dem Energiefeld, das durch euch beide neu entsteht. Das gleiche Zusammenspiel von Yin und Yang, weiblich und männlich, findet natürlich auch in dir selbst statt – das Weibliche in dir hütet das männliche Feuer und gibt ihm Nahrung, damit du schöpferisch tätig sein kannst.

Die Erfahrung in der Arbeit mit gleichgeschlechtlichen Partnern hat uns gelehrt, dass das Bild der Schale und des Feuers durchaus auch hier stimmig ist – nur halten oftmals beide sowohl die Schale als auch das Feuer. In heterosexuellen Beziehungen dagegen sind Schale und Feuer meist klar verteilt. Dann schau bitte, ob dein Feuer bei dir ist, ob du es deinem Partner oder deiner Partnerin gern schenken möchtest UND ob deine Schale zur freien und liebenvollen Verfügung steht.

Von hier aus könnt ihr kommunizieren. Stellt euch immer wieder auf euren Kraftplatz, verneigt euch voreinander, erkennt eure Unterschiede an, indem ihr sie euch gegenseitig zum Geschenk macht.

Wenn es euch dienlich ist, dann schreibt einen Brief. Drückt jeweils alles aus, was ihr schon längst sagen wolltet, nehmt euch Zeit, eure Gefühle und Gedanken anzuerkennen. Gerade wenn ihr ein schwieriges Thema habt, braucht es Zeit, um in Kontakt mit allem zu kommen, was dadurch in euch berührt wird. Habt keine Angst vor Gefühlen, manchmal ist es äußerst reinigend und wichtig, sich dem anderen zuzumuten. Zeigt euch in eurem Schmerz, in eurer Wut, in eurer Scham, in allem, was ihr euch gegenseitig antut und zumutet. Sucht nicht immer die Schuld und die Verantwortung bei euch selbst, sonst kontrolliert ihr eure Wut und den Schmerz – dann können sie nicht heilen. Ja, es kann sein, dass ihr euch alles selbst erschaffen habt. Aber hier geht es um eure Beziehungsebene, und die wilde Frau und der wilde Mann sind ursprünglich, sie hüten das irdische Leben. Versteht ihr, sie hüten das Leben auf der Erde, sie interessieren sich nicht groß für Seelenpläne, sondern für das, was ihr TUT. Und natürlich dienen sie auch damit eurem Seelenplan, nur auf einer anderen Ebene.

Was immer ihr euch selbst erschaffen habt – es ist Zeit, dem anderen zu signalisieren, dass ihr dafür nicht mehr zur Verfügung steht. Wenn ihr in eurer Kraft seid, dann erlaubt ihr ihm oder ihr nicht mehr, zu wanken und unschlüssig zu sein, denn ist dies der Fall, bleibt eure Schale leer, findet euer Feuer keinen Platz.

Wenn ihr beide nicht fest und sicher an eurem jeweiligen Platz steht, dann könnt ihr kein stabiles Energiefeld aufbauen und halten. Wenn einer von euch immer wieder seinen Platz verlässt, um seine Energie mit jemand anderem zu teilen, wenn einer von euch seine Energie immer wieder aus eurem gemeinsamen Feld herauszieht, du als Frau die Schale immer wieder zurückziehst, du als Mann dein Feuer immer wieder aus ihr herausnimmst – dann entsteht nichts Neues, dann verpufft das gemeinsam aufgebaute Feld immer wieder. Das darf so sein – aber für denjenigen, der wirklich etwas Größeres erschaffen will, ist das auf die Dauer nicht zu ertragen, und er wird sich abwenden. Wenn du nicht zur Verfügung stehst, sei es als Schale oder als Feuer, dann wird sich der andere, wenn er in seiner Kraft bleiben will, jemanden suchen, mit dem er etwas Neues erschaffen kann – weil das Leben gelebt werden will. Gleichzeitig fühlt sich der, der seine Energie immer wieder herauszieht oder erst gar nicht anbietet, irgendwie nicht gut genug und schuldig – und auf eine Weise stimmt das auch, nämlich in Bezug auf das neue gemeinsame Energiefeld.

Das gemeinsame Schöpferfeld braucht euch beide in bewusster und reiner Kraft, es braucht bewusste Hingabe und den bewussten Willen, das Feld zu halten und zu nähren. Wenn du dich leicht ablenken, verführen oder auf eine andere Weise aus deiner Kraft herausbringen lässt – oder wenn du spürst, dass du gar kein gemeinsames Schöpferfeld aufbauen willst – dann wird es auf die Dauer nicht funktionieren. Auch das macht nichts, es ist dann eben nur so. Ihr baut das gemeinsame Feld ja freiwillig, bewusst und voller Liebe auf. Wenn einer von euch beiden nicht wirklich stehen bleiben will, dann ist das völlig in Ordnung – und dann löst sich das Feld auf. Erkennt bitte, ob ihr das Feld wirklich halten wollt oder nicht. Quält euch nicht, indem ihr ein Hologramm aus Versprechungen und Absichtserklärungen erschafft, eine Illusion nährt – in einem solchen Fall entsteht kein Leben, im Gegenteil, ihr verschwendet nur eure Zeit.

Echte Kommunikation ist nur möglich, wenn ihr von nun an das Werten unterlasst. Natürlich darfst du deine Gefühle haben, und wenn dich das Verhalten deines Partners verletzt, dann ist das auch schlimm. Aber seine Beweggründe sind mit Sicherheit aus seinem System heraus nachvollziehbar, denn sonst würde er sich nicht so verhalten. Was auch immer zwischen euch steht, was immer ihr euch vorwerft, was auch immer euer schwieriges Thema ist: Der andere hat einen Grund, so zu handeln oder eben nicht so zu handeln, auch wenn ihm dieser Grund selbst meist nicht bewusst ist. Und ob du den Grund als solchen anerkennst oder nicht, das ist dem Grund leider egal.

Kommunikation meint nun, sich selbst immer mehr auf die Spur zu kommen und das mitzuteilen, was man in sich selbst findet, es geht darum, die Verantwortung für das eigene Verhalten zu tragen und sich liebevoll und mitfühlend, aber auch sehr ehrlich und schonungslos mit den eigenen Handlungsgrundlagen auseinanderzusetzen – und diese zu kommunizieren!

Werdet also bereit, euch immer tiefer auf euch selbst einzulassen und darauf, dem anderen das, was ihr dabei entdeckt, zu zeigen und ihn als Zeugen anzuerkennen. Das geht natürlich nur, wenn ihr darauf vertrauen könnt, dass der andere bereit ist, es zu verstehen oder zumindest sein zu lassen, wie es ist, wenn er es nicht versteht. Es hat einfach überhaupt keinen Sinn, wenn dein Partner ganz ehrlich ist und dir sagt, wie er sich fühlt – auch auf die Gefahr hin, dich zu verletzen – und du das nicht anerkennst oder akzeptieren willst. Dein Partner ist ein anderer Mensch, er hat eine andere Geschichte, und er hat wahrscheinlich ein anderes Geschlecht. Er denkt, fühlt, handelt und redet vollkommen anders als du. Wenn du ihn also erfassen, verstehen und fühlen willst, dann hör zu und sonst nichts. Lass das Analysieren, das Bewerten, das Nachdenken, und lass es vor allem sein, seine Reaktion mit deiner eigenen zu vergleichen. ER IST ANDERS.

Du hast diesen Partner gewählt, so wähl jetzt noch einmal neu, und dann nimm, was du gewählt hast. Übernimm die Verantwortung dafür, dass du dich entschieden hast, den Weg mit ihm zusammen weiterzugehen, und hör zu. Dir selbst und ihm/ihr.

Schlüssel IV: Kapitulation

Bis hierher haben wir euch Werkzeuge zur Verfügung gestellt, euch Aktionen angeboten, ihr konntet handeln und hattet vielleicht den Eindruck, die Dinge würden besser, weil ihr aktiv etwas tun konntet. Umso größer ist dann die Enttäuschung, wenn trotz all der Techniken auf einmal der Schmerz überhandnimmt, wenn ihr in ein Loch fallt, wenn ihr wieder am Anfang zu stehen scheint. Vielleicht nutzen euch all die bisherigen Techniken auch wirklich nichts, weil euer Thema gerade das Nicht-Kommunizieren ist und sich einer von euch beiden verweigert. Wenn du, der oder die das liest, dennoch spürst, dass du bleiben willst, wenn du erkennst, dass ihr gerade durch eine Transformation geht und eure Schwierigkeiten ein Teil davon sind, dann bleib bei uns, und geh mit uns weiter.

Irgendwann kommst du wahrscheinlich, wie wir auch, an den Punkt, an dem du spürst, dass der Schmerz zu groß ist, dass die Hoffnungslosigkeit, die Scham, die Enttäuschung oder worum auch immer es bei euch geht, größer sind als deine Kraft. Du willst bleiben, willst in Frieden kommen, willst in Liebe sein, aber du kannst nicht, weil der Schmerz dich überwältigt. Du willst um Vergebung bitten oder selbst vergeben, willst dich öffnen, aber etwas in dir ist stärker und zieht alle Kraft aus dir heraus.

Das ist so, weil jetzt die Zeit der Trauer kommt, der Trauer um deinen verlorenen Traum. Was immer euer Thema ist, warum auch immer ihr diesen gemeinsamen Prozess durchlebt – ihr habt etwas verloren, seid unsanft aus einem Traum vom Leben erwacht. Ihr habt euch gegenseitig verletzt oder einen großen gemeinsamen Verlust und Schmerz erlebt. Die Psychiaterin Elisabeth Kübler-Ross definierte fünf Trauerphasen, die jeder Sterbende durchläuft – und diese Trauerphasen durchlebt auch ihr, denn auch ihr erlebt einen Tod. Eure Beziehung, so, wie sie bisher war, stirbt, und mit ihr sterben der Traum und die Hoffnung, die ihr in eure Beziehung und in das Leben gesetzt habt.

Etwas Neues darf geboren werden, ja, aber erst müsst ihr das Alte verabschieden und betrauern. Der Traum, den ihr hegtet, sei er euch bewusst gewesen oder nicht, ist geplatzt. Ihr habt eben nicht diese ideale, romantische und glückliche Liebe erlebt, sondern seid erwacht und müsst euch dem Leben stellen – so, wie es ist. Es ist ein unglaublich schmerzhafter Prozess, aus den eigenen Träumen zu erwachen, und wir beide halten es geradezu für zynisch, dann das Wort Enttäuschung zu zerpflücken. *Ent-Täuschung* – und weiter? Hast du dich getäuscht, indem du glaubtest, deine Liebe, deine Beziehung dürfte glücklich und erfüllt sein? Indem du hofftest, euer Kind bliebe am Leben, er betrüge dich nicht, sie liebe dich noch immer, ihr könntet miteinander reden und fändet immer wieder einen neuen Weg?

Nein. Du hast dich nicht getäuscht. Dein Traum ist deine Herzensvorlage, deine Handlungsbasis, sonst bräuchtest du erst gar nicht anzufangen, Beziehungen zu führen. Du handelst, als wäre dein Traum Realität. Und dann kommt dir das Leben selbst dazwischen. Damit rechnen wir alle einfach nicht, wenn wir unser Herz öffnen, nicht damit, dass das Leben uns so massiv Steine in den Weg legt. Die Überwindung dieser Hindernisse dient zu etwas, natürlich, sonst wäre es ja nicht auszuhalten. Aber im Moment spielt das keine Rolle, im Moment sind es erst mal Steine. Damit du sie überwinden kannst, musst du sie fühlen und anerkennen, denn sie lassen sich nicht wegmeditieren. Es hat unvorhergesehene Schwierigkeiten gegeben, vielleicht sogar Katastrophen, und du darfst zu Recht vollkommen traurig, wütend, enttäuscht und aus der Bahn geworfen sein.

Die fünf Phasen der Trauer sind:

- Schock, Nicht-wahrhaben-Wollen, Verdrängung
- Zorn
- Verhandeln mit dem Leben oder mit Gott
- Depression
- Akzeptanz

(Einige Psychologen sprechen von vier Phasen, aber uns erscheint die Phase der Verhandlung, die Kübler-Ross ihrer Arbeit zugrunde legte, sehr wichtig und immer wieder sichtbar.)

Viele Menschen bleiben – verständlicherweise – im Zorn auf Gott oder auf das Leben selbst oder in einer Depression stecken, wenn der Verlust zu groß und die innere Bereitschaft, weiterzugehen deshalb zu gering ist.

Es ist ein riesig großer Schritt, wenn wir tatsächlich bereit werden, in Frieden zu kommen mit dem, was ist, und in die

Akzeptanz wechseln, denn damit lassen wir unser Bollwerk gegen den Schmerz los und erlauben dem Leben, wieder zu fließen – obwohl es uns diesen Verlust zugemutet hat.

Erlaubt euch bitte, die Trauer zu durchleben, und haltet euch gegenseitig – das ist eure Feuerprobe. Haltet die Trauer des anderen aus, und seid da, lasst euch wirklich auch halten, durchlebt, soweit das möglich ist, die Phasen gemeinsam, nehmt sie bitte als Teil des Prozesses.

Es kann sein, dass du gerade friedlich und schwebend in Phase V deiner Trauer angekommen bist, und auf einmal haut dich Phase II wieder um. Du verhandelst gerade mit Gott, und auf einmal kommst du in die völlige Verleugnung dessen, was geschehen ist, kannst es einfach nicht fassen.

Das Trauern ist ein Prozess, der auf vielen Ebenen gleichzeitig abläuft, der vielschichtig ist, denn schließlich bist du vielschichtig verletzt worden.

Die einzelnen inneren Schichten brauchen alle ihren Trauerprozess, und der des inneren Kindes ist anders als der der Frau oder des Mannes und ganz anders als der des spirituellen Wesens, das vielleicht von Anfang an in Phase V schwingt.

Wenn ihr wirklich heil werden wollt, kommt ihr nicht daran vorbei. Ihr habt etwas Wesentliches verloren, nämlich einen Traum und eine Hoffnung, und es wird oft völlig unterschätzt, wie weh es tut, aus einem Traum zu erwachen. Wir können nichts dafür, dass das Leben andere Pläne hatte, egal wie sehr wir auf anderen Ebenen selbst Schöpfer sind. Hier geht es um den Emotionalkörper, und hier braucht es Heilung und Raum für Trauer und Trost. Sonst findet ihr nicht den Mut und die Bereitschaft zum Weiterleben.

Jetzt ist es wichtig, deine eigenen Schmerzmuster zu kennen, damit du sie hinter dir lassen kannst – denn sonst kann echte Erlösung, echter Frieden, nur schwierig einfließen. Wie also reagierst du auf Stress, Angst und Schmerz? Was ist dein Angstmuster? Je nachdem, wann und auf welche Weise dein der aktuellen Situation zugrunde liegendes Trauma geschehen ist, gibt es verschiedene Grundstrukturen, in denen du dich vielleicht wiederfindest. Barbara Ann Brennan beschreibt sie ausführlich in ihrem Buch *Licht-Arbeit*[11].

Dies sind die von Brennan beschriebenen Grundstrukturen:

Rückzug und innere Abspaltung

Du fühltest dich während der Geburt, vielleicht sogar schon im Mutterleib, verlassen, warst von Anfang an allein, selbst wenn du genährt wurdest – die emotionale Bindung zwischen dir und mindestens einem deiner Elternteile ist zerrissen.

Du trennst dich von dir selbst und vom anderen ab, ziehst dich in deine spirituelle Welt oder in einen anderen funktionierenden Bereich deines Lebens zurück, um die Schmerzen

11 Barbara Ann Brennan: *Licht-Arbeit. Das große Handbuch der Heilung mit körpereigenen Energiefeldern.* Goldmann 1989.

nicht zu spüren. Du reagierst distanziert, kühl, lehnst den anderen ab, bevor er dich ablehnen kann, machst Schluss, bevor du verlassen wirst. Du wirst von der tiefen Angst getrieben, kein Existenzrecht zu haben, und reagierst in Schocksituationen mit Abspaltung von dir selbst, fühlst dich zerbrochen, zersplittert.

Du darfst lernen, bei dir zu bleiben und deine Sehnsucht nach Einheit mit dir selbst zu spüren, dich deiner Angst zu stellen und zu erleben, dass das Leben dich trägt. Du darfst Angst haben, und du darfst dich halten und trösten lassen. Dein Lösungssatz lautet: »Ich bin eins mit mir, und ich werde getragen.«

Opferrolle, Vampirismus

Du wurdest in deiner oralen Phase verlassen, bekamst nicht genug, wurdest nicht freiwillig und aus vollem Herzen genährt, sondern energetisch im Mangel gehalten. Du wurdest deshalb sehr früh scheinbar unabhängig und hast das Gefühl, dass es das, was du brauchst, für dich sowieso nicht gibt.

Du kannst nicht allein sein und brauchst dauernde Bestätigung und Anerkennung, um dich selbst spüren zu können, du reagierst in Schmerzsituationen sehr geschwächt und fühlst dich als Opfer. Du hast viele Enttäuschungen erlebt, bist oft zurückgewiesen worden und hast entschieden, nie wieder jemanden zu brauchen, gleichzeitig aber hast du das Gefühl, nie genug zu bekommen. Du übernimmst nicht gern Verantwortung für dich und deine Situation, sondern verlangst vom anderen unaufhörlich Aufmerksamkeit und Zuwendung, bestehst darauf, dass er dir zuhört, und kannst keine Grenzen akzeptieren.

Du darfst lernen, dich selbst zu nähren und die Verantwortung für das, was du BRAUCHST, zu übernehmen. Du darfst etwas brauchen. Dein Lösungssatz lautet »Ich bin befriedigt und erfüllt.«

Machtspiel und Verführung

Dir wurde als Kind die Rolle des idealen Partners zugewiesen; du solltest der Mann oder die Frau werden, der bzw. die sich deine Mutter oder dein Vater wünschten. Du wurdest nicht als Kind genährt, sondern solltest deine Eltern nähren und ihre Hoffnungen und Wünsche erfüllen.

Du versuchst, den anderen zu kontrollieren, und musst immer im Recht sein, sonst hast du das Gefühl, zu sterben oder zu verschwinden. Du hältst ein Bollwerk gegen die Angst vor Fehlern und vor dem Versagen aufrecht, bist zerrissen zwischen deiner Abhängigkeit von anderen und deinem Bedürfnis, sie zu beherrschen. Du tyrannisierst andere, und niemand kann es dir recht machen. Sexualität nutzt du als Machtspiel, du zeigst deine eigenen Bedürfnisse nicht, machst lieber andere von dir abhängig. Du manipulierst mit dem Satz »Du solltest ...« und schaust nicht nach dir, sondern nach dem, was der andere deiner Meinung nach falsch macht.

Du darfst Fehler machen und dich dennoch lieben, du brauchst nicht alles unter Kontrolle zu haben, sondern darfst dich dem Fluss des Lebens hingeben. Dein Lösungssatz lautet: »Ich gebe nach.«

Versagen und Unterwürfigkeit

Du wurdest als Kind manipuliert und kontrolliert, deine Grenzen wurden völlig missachtet, du wurdest durch Schuldgefühle in Schach gehalten, wenn du deiner eigenen Freude und Lebendigkeit folgen wolltest.

Du verhältst dich unterwürfig, selbstanklagend, übernimmst zwar scheinbar die Verantwortung, bist höflich und zurückhaltend, fühlst aber eher Verachtung und brodelnde Wut. Du zeigst deine wahren Gefühle also nicht, sondern glaubst, dass du es »anderen doch nur recht machen willst«, doch in Wahrheit kocht in dir der Groll. Du gibst nicht wirklich nach, erweckst zwar den Anschein von Einsicht, lässt andere aber innerlich gegen eine dicke Mauer rennen, wenn sie dir zu nahe kommen. Du bist nicht wirklich bereit, dich selbst zu erkennen und zu dir zu stehen, sondern du verletzt dich lieber selbst, bevor andere dich verletzen. Du wirkst energielos, fühlst dich schwach, verspannt und hältst all deine Gefühle in dir zurück. Du verlierst immer mehr Energie, wenn du verletzt wirst, du jammerst, klagst, fühlst dich bedürftig, als Versager, klagst dich selbst an: »Ich mache immer alles falsch.«

Du darfst lernen, deine Wut zu zeigen und dich zu wehren, Nein zu sagen und die Verantwortung für das, was du WILLST, zu übernehmen. Dein Lösungssatz lautet »Ich bin frei.«

Erstarrung und Nicht-Fühlen

Du wurdest als Kind vom gegengeschlechtlichen Elternteil zurückgewiesen, spürtest die Verachtung oder die Angst der Mutter vor dem Männlichen und die Verachtung oder Angst des Vaters vor dem Weiblichen.

Du fühlst dich in deiner Liebe verraten und in deiner Würde verletzt. Du kontrollierst dich und hältst alle Gefühle wie in einem Panzer zurück, bis du gar nichts mehr fühlst. Du hast Angst vor Verrat und Verletzung, kontrollierst dich selbst ständig, um dich ja nicht lächerlich zu machen. Du bindest dich nicht, gibst dich in Beziehungen nicht wirklich hin, sondern behältst die Kontrolle durch innere Hochmut und durch Stolz, den du vielleicht gar mit Selbstwertgefühl verwechselst. Du hältst Herz und Sex fein säuberlich getrennt voneinander, hast in Liebesbeziehungen keine Lust auf Sex und willst stattdessen Sex mit Partnern, die nicht verfügbar sind, nur damit du dich nicht wirklich hingeben musst. Du definierst dich selbst über deinen Erfolg im Beruf, in der Gesellschaft. Du hast Angst, dich zu binden, und verhinderst Nähe durch Hochmut und hohe, nicht zu erreichende Ansprüche an dich selbst, an andere und an deine Beziehungen. In Schmerzsituationen wirst du überheblich und distanzierst dich, trennst dich noch mehr von deinem eigenen Gefühl ab.

Du darfst lernen, dich selbst zu fühlen und deine Verletzlichkeit zuzugeben. Du darfst vor allem lernen, dich für Situationen zu öffnen, die SICHER sind, in denen du verletzlich sein darfst. Du darfst deinen Stolz loslassen und deine echte Führungskraft entwickeln. Dein Lösungssatz lautet: »Ich binde mich. Ich liebe.«

Es ist hilfreich, dass du dich selbst erkennst, damit du deine Abwehrstrategien bewusst unterlassen kannst.

Natürlich ist dies sehr schwierig, weil du dann nicht nur den Schmerz, sondern auch deine existenzielle Angst vor Vernichtung fühlst. Du kommst in Kontakt mit der tiefsten Verletzung des inneren Kindes. Sicherlich erkennst du dich in allen Rückzugsstrategien wieder, aber vielleicht gibt es ein besonders grundlegendes Muster.

Wir beide hatten vor einigen Tagen eine solche Erfahrung. Neben all der Scham darüber, dass wir überhaupt diesen Schmerz in unser Leben gezogen haben, offensichtlich nicht gut genug waren, nicht spirituell genug, um uns eine liebende, erfüllende und glückliche Beziehung zu erschaffen, kommt bei uns noch die Angst, nun für andere nicht mehr glaubwürdig zu sein.

Denn was sollen wir euch erzählen, wenn wir es doch selbst nicht schaffen, uns eine vollkommen glückliche, friedliche und erfüllende Beziehung zu erschaffen? Mit welchem Recht stellen wir uns vor euch und erklären euch, wie man sein Leben in spiritueller Erfüllung lebt, wenn wir es doch selbst nicht hinbekommen? Was also sollt ihr von uns denken, wenn wir euch so gar kein Vorbild sein können, wenn ich, Susanne, das Gleiche durchmache wie die meisten Frauen, die ich kenne? Wenn Mike den gleichen Weg gehen muss, den wir von Männern so gut kennen und den wir und sie selbst auch so satt haben? Als reichte der Schmerz über das nicht gelebte oder woanders gelebte Leben nicht aus, kommen auch noch die Scham, die Selbstabwertung und die Angst dazu, sich selbst nicht vertrauen zu können, wenn die eigenen Schöpfungen so schmerzhaft sind. Du kennst das sicher auch.

Wir redeten also, wie so oft, über unser Thema, das Folgen hatte, von denen wir zu der Zeit, in der wir das Buch schrieben, noch nicht wussten, wie wir damit würden umgehen können, wie wir emotional darauf reagieren würden, denn das Kind war noch nicht geboren. Wir sprachen über Möglichkeiten, mit Schmerz umzugehen, und alles schien friedlich und im grünen Bereich zu sein, wir wandten an, worüber wir schreiben – und auf einmal überkam uns beide eine so tiefe Hoffnungslosigkeit, dass ein Satz, ein Wort genügte, und ich mich so weit in mich selbst zurückzog, dass ich nicht mehr erreichbar war, auch für mich selbst nicht.

Ich versuchte noch, einige Tricks in mir anzuwenden, um handlungsfähig zu bleiben, um die Kontrolle zu behalten, versuchte, mich selbst aus der Situation zu retten, dachte über Schlussmachen nach, um wenigstens etwas zu tun, um den Schmerz zu beenden (mein Schmerzmuster ist das Abspalten), ich betete, ich MACHTE – doch die Hoffnungslosigkeit wurde immer stärker, alle Ideen versagten, und ich spürte nur noch Müdigkeit.

Und auf einmal war etwas anders als sonst. Auf eine Weise, die ich nur als zutiefst geführt beschreiben kann, blieb ich dennoch bei mir selbst, blieb offen für mich. Ich war so tief wie nur selten im Schmerz und in der Hoffnungslosigkeit, aber ich verließ mich nicht, wie das sonst der Fall ist. Normalerweise zersplittere ich, fühle mich in tausend Scherben zerbrechen, spalte mich ab, um den Schmerz zu kontrollieren und zu überleben.

Ich kann es kaum beschreiben, weil dieses Mal der Prozess völlig an meinem Bewusstsein vorbeilief. Ich sank immer tiefer in den Schmerz, aber ich verfiel nicht in Ohnmacht. Ich blieb im Fühlen, spaltete mich nicht von mir selbst ab, sondern blieb bei Bewusstsein. Ich hielt den tiefsten Schmerz aus, die innere Spannung und die Ohnmacht, blieb in meinem eigenen Feuer stehen – und kapitulierte. Ich kannte die Lösung nicht, ich kenne sie immer noch nicht, während ich das Erlebte aufschreibe. Alle meine Lösungsstrategien versagten, seien es äußerliche, seien es spirituelle, seien es energetische. Ich konnte mich selbst nicht mehr befreien, ich hatte mich zu tief in mich zurückgezogen, war zu sehr im Schmerz, hier wusste (und weiß) ich mir selbst nicht mehr zu helfen.

Und ich lasse es nun genau so stehen, ich bleibe bei mir und bei Mike, bleibe offen für alles, was geschehen will. Ich versuche nicht mal mehr, mir etwas zu erschaffen, weder durch Gedankenkraft noch durch innere Ausrichtung. All das kann ich, wenn ich noch einigermaßen in meiner Kraft bin. Hier aber kann ich nur noch vollkommen aufgeben. Es ist anders als bewusstes Loslassen. Es ist Kapitulieren, den Kampf aufgeben.

Das Leben hat gewonnen, ich gebe mich geschlagen. Das, was passiert ist, ist stärker als meine Möglichkeiten, es in mir zu regeln und aufzufangen, stärker auch als meine Wünsche und Träume, stärker als ich selbst. Das Leben hat gewonnen, es hatte andere Pläne. Ich habe auf hoher seelischer Ebene zugestimmt, sicher, aber das muss auf einer Ebene geschehen sein, die wirklich nicht weiß, wie es sich hier auf der Erde anfühlt.

Das hört sich nun womöglich an wie eine bewusste Entscheidung zur Hingabe, aber das ist es nicht, es ist ein tief einsamer Akt voller Schmerz, da ist nichts erhaben und schön. Ich schwenke keine weiße Flagge. Ich habe keine Kraft dazu. Ich gebe einfach auf.

Mike sagt dazu: »Wir haben so oft unsere geistigen Führer und Lehrer gerufen und um Hilfe gebeten – jetzt lassen sie uns nicht mehr los, sondern halten uns und führen uns dann, wenn wir es selbst nicht mehr können. Weil wir im Fühlen bleiben, weil wir offen bleiben, weil sich die Lichtbahnen nicht wie früher durch den Schmerz verschließen, sondern stabil und offen sind, können sie eingreifen und das für uns tun, was wir nicht tun können.«

Ihm ging es ganz genauso wie mir, und das war ein Wunder. Wir verschlossen uns beide nicht, redeten auch nicht voller Verzweiflung, Liebe oder wie auch immer wir gerade gelaunt waren darüber, wie es weitergehen sollte, nein, wir liefen nebeneinander her, hatten unsere Prozesse und unsere Kapitulation, blieben auf einmal stehen, nahmen uns fest in die Arme – und das Leben ging weiter.

Normalerweise hält Mike aus und durch, bleibt zwar stehen, schneidet sich aber vom Fühlen ab und versteinert. Ich reagiere mit Rückzug, um nicht zu fühlen, ich schneide mich ab, indem ich, wie gesagt, in Scherben zersplittere. Diesmal war das nicht so, diesmal blieben wir beide in unseren Gefühlen, mit allem, was war und ist, und atmeten weiter, egal was geschehen wollte. Er blieb am Leben, flüchtete nicht in die Erstarrung, sondern fühlte. Ich zerbrach nicht, sondern blieb bei mir, atmete weiter und fühlte.

Diesen Schlüssel kannst du nicht bewusst benutzen, er kommt von selbst, ist aber ein Teil des Weges und braucht deine Vorarbeit.

Je stabiler du bei dir selbst bleiben kannst, je inniger du die wilde Frau oder den wilden Mann in dir um Hilfe bittest, je mehr du dein inneres Feuer nährst – indem du nichts beschönigst, kontrollierst, beschwichtigst, sondern fühlst, was ist –, und je bereiter du bist, alles in dir sein zu lassen, wie es ist, und die volle Verantwortung für deine Handlungen und Energien zu tragen, desto tiefer kann die Kapitulation wirken. Solange du dich selbst und den anderen noch kontrollierst, solange du noch glaubst, du fändest eine Lösung, solange du noch glaubst, wenn sich der andere doch nur so und so verhalten würde, wäre alles gut, solange du noch haderst und die Dinge anders haben willst, als sie nun mal sind – so lange kämpfst du noch mit dem Leben. Nicht UM dein Leben, sondern GEGEN dein Leben. Denn die Dinge sind, wie sie sind, besonders deine Gefühle. Auch übertriebene Verantwortlichkeit kann dich an der Heilung hindern, weil du dann nämlich deine Gefühle nicht fühlst, sondern dich auf die seelische Ebene zurückziehst und dir selbst den Satz »Aber ich habe es mir ja so erschaffen!« um die Ohren haust. Hast du dir das wirklich erschaffen? Oder hast du es nicht eher in Kauf genommen, damit echte Befreiung stattfinden kann, aus Liebe und aus Hingabe ans Leben?

Neue Impulse können nur wirksam werden, wenn du deine eigenen völlig zur Ruhe kommen lässt. Das kann entweder in einer erhabenen, großartigen Geste des Loslassens funktionieren – das kennen wir. Dieses Loslassen reicht aber für gewöhnlich nicht besonders weit in die Tiefe (obwohl es sich auch schon sehr tief anfühlen kann). Denn nur wenn du dich in deinem eigenen Kampf um Kontrolle, um dich selbst, deinen Kampf, den du aus Schmerz gegen das Leben führst, aushalten kannst, bei dir bleibst, egal wie es dir geht, kommt das Loslassen wirklich in den tiefsten Schichten an. Das geschieht, weil du mitten im Kampf bist und erkennen musst, dass du nicht gegen das Leben, so, wie es ist, gewinnen kannst. Du musst die Dinge anerkennen, wie sie sind, das Leben ist einfach stärker als deine Kontrolle, deine Gedanken oder deine Vorstellungen darüber, wie es sein sollte.

Kapituliere. Streck die Waffen. Verlass die Kampfarena. Denn was auch immer du dir mit Gedankenkraft, aus dem Bewusstsein oder wie auch immer du es nennen möchtest, erschaffen hast – offensichtlich wollte das Leben es anders.

Oder hast du das bewusst »bestellt«? Verstehst du, es gibt etwas, was stärker ist als all dein bewusstes Ausrichten, und das weißt du auch: das Leben selbst und dein bedingungsloser Dienst an ihm. Wenn du deine Schöpferkraft nutzt, um Erfahrungen zu vermeiden oder um eventuellen noch unerlösten Prozessen aus dem Weg zu gehen, dann funktioniert das nicht. Du kannst dich ausrichten so lange du willst, das Leben hat seine eigenen (vielleicht auch karmischen) Gesetze, und sie wollen erkannt und erlöst werden – und deshalb bist du nicht nur ein geistiges Wesen, sondern ein Mensch. Und als Mensch bist du hier, um ein völlig anderes Bewusstsein auszubilden als jenes, welches du in deiner spirituellen Heimat hast.

Das Leben lässt sich nicht vermeiden, und wenn du deine Schöpferkraft nutzt, um etwas NICHT zu fühlen oder zu erleben, dann wird das eben nicht funktionieren. Es lässt sich nicht kontrollieren, dieses Leben auf der Erde, es nimmt sich Raum, manchmal gegen deinen Willen. Versuchst du, es zu vermeiden, ist es erschreckend.

Wenn du dich dem Leben hingibst und seine Kraft für dich nimmst, dann bedeutet das, dass es auch immer wieder neue Lösungen findet. Das Leben ist unermesslich kreativ, schau dir die Evolution an, die unendliche Vielfalt der Arten, dann kannst du nur noch staunen darüber, auf wie viele Weisen das Leben sich selbst lebt.

Selbst wenn du auf einer bewussten Ebene Nein sagst, dienst du auf höheren Ebenen doch dem Leben, und deine Seele wird, ob es dir so gefällt oder nicht, Ja sagen, damit das Leben und die Liebe weiter fließen können. Am Ende entscheiden deine Seele und das Leben selbst, was geschieht, nicht deine Vermeidung. Gleichzeitig kannst du noch so lange Ja zu einer Situation sagen – wenn sie dem Leben nicht dient, dann wird sie nicht fließen, und auf die Dauer, wenn du wirklich ehrlich zu dir selbst bist und in deiner eigenen Kraft, in deinem eigenen Feuer stehen bleibst, wirst du sie verlassen. Im Dienst am Leben und an der Liebe.

Kapitulieren meint, dass du erkennst, dass dich deine eigene Schöpfung in eine Sackgasse geführt hat.

Du erlaubst dem Leben, wieder zu wirken – egal auf welche Weise. Du gibst dich voll und ganz dem Strom des Lebens hin, bleibst bei dir und lässt all deine Kontrollversuche sein, auch die, von denen du glaubst, du müsstest sie anwenden. Lass es sein.

Schau dir an, was du erschaffen, was du in dein Leben gezogen hast. Egal wie sehr du dich als Opfer fühlst, auf eine bestimmte Weise hast du es selbst herbeigeführt, indem du bestimmte Entscheidungen getroffen hast, sei es bewusst oder unbewusst – zum Beispiel, überhaupt eine Beziehung mit diesem Menschen einzugehen. Natürlich wusstest du nicht, was auf dich zukommen würde, aber ganz von der Hand kannst du sicher nicht weisen, dass auch du deinen Anteil hast, oder? Und dann gib zu, dass du damit gescheitert bist. Du bist gescheitert, weil du an dieser Stelle in eine Sackgasse geraten bist und eine kreative Lösung nicht in Sicht zu sein scheint. Das Leben selbst ist allerdings nicht gescheitert. Es wird sich einen neuen Weg suchen, das geht gar nicht anders, das tut es immer. Erlaub ihm, diesen neuen Weg für dich zu finden, und nimm alle Einschränkungen weg. DAS ist Kapitulieren, echtes Aufgeben, echte Hingabe. Du erkennst zutiefst, dass deine Art, die Dinge zu tun, nicht funktioniert, nicht in diesem Bereich deines Lebens.

Ist das negatives Denken? Nein. Es stimmt einfach, es ist Hingabe. Du gibst deine Kontrolle ab, du gibst jenen Teil von dir hin, der offensichtlich nicht im Dienst an der Liebe gehandelt und entschieden hat, zumindest nicht im Dienst an der Liebe zu dir selbst. Und das ist der Gewinn: Das Leben selbst gewinnt, nämlich DICH! Es hat einen Teil von dir zurückerobert, einen Teil, der bislang nicht im Dienst des Lebens stand, sondern eigenständige Entscheidungen getroffen hat, auch wenn dir das in keiner Weise so vorkam. Es war aber so, sonst wärst du jetzt nicht in dieser für dich so schwierigen Situation. (Das stimmt so natürlich nicht ausnahmslos, denn manchmal stellen wir uns für die Prozesse anderer zur Verfügung und haben wirklich keinen Anteil daran – bei Schlüssel VI kannst du damit in Frieden kommen, wenn du magst.)

Das Leben nimmt sich den betonierten Teil deines Herzens zurück, und das ist sicherlich ziemlich schmerzhaft, denn der Beton springt dabei in tausend Stücke.

Das Leben holt die abgespaltenen Teile zurück, zwingt dich geradezu, die Aspekte, die in der Angst, in der Vermeidung und damit in der Kontrolle stehen, aufzugeben zugunsten echten, fließenden, fühlenden Lebens. In vielerlei Hinsicht bekommst du dein Leben ja wunderbar geregelt, und deine Entscheidungen dienen deiner Kraft und deiner Entfaltung. Aber in jenem Bereich, um den es hier geht, darf etwas Neues geschehen – deshalb liest du dieses Buch ja überhaupt.

Die nachfolgende Übung schreiben wir im Plural, denn es geht um euch beide. Du kannst sie aber auch für dich allein machen; wenn dein Partner nicht mitmachen kann oder will, dann nimmst du auch diese Erfahrung, diese eventuelle Enttäuschung mit in deinen Raum hinein.

Übung

Erlaubt euch, eure Gefühle wirklich wahrzunehmen, ohne dass ihr nach Lösungen sucht, ohne Vermeidungsstrategien, ohne Kontrolle. FÜHLT das Scheitern, fühlt, dass ihr nicht weiterwisst. Redet euch das Scheitern nicht schön, sondern erlaubt euch, es wirklich zu fühlen. Ja, es fühlt sich nicht gut an, und ja, ihr wisst nicht, was ihr tun könnt, vielleicht gibt es auch gar keine Lösung. Bleibt dennoch da, bleibt in eurem eigenen Feuer stehen, atmet weiter, und akzeptiert, dass ihr nicht wisst, wie es weitergeht, nicht einmal, OB es weitergeht. Unterlasst jeden Versuch, eine Lösung zu finden.

Stellt euch nun vor, dieses Gefühl wäre ein Raum, eine dunkle Höhle oder vielleicht eine Wüste, jedenfalls ein Ort. Er fühlt sich nicht gut an, dieser Ort, und doch ist er Teil eures Energiefeldes. Jeder von euch empfindet diesen Ort vielleicht anders, weil ihr ja unterschiedliche Erfahrungen macht und jeder die Schwierigkeiten von seiner Warte aus wahrnimmt.

Setzt euch nun bitte an diesen Ort, und atmet, vermeidet es nicht, zu fühlen, sondern erlaubt euch, wirklich zu fühlen, was euch das Leben und ihr euch gegenseitig zumutet. Fühlt und atmet, und lasst es sein, wie es ist, egal wie es sich anfühlt. Unterlasst ALLE Vermeidungsstrategien. DAS hier ist im Moment eure Wahrheit, nicht nur, aber auch, es ist ein Teil eures Lebens. Legt alle Waffen nieder, mit denen ihr noch gegen das Leben, wie es ist, kämpft, und gesteht eure Niederlage ein. Die Realität war stärker als eure Träume und Wünsche.

Atmet. Und dann erinnert euch: Ihr seid auf der Erde, um ein menschliches Bewusstsein zu bilden, um menschliche Erfahrungen zu machen. Das hier ist eine davon. So bittet jetzt darum, dass sich jenes menschliche Bewusstsein, das sich hier aufgrund dieser Erfahrungen gebildet hat, in Form eines Symbols zeigt. Genau diese Erfahrung, die sicher nicht ganz neu ist, sondern euch in diesem oder in anderen Leben in der einen oder anderen Form schon häufig begegnet ist, hat ein einzigartiges menschliches Bewusstsein ausgebildet – den Kontrapunkt zu eurem jeweils höchsten Lichtpol. Sicherlich ist es ziemlich dunkel und schwer, und das darf es auch sein. Erlaubt, dass sich das Bewusstsein, das sich aufgrund genau dieser Erfahrungen gebildet hat, nun in Form eines Symbols oder eines Energiefeldes zeigt. Lasst euch in euren jeweils tiefsten Schmerzpunkt hineinziehen, in euren dunkelsten menschlichen Bewusstseinsaspekt.

Es kann sein, dass ihr nun eine Energiekugel wahrnehmt, vielleicht auch einfach Schwere spürt, vielleicht sogar Kraft oder Licht. Atmet das, was ihr nun wahrnehmt, in euer Herz ein. Es braucht sich nicht gut anzufühlen, aber es ist Teil eures Bewusstseins. Um genau dieses Energiefeld auszubilden, habt ihr euch in diese Erfahrung hineinbegeben!

Nehmt es ganz und gar in euer Herz auf, lasst es sein, wie es ist. Es darf schwer und schmerzhaft sein, sagt Ja dazu, verneigt euch vor euch selbst, indem ihr diese Erfahrung annehmt. Eure Seelen haben sie gewählt, damit sich genau dieses menschliche Bewusstsein in genau dieser Frequenz ausbildet, und der Schmerz ist ein Teil davon. Indem ihr es in euer Herz nehmt, würdigt ihr euren eigenen Weg, ihr würdigt die Entscheidungen, die ihr auf hoher Ebene gefällt, die Vereinbarungen, die ihr getroffen habt.

Wenn ihr das menschliche Bewusstsein in Form eines Symbols oder einer Energiekugel in euer Herz aufgenommen habt, dann stellt euch bitte eine Lichtsäule vor, die euch mit eurem allerhöchsten Lichtbewusstsein verbindet. Stellt euch hinein in diese Lichtsäule, und erlaubt, dass ihr nach oben gezogen werdet, in euer höchstes Lichtpotenzial hinein. Nehmt bitte euer spirituelles Bewusstsein als Lichtkugel oder als Symbol wahr, es ist sicherlich ganz anders als das menschliche Bewusstsein. Lasst euch Zeit, euer höchstes Lichtpotenzial als Energiekugel oder Symbol zu erkennen oder zu fühlen, und dann atmet es in euer Herz, lasst es mit dem menschlichen Bewusstsein verschmelzen. Bitte versteht, es geht nicht darum, das menschliche Bewusstsein zu erlösen. Das menschliche verschmilzt mit dem spirituellen Bewusstsein, die Energiefelder überlagern sich, sie interferieren – und bilden dadurch etwas Neues, einen neuen Raum.

Ihr atmet also eure Lichtkraft in euer Herz – und nun schaut, was geschieht. Augenblicklich überlagern sich die Energien, es entsteht etwas Neues, vielleicht fühlt es sich noch vollkommen ungewohnt an, leer vielleicht. Lasst es sein, wie es ist. Genau um diesen Prozess zu erleben und zu gestalten, habt ihr euer menschliches Bewusstsein geformt. Erlaubt, dass eure Herzen, eure Körper mit dieser neuen Energie geflutet werden, mit jener Energie, die neu geboren wird, wenn sich eure spezielle, einmalige Lichtkraft mit diesem speziellen, einmaligen menschlichen Bewusstseinsaspekt verbindet und vereint.

Geht nun in dieser neuen Energie, mit dieser neuen Kraft noch einmal in den Raum, den ihr zu Beginn dieser Übung wahrgenommen habt, und setzt euch hin. Atmet die neue Energie in diesen Raum, und seht, ob und wenn ja, wie er sich verändert. Vielleicht ändert sich auch gar nichts, und das macht nichts. Bleibt da, bleibt in eurem · eigenen Feuer stehen, es ist EURE Erfahrung, nehmt sie an, und atmet, fühlt, bleibt anwesend. Tauscht euch dann aus, wenn ihr könnt und möchtet. Möge Friede mit euch und euren Erfahrungen sein.

Es kann sein, dass ihr spürt, dass ihr euer höchstes Lichtpotenzial nicht ganz erreicht, dass etwas zwischen euch und eurem Licht steht. Dazu möchten wir euch eine Meditation anbieten. Lest sie euch bitte gegenseitig vor, wenn das für euch stimmig ist. Ihr findet diese Meditation etwas anders in unserem Buch

Schamanische Fantasiereisen[12], sie erscheint uns für diesen Prozess aber so wichtig, dass wir sie euch hier noch einmal anbieten möchten.

Meditation: Das menschliche und das spirituelle Bewusstsein vereinen

Geh in deiner Vorstellung durch ein Tor – ein Tor, das dich in eine zauberhafte, sehr gesunde Landschaft führt. Du gehst ein wenig spazieren, ruhst dich aus – und beginnst, ein wenig über dich selbst als Mensch nachzudenken. Dir kommt der Gedanke, dass du vielleicht gar nicht so recht weißt, was dir guttut, was dich freut, was du brauchst – du dafür aber sehr genau weißt, was von dir erwartet wird und worin du noch besser werden kannst und solltest. Es kommt dir vor, als schautest du dich selbst als Mensch oft ein wenig zu kritisch an, weniger interessiert als tadelnd, als hättest du Aufgaben, die du erfüllen solltest – und als wärst du einfach nicht gut genug.

Besonders auf der Ebene der Beziehungen durchlebst du im Moment eine schwierige Situation – und auf einmal kommt dir die Idee, dass es sinnvoll sein könnte, dein menschliches Bewusstsein kennenzulernen. Du entschließt dich dazu, es zu rufen, einfach, indem du es bittest, sich dir zu zeigen. Auf einmal bemerkst du in einiger

12 Susanne Hühn und Mike Köhler: *Schamanische Fantasiereisen. 18 Meditationen in die Untere, die Mittlere und die Obere Welt.* Schirner Verlag 2010.

Entfernung einen Lichtball, eine Energiekugel, vielleicht auch ein Symbol oder eine Farbwolke – und du weißt, du begegnest deinem eigenen menschlichen Bewusstsein.

Der Mensch, der du bist, der all diese irdischen Erfahrungen durchlebt und der die Geistige Welt, seine Seele, auf der Erde als in Form gebrachte Energie erfährt, hat ein ganz eigenes Bewusstsein, das sich aus allem, was du erlebst hast, entwickelt hat – und genau das war auch deine Aufgabe. Du wolltest ein menschliches Bewusstsein ausbilden, eine menschliche Weise, die Dinge zu sehen und wahrzunehmen, und vor allem eine menschliche Weise, das Licht und die spirituelle Kraft auf der Erde in die Tat umzusetzen, zu fühlen, in deine Handlungen und Ansichten einfließen zu lassen. Dazu musstest du dich sehr, sehr weit von deinem eigenen Licht entfernen – sonst hättest du kein menschliches Bewusstsein bilden können, denn dein spirituelles Bewusstsein hätte zu starken Einfluss gehabt. Um also ein menschliches Bewusstsein entwickeln und ausformen zu können, musstest du bei Null anfangen, das heißt, dich so weit wie irgend möglich aus dem bewussten Einflussbereich deiner eigenen Seelenkraft entfernen, so niedrig wie möglich schwingen. Das konntest du nicht allein tun, denn deine Seele strahlte viel zu hell, als dass du dich aus ihrem Einflussbereich hättest entfernen können.

Nun also begegnest du deinem menschlichen Bewusstsein. Es ist vielleicht viel schwerer, als es dir gefällt, vielleicht auch dunkler oder irgendwie löchrig und unvollständig, vielleicht auch kraftvoll und feurig oder leicht und luftig – schau es dir an. Wie es ist, ist es richtig. Schau besonders zu dem Aspekt, der im Moment diese schwierigen Erfahrungen durchlebt – wie geht es ihm? Möglicherweise ist er bitter oder hat sich sehr in sich selbst zurückgezogen. Nimm ihn, wenn das möglich ist, in den Arm, und sag ihm, dass du ihn wahrnimmst und vor allem seinen Schmerz und seine Bitterkeit siehst. Danke ihm für die Kraft und die Liebe, mit der er seinen – DEINEN! – Weg geht, verneige dich bitte vor ihm, und erkenne ihn als wesentlichen, wichtigen Teil deiner eigenen Entwicklung an. Um dieses Bewusstsein auszuformen, hast du dich auf den langen irdischen Weg begeben.

Atme dieses Bewusstsein nun bitte in dein Herz ein, es darf sich schwer anfühlen, das macht nichts. Atme das menschliche Bewusstsein ein, nimm es ganz und gar in dich auf. Es gehört zu dir, wegen dieses Bewusstseins hast du dich auf den langen Erdenweg gemacht.

Nun entsteht vor deinem inneren Auge eine Lichtsäule. Du stellst dich mit dem menschlichen Bewusstsein im Herzen hinein, erlaubst dem Licht, dich zu durchströmen und zu reinigen. Die Lichtsäule ermöglicht dir, wie in einem Aufzug nach oben zu steigen, ganz leicht – bis hinein in jene Dimension, in der du dein spirituelles Bewusstsein erfährst.

Eine zweite Energiekugel entsteht vor deinem inneren Auge, ein Symbol für dein spirituelles Bewusstsein. Sie ist vielleicht sehr hell, violett, blau oder weiß, vielleicht schwingt sie auch in ganz anderen Farben, ist leichter, vielleicht auch kühler, klarer, nüchterner – oder sehr warm und liebevoll. Wie es ist, ist es richtig. Sicherlich wirst du erkennen, dass es anders schwingt als dein menschliches Bewusstsein.

Und nun schau bitte genau hin. Gehört alles an und in dieser Energiekugel zu dir? Gibt es Aspekte, die sich nicht gut, nicht stimmig anfühlen? Oder kannst du womöglich gar nicht ganz aufsteigen, stoppt dich etwas, kannst du dein Licht nicht erreichen? Wenn das so ist, dann sag diesen Aspekten bitte Folgendes:

»**Wir haben verabredet, dass ihr jetzt geht, denn wir Menschen müssen nun unter uns sein. Wir sind mitten im Aufstiegsprozess, und es wird Zeit, dass wir unser eigenes Licht erleben. Weil ihr noch da seid, kann ich mich selbst nicht spüren und meinen Quantensprung nicht vollziehen, deshalb geht jetzt bitte. Es ist so verabredet, und ihr wisst, dass zu einem bestimmten Zeitpunkt im Aufstiegsprozess alles den Raum verlassen muss, was nicht zur menschlichen Spezies gehört – ihr wisst das, deshalb geht jetzt.**«

Versteh, wir dürfen, wir müssen sogar die Türen schließen. Nur noch Menschen und alles, was zum menschlichen Aufstiegsprozess gehört – also auch alle Engel, alle aufgestiegenen Meister, unsere Führer, Lehrer, Krafttiere, natürlich alles, was zu uns selbst gehört, unsere Seele und das geistige Wesen, das wir sind – haben etwas in unserem Raum zu suchen. Alle Kräfte, alle Seelen, die diese spezielle menschliche Erfahrung durchleben wollen und zum Aufstiegsprozess gehören, bleiben im Raum – aber alles andere, auch die Zuschauer, die den Aufstiegsprozess nicht unterstützen und halten, müssen jetzt gehen. Der innere Ring schließt sich, dazu gehört alles, was bewusst im Dienste des Lichtes und der menschlichen Erfahrungen steht – für »Außerirdische« ist es wirklich Zeit, zu gehen. Auch und gerade die fremde Energie, die uns von unserem Licht trennt, damit wir die Dunkelheit überhaupt erfahren konnten, muss nun gehen. Das ist verabredet, sie weiß das, und es gibt keine Verhandlungsgrundlage. Das Wesen oder die Energie weiß ganz genau, dass es genau dann, wenn du diese Entscheidung triffst, nämlich jetzt, dein System verlassen muss. Wenn die Energie sich dennoch sperrt, dann ruf Erzengel Michael. Verneige dich vor der Energie, und danke ihr, ihr wart verabredet, und auch dieser Lösungsprozess gehört zur Verabredung.

Weise die Energie an, alles mitzunehmen, was zu ihr gehört, und eventuelle Implantate, Ängste, Gedanken, bestimmte Gefühle und Erfahrungen, die du aufgrund der Anwesenheit dieser Energie immer wieder angezogen hast, aus dir herauszulösen. Du weist sie an, dabei sanft zu sein, aber es kann dennoch sein, dass du deinen Körper spürst. Lass es sein, wie es ist, all das löst sich aus dir heraus und war vielleicht enger mit dir verwoben, als dir das bewusst war. Es wird Zeit, dass diese geistige Energie jetzt dahin zurückkehrt, woher sie gekommen ist, denn sie gehört nicht mehr zum Aufstiegsprozess. Ihre Anwesenheit mag wichtig für dich gewesen sein, um bestimmte Erfahrungen zu erleben, doch jetzt gilt es, in die Einheit mir dir selbst zu kommen, und das geht nur, wenn du mit dir selbst allein bist, also nur noch deine Energien spürst.

Was passiert mit dem Bewusstsein des geistigen Wesens, das du bist, jetzt, wenn es frei ist und die Besetzungen abgefallen sind? Wie nimmst du es nun wahr? Du bist ein geistiges Wesen, das etwas lernen darf – Mitgefühl mit dem menschlichen, organischen Ausdruck zu haben, mit dem Menschen, der du bist. Und du bist ein organisches Wesen, ein atmender, fühlender Mensch, der auch Vertrauen lernen darf. Dein menschliches Selbst weiß genau, was Mitgefühl ist, aber das Geistwesen, das du bist, weiß es nicht. Genauso weißt du als Geistwesen, was Vertrauen bedeutet, aber der Mensch kann es nicht wissen, denn er fühlt die Führung oft nicht.

Atme nun bitte das spirituelle Bewusstsein in dein Herz, dorthin, wo sich auch das menschliche Bewusstsein aufhält – bring die beiden Aspekte zusammen, oder stell sie dir wie zwei Energiebälle vor, die jetzt aufeinander zuschweben. Bring die Energien so weit zueinander, wie dir das heute möglich ist, lass sie verschmelzen. Denn deshalb bist du auf der Erde: damit du den Himmel auf die Erde bringst und die Erde in den Himmel, damit das geistige Wesen, das du bist, die Erfahrungen und das Bewusstsein des menschlichen Wesens integriert.

Nimm wahr, was passiert, wenn sich diese Bewusstseinskugeln einander nähern, vielleicht verschmelzen sie ganz leicht miteinander, als hätten sie schon aufeinander gewartet, vielleicht braucht der Vorgang ein wenig Zeit. Vielleicht fließt ein Teil ineinander und ein anderer bleibt in seiner eigenen Schwingung – es geschieht so, wie es für dich richtig ist. Vielleicht zögert das spirituelle Bewusstsein ein wenig, glaubt vielleicht, es würde seine Klarheit und Objektivität verlieren, wenn es mit dem menschlichen Bewusstsein verschmölze. Sei ohne Sorge. Das spirituelle Bewusstsein wird die Erfahrung von Mitgefühl machen, seine Klarheit aber behalten.

Vielleicht zögert auch das menschliche Bewusstsein, es fühlt sich womöglich nicht rein genug, ist zu schwer – und das darf es sein. Das ist nun einmal die menschliche Erfahrung, gerade diese Erfahrung war und ist Sinn des Lebens auf der Erde. Es ist gut, wie es ist, und dein menschliches Bewusstsein kann nichts dafür, dass es schmerzhafte und dunkle Erfahrungen gemacht hat. Deshalb ist es ja hier. Es wird Vertrauen erlangen, wenn es sich erlaubt, mit dem geistigen Bewusstsein zu verschmelzen, und nur darum geht es.

Nimm dir Zeit für diesen Prozess, und wiederhol ihn, wenn die Bewusstseinskugeln sich heute nicht miteinander verschmelzen lassen. Geschieht das aber, werden sie also eins, so nimm wahr, was jetzt passiert – und atme diese nun vollkommen neue Energie in deinen Körper ein, nimm sie ins Herz, lass dich ganz und gar davon erfüllen.

Vielleicht fühlst du dich zum ersten Mal vollständig, vielleicht spürst du dich selbst viel klarer und erlebst dich endlich als das, was du bist: ein seelisches, geistiges Wesen mit einem Körper, mit der Möglichkeit, zu fühlen, zu denken und zu handeln – ein geistiges und organisches Wesen, dessen menschlicher Aspekt voller Vertrauen in die Geistige Welt ist und dessen geistiger Anteil voller Mitgefühl die Erfahrungen auf der Erde erschafft.

Vielleicht erkennst du jetzt, wozu du dir auf geistiger Ebene diese schwierigen menschlichen Erfahrungen geschaffen hast. Wenn nicht, dann frag jetzt bitte dein spirituelles Bewusstsein, wozu du die Schwierigkeiten in deiner Beziehung leben musst, wozu sie dienen. Verneige dich bitte noch einmal vor deinem menschlichen Sein, und versprich ihm, von nun an Erfahrungen der Fülle, des Glücks und der Liebe zu erschaffen.

Sei willkommen. Du hast in dir Himmel und Erde vereint, deine unterschiedlichen Bewusstseinebenen miteinander verschmolzen, bist eins mit dir selbst geworden – deshalb bist du auf der Erde. Du hast eine neue Dimension erschaffen, denn weil die beiden so unterschiedlichen Pole nun in dir verschmolzen sind, entsteht etwas völlig Neues, eine neue Dimension – du bist zum Pfeiler eures gemeinsamen Tores geworden.

Schlüssel V: Stroh zu Gold spinnen

Euer bisheriger gemeinsamer Weg war sicher oft aufregend und wunderschön, aber auch anstrengend, schmerzhaft und frustrierend. Weil ihr diesen Weg gegangen seid, habt ihr gemeinsame Energien gerufen und auch selbst erschaffen, denn jedes Mal, wenn ihr miteinander agiert, entstehen Energieformen, die aus euren jeweiligen Frequenzen gebildet werden, jedes Mal, wenn ihr euch begegnet, komponiert ihr ein gemeinsames Lied. Ihr wisst selbst, dass dieses Lied in der Vergangenheit oft nicht besonders melodisch klang, manchmal sang es sogar nur einer von euch, manchmal war der Text eine Katastrophe – und einige dieser Lieder könnt ihr sicher nicht mehr hören. Und doch schwingen sie in eurem Feld, doch sind sie Teil eures Beziehungsraumes.

Euer Beziehungsraum ist einfach alles, was ihr gemeinsam erlebt, erschafft, er beinhaltet eure Gedanken an- und übereinander, eure Gefühle – alles, was euch beide ausmacht, verbindet und auch trennt.

Jede Liebeserklärung, jeder Tanz, aber auch jede Lüge, jede Unachtsamkeit und jeder Betrug sind Teil eures Beziehungsraumes – egal ob der Partner davon weiß oder nicht! Euer gemeinsam erschaffenes Energiemuster bestimmt und nährt oder stört eure Beziehung; alles, was ihr hineingebt, verändert diesen Raum. Wenn ihr euch den Raum wie Musik vorstellt, dann meint ihr vielleicht, der Partner könnte die geheim gehaltenen

Melodien nicht hören, doch selbst wenn das so ist, wenn er sie nicht hört, wird er sein Lied darauf abstimmen, er wird darauf reagieren.

Bevor ihr nun eine neue Energie ruft, sollten wir zunächst euren Raum klären, meint ihr nicht? Das könnt ihr auch allein tun, wenn der Partner nicht dazu bereit ist, aber es ist viel sinnvoller, wenn ihr euch gemeinsam um euren Raum kümmert.

Ist euer Thema allerdings, dass ihr eben immer alles allein machen müsst, dann geht es natürlich nicht. Führe dann die folgende Meditation oder Übung für dich allein durch, nimm aber deinen Partner so weit hinein, wie es möglich ist.

Ihr spinnt euer Stroh zu Gold, indem ihr Mitgefühl und Liebe in eure schwierigen Beziehungsthemen einfließen lasst, indem ihr dem in Schlüssel II gerufenen und erschaffenen Heiligen Raum erlaubt, seinen heilenden Zauber zu entfalten und in dem verletzten Bereich eurer Beziehung wirksam zu werden.

Wir wissen, dass diese Übung ziemlich schwierig sein kann, denn wir haben es selbst erlebt. So lest sie bitte erst gemeinsam, und entscheidet dann, ob ihr bereit seid, sie durchzuführen, denn sie geleitet euch auch in die unerlösten, schmerzhaften Bereiche eures Weges. Holt euch Hilfe bei diesem Prozess, wenn sich das besser und geschützter anfühlt.

Übung

Setzt euch einander gegenüber, und fasst euch an den Händen, wenn sich das gut anfühlt (natürlich ist auch jede andere Sitzposition, die für euch stimmig ist, richtig).

Nun ruft bitte die Kräfte eures Heiligen Raumes, ruft seinen Schutz, ruft die wilden Frauen und Männer, und lasst euch von ihren Energien umhüllen.

Wenn ihr euch sicher und geborgen fühlt, dann öffnet eure Herzen füreinander, und lasst all die Liebe, die heute möglich ist, zueinander fließen. Nun erlaubt, dass eine für euch schwierige oder schmerzhafte Situation, die mit eurem Thema zu tun hat, vor eurem inneren Auge entsteht. Vielleicht nehmt ihr beide die gleiche Begebenheit wahr, vielleicht möchten unterschiedliche Bereiche angeschaut werden – wem zuerst eine Situation einfällt, der beginnt.

Sprich aus, wo du dich befindest – womöglich erinnert dein Partner sich nicht einmal mehr genau daran. Das macht nichts. Für dich ist die Situation wichtig, denn sie will durch dich gereinigt werden. Beschreib die Situation, und nimm vor allem wahr, wie du dich dabei gefühlt hast. Spürt beide, wie es euch damals ging, und betrachtet die Begebenheit dann mit den Augen von heute, mit der Liebe und der Bewusstheit von heute. Sprecht aus, was ihr fühlt, auch im physischen Raum, denn für Männer ist es oft leichter, zu erkennen, was der Körper macht, und das ist genauso wertvoll wie Äußerungen über Gefühle.

Vielleicht fühlt ihr beide jetzt noch viel deutlicher, wie es euch ging, und es kann sein, dass ihr erst jetzt erkennt, wie groß das Ausmaß der Verletzung in Wirklichkeit war. Nun, eure Seelen und eure Herzen wissen es schon lange, ihr erschafft dieses Ausmaß nicht neu, ihr erkennt es nur besser. Schaut hin, aber haltet euch nicht allzu lange damit auf, wühlt nicht im Schmerz. Sagt euch gegenseitig folgenden Satz:

»Ich nehme dich wahr, ich bin Zeuge deines Schmerzes, ich sehe dich. Und ich bitte dich und mich selbst um Vergebung für das, was ich erschaffen habe.«

Sagt euch das bitte gegenseitig, denn egal wer »schuld« an der Situation war, ihr habt sie beide auf hoher Ebene kreiert, vielleicht in geradezu fahrlässiger Unkenntnis darüber, wie sich eure Schöpfung auf der Erde anfühlen würde.

Und dann bittet die Kräfte eures Heiligen Raumes, sich dieser Situation anzunehmen und sie zu heilen. Ihr selbst könnt das vielleicht nicht. Probiert es aber aus, geht in die Situation hinein als diejenigen, die ihr jetzt seid, mit diesem Bewusstsein von heute, und nehmt euch gegenseitig oder auch jeweils selbst in den Arm – tut, was gerade richtig ist. Sagt euch gegenseitig und auch euch selbst, dass ihr da seid, dass diese Situation zu eurem Weg gehört, dass ihr sie aber meistern werdet. Geht hin zu euerem jüngeren Selbst, verneigt euch vor ihm, und bittet es um Vergebung dafür, dass ihr es in diese Situation gebracht habt.

Nehmt auch das jüngere Selbst in den Arm, und, wenn es sich gut anfühlt, führt es aus der Situation heraus. Wie ihr eure inneren Kinder in den Zaubergarten schickt[13], so könnt ihr auch eure anderen verletzten Anteile in Sicherheit bringen – vielleicht wollt ihr sogar gemeinsam aus der Situation hinausgehen und den Raum wechseln.

Werdet in diesem Fall bitte bereit, in eurer Vorstellung durch ein Tor zu gehen. Der Hüter fragt euch: »Seid ihr bereit, eure Beziehung von nun an in Liebe, Klarheit und Achtsamkeit zu erschaffen?« Wenn du ein Ja in dir spürst, dann sprich es bitte laut aus. Vielleicht spürst du auch ein Nein, und dann ist das deine Wahrheit. Der Hüter weiß ganz genau, ob du ein Hologramm erschaffst oder ob du tatsächlich mit deiner Liebe anwesend bist, und so schau, ob er dich durch das Tor hindurchgehen lässt.

Es kann sein, dass du jetzt erst recht die Verletzungen und die Bitterkeit spürst, die Enttäuschung darüber, dass die Liebe nicht frei und lebendig fließen kann. Deine Enttäuschungen sind vollkommen angemessen, denn wir alle hatten Ideale im Kopf und im Herzen, als wir zur Erde kamen. Lass dir das nicht ausreden. Wir haben eine innere Blaupause darüber, wie es sich anfühlt, wenn die Liebe frei fließt, und das ist keine Illusion. Es ist die Vorlage, der Bauplan für das, was wir hier erschaffen wollten, und es fühlt sich sehr schmerzhaft an, wenn wir immer wieder erleben, dass der Fluss unterbunden wird. Es ist

---

13 Wie das funktioniert, erkläre ich in meinem Buch *Die Heilung des inneren Kindes.*

keine Täuschung, die nun enttarnt wird, sondern eine Regieanweisung. »Bringt die Liebe auf die Erde« heißt sie, und das versuchst du durch alle Widrigkeiten hindurch.

Durchschreitet das Tor nun gemeinsam oder jeder für sich. Ihr findet euch wieder im schönsten Zaubergarten, im wundervollsten Raum der Liebe, den ihr euch nur vorstellen könnt. Hier findet ihr Trost und neue Kraft. Ihr tretet ein in einen Heiligen Raum, in dem ihr neue Impulse bekommt und in dem die Kraft der Vergebung und des inneren Friedens wirksam ist, so deutlich, wie ihr es vielleicht noch nie gespürt habt. All eure Kämpfe dürfen aufhören, legt die Waffen nieder, lasst die Bitterkeit und die Verletzungen los, und erlaubt, dass ihr gereinigt und geheilt werdet.

Ein großer, sehr heller Engel tritt auf euch zu und sagt euch: »Ich hüte diesen Ort, und ich schenke euch den Zauber und die Kraft der Liebe und des Trostes.« Voller Mitgefühl schaut er euch an, und etwas in euch beginnt, weicher zu werden und wieder ins Fließen zu kommen. Es kann sein, dass ihr erst jetzt spürt, wie sehr ihr euch verschlossen habt, wie enttäuscht und wie wütend oder verletzt ihr in Wahrheit seid.

Es gibt eine Quelle oder einen Wasserfall in diesem Zaubergarten, und ihr stellt euch darunter, wascht alles ab, lasst all eure Themen und Verletzungen vom weichen Wasser des inneren Friedens und der Liebe heilen. Lasst euch trösten und reinigen, ihr habt einen langen Weg des Kampfes um Klarheit, um Liebe, um Anerkennung oder worum auch immer es ging, hinter euch. Ruht euch aus, nehmt euch vielleicht in die Arme, oder bleibt bei euch, und tankt Kraft und Trost im Heiligen Raum der Liebe.

Geht immer wieder in jene Situationen hinein, die der Liebe und des Trostes bedürfen, holt euch selbst heraus, und tut, was angemessen ist. Ist einer von euch z. B. betrogen worden, so geht gemeinsam in die Situation hinein. Ja, es tut richtig weh, aber geht hinein. Schaut euch die Situation an, fühlt, was ihr fühlt, und dann handelt. Geh hin zu ihm oder ihr, und sag: »Ich will, dass du auf der Stelle aufhörst und mit mir kommst, entscheide dich genau jetzt eindeutig für das, was du wirklich willst.« Sei dabei, und stell dich der Situation, konfrontiere ihn oder sie damit, und zeig deine Wut, deinen Schmerz und besonders das, was du willst. SEI DA. Egal worum es geht, geh hin und zeig dich. Und dann schau, was geschieht – kommt dein Partner mit dir?

Vielleicht bemerkst du auch, dass du voller Mitgefühl und Achtung vor dem Schmerz des anderen anwesend bleiben kannst, vielleicht musste er diesen Weg gehen, weil er zu seiner eigenen Entwicklung gehörte, auch wenn er dich dadurch verletzte – dann lass ihn da, und schau voller Mitgefühl auf ihn, falls dir das möglich ist. Du kannst sogar den Schmerz deines Partners darüber, dass er dich verletzt hat, voller Mitgefühl anschauen, dadurch entsteht sehr viel Heilung. Kipp aber nicht einfach rosarote spirituelle Soße darüber, die nur deinen eigenen Schmerz verleugnen soll. Das dient niemandem.

Wenn dein Partner nicht anwesend ist, dann geh im Geiste zu ihm hin, und sag, was du zu sagen hast, sag, was du sagen würdest, wenn du in der damaligen Situation in deiner Kraft gestanden hättest. Hast du in einigen Bereichen nicht deine Wahrheit gesagt, hast du nicht gezeigt, was du wirklich willst, dann tu das jetzt. Zum Beispiel:

»Erinnerst du dich, wir saßen am Küchentisch, und ich wollte dir erzählen, dass ich zu einem spirituellen Seminar gehe, aber ich habe mich nicht getraut, weil ich nicht wollte, dass du mich auslachst und beschämst. Lass uns noch mal gemeinsam an diesem Küchentisch sitzen.« (Ist der andere nicht dabei, dann mach das in Gedanken für dich allein.)

Und dann geh hinein in diese Situation, geh zu den beiden, die da sitzen, nimm die Frau oder den Mann, der du bist, in den Arm, und sag ihm oder ihr, dass du jetzt da bist. Dann stell dich in deine Kraft. (Du erinnerst dich an die Technik des Familienstellens aus Schlüssel I? Mach einfach einen Schritt auf dein Kraftfeld, ruf es, und dann stell dich hinein.) Sag laut und deutlich, was du zu sagen hast. Nimm dein inneres Kind in den Arm, und sag ihm, dass es sicher und geschützt ist, dass dies hier Erwachsenensache ist. Was wäre anders, wenn du keine Angst vor Verletzung oder Zurückweisung hättest? Und genau DAS sagst du bitte. Zum Beispiel:

»Ich mute dir und mir zu, dass ich zu diesem Seminar gehe, und ich erlaube dir nicht, mich deshalb zu beschämen, denn es ist mein Weg. Ich wäre glücklich, wenn ich ihn mit dir teilen könnte, aber ich erlaube dir nicht, ihn mir zu verwehren.«

Wenn ihr nun ganz offen kommunizieren könnt, dann geht der andere Partner vielleicht auch in jene Situation hinein und sagt:

»Ich habe einfach Angst, dass ich dich verliere, weil ich diese Welt nicht teilen kann. Ich bitte dich um Vergebung dafür, dass ich versucht habe, dich zu kontrollieren. Sieh bitte meine Angst. Ich bin nun bereit, selbst die Verantwortung dafür zu tragen.«

Natürlich kannst du deinen Partner auch bitten, deinem inneren Kind zu versichern, dass er dich nicht verlässt, sondern wiederkommt.

Das innere Kind in Beziehungen

Verletzte, ungehütete und ungeschützte innere Kinder können in Beziehungen sehr zerstörerisch wirken, das ist bekannt. Wir wissen auch, dass wir sie selbst hüten und beschützen müssen, dass der Partner kein Mutter- oder Vaterersatz sein kann – ebenso wenig wie wir selbst nicht als Elternteil auftreten können und es deshalb erst gar nicht versuchen sollten. So weit, so schwierig. Wie aber vermeiden wir, uns in Beziehungsangelegenheiten zu sehr von unserem inneren Kind beeinflussen zu lassen? Und wie viel Raum darf es in der Beziehung haben, wenn es gut gehütet wird? Denn wir können unser inneres Kind ja nicht »ausschalten«, das würde auch gar keinen Sinn ergeben.

Hier sind drei Ideen, die wir befolgen dürfen, wenn wir unser inneres Kind innerhalb unserer Beziehungen auf angemessene Weise behandeln wollen:

1. Wir selbst sind zu 100 Prozent für unser inneres Kind verantwortlich.

Es gibt viel Literatur und viele Seminare und Ausbildungsgruppen darüber, wie man die Verantwortung für sein eigenes inneres Kind trägt. An dieser Stelle gehen wir deshalb nicht näher darauf ein[14].

2. Wenn unser inneres Kind Halt und Nahrung beim Partner sucht, sei es bei unserem jetzigen oder beim Expartner, ist es sehr sinnvoll, dass wir es zu uns zurückzuholen.

Ganz besonders wichtig ist es, all die anderen inneren Kinder, das des Partners oder die der Expartner, die wir nähren und für die wir uns verantwortlich fühlen, in die liebende und schützende Obhut der Schutzengel derer zu geben, für die wir stellvertretend wirken. Dazu eine Meditation, die ich im Buch *Die Heilung des inneren Kindes* bereits anbiete und die wichtig und wesentlich sein kann:

---

14 Hervorheben möchten wir aber die Arbeit von »Vision der Freude«. Vatika Jacob und Sven Müller begleiten seit vielen Jahren Menschen auf dem Weg der Heilung des inneren Kindes. Ihre CD *Heilmeditation für das innere Kind* und Infos über Seminare in der Schweiz oder bei Kassel findet ihr unter www.vision-der-freude.de oder www.surya-institut.ch.

Das innere Kind
zu dir zurückholen

Mach es dir bequem, schließ die Augen, und bitte dein inneres Kind zu dir. Vielleicht hast du einen guten Kontakt zu diesem Kind, vielleicht wäre es aber auch wichtig, das immer wieder zu üben.

Nun stell dir bitte jene Person vor, der du möglicherweise dein inneres Kind überlassen hast, oder bitte dein inneres Kind einfach, dir zu zeigen, bei welchen Menschen es Schutz, Liebe und Anerkennung sucht. Vielleicht sind Menschen dabei, auf die du gar nicht kommen würdest, an die du bislang gar nicht gedacht hast. Schau also bitte, ob dein inneres Kind sich an jemanden klammert, ob es in deinem Partner oder Expartner vielleicht den Vater oder die Mutter sucht. Möglicherweise erkennst du auch, dass du selbst zwar gern loslassen und weitergehen oder innerlich distanzierter sein würdest, dein inneres Kind aber vor deinem Gegenüber steht und es mit großen Augen anschaut, als könne er oder sie es heilen und für immer glücklich machen. Wir wissen, dass das nicht funktioniert, aber das innere Kind weiß es nicht.

So schau bitte ganz ehrlich und ganz genau, ob dein inneres Kind sich einen Erlöser auserkoren hat, ob es sich an den anderen klammert, und frag es, was es braucht und was es sich vom anderen erhofft. Oder hat es Angst vor jemandem? Erinnert dein Partner oder ein Expartner es an deinen strafenden Vater, an deine dich verachtende

Mutter? Wenn wir spüren und wissen, dass wir emotional verhaftet sind, ist es oft das innere Kind, das sich Heilung und Erlösung vom anderen erhofft oder sich vor Strafe, Beschämung und Verachtung fürchtet.

Schau dir also an, wo dein inneres Kind steht, und dann prüf ganz kritisch, ob es bekommt, was es braucht, ob der andere etwas zu geben hat und ob er es überhaupt geben will. Oder, wenn das Kind sich fürchtet, ob die Furcht tatsächlich angemessen ist, ob der andere wirklich so viel Macht über dich hat. Meist handelt es sich um alte Wunden und alte Erinnerungen. Und dann hol dein Kind in deine Obhut zurück.

Gerade wenn dein inneres Kind Angst hat, geh bitte zu ihm hin, sieh, wie es zitternd oder starr vor dem anderen steht und nur auf die Strafe oder Beschämung wartet – nimm es in den Arm, sag ihm, dass es zu dir und nur zu dir gehört, dass du auf es aufpasst und dass du es beschützen kannst. Wenn der andere dich wirklich verletzen will, dann sag ihm aus dem Erwachsenen-Ich heraus, dass du das nicht mehr erlaubst und dass du ihm jede Macht über dich entziehst. Nimm das Kind bitte unbedingt zu dir, die oder der Erwachsene in dir kann es sehr wohl schützen, und der erwachsene Teil hat auch keine Angst.

Das Kind gehört in deine Obhut, es braucht nie wieder zitternd vor Angst vor jemandem zu stehen, es braucht sich nie wieder von der Gnade eines anderen abhängig zu machen, denn es hat nun dich. Selbst wenn der andere deinem inneren Kind geben kann und will, was es braucht, ist es dennoch an der Zeit, das Kind zu dir zurückzuholen, sonst bleibst du abhängig und suchend, fragend, wirst nie ganz frei. So geh in deinem inneren Bild zu deinem inneren Kind, nimm es in den Arm, und sag ihm Folgendes, so oder in deinen eigenen Worten:

»Das ist nicht dein Vater/deine Mutter, mein Schatz, aber ich bin jetzt für dich da. Du darfst diesen Menschen so sehr lieben, wie du willst, aber ich bin derjenige/diejenige, der/die für dich sorgt. Du gehörst zu mir, und ich bin für dich da. Du darfst mit anderen spielen, du darfst dich zeigen und Zeit mit ihnen verbringen, du darfst ihnen, wenn du willst, deine ganze Liebe schenken, aber ich bin für dich da, du gehörst zu mir, und ich sorge für dich.«

Es kann sein, dass dein inneres Kind nur ungern mit dir geht. Sag ihm bitte immer wieder, solange es eben nötig ist, dass der andere, dein Gegenüber, nicht sein Vater oder seine Mutter ist, dass es, selbst wenn der andere noch so liebevoll mit ihm umgeht, dort nicht bekommt, was es wirklich braucht. Wenn es dir noch nicht vertraut, dann beginne bewusst, eine Beziehung zu ihm aufzubauen, indem du dir wirklich Zeit nimmst, ihm zuzuhören und – das ist das Wichtigste – dich an das hältst, was es dir sagt.

In deiner Zeit öffnest du bitte wieder die Augen. Es ist sehr hilfreich, dir gleich aufzuschreiben, was du erlebt und verstanden hast, damit du es nicht wieder vergisst.

Falls du das Gefühl hast, dass du das innere Kind eines anderen nährst und er nicht bereit ist, es zu sich zurückzuholen und selbst zu nähren und zu schützen, dann bitte die Schutzengel oder die Krafttiere desjenigen zu dir. Ruf die Kraft der Erde oder jene spirituelle Energie, der du vertraust, welche auch immer das sein mag, und bitte sie, die inneren Kinder, die du hütest, in ihre Obhut zu nehmen.

Manchmal sind die inneren Kinder der anderen sehr hartnäckig, besonders wenn sie dunkel und sehr bedürftig sind. Nimm sie, selbst wenn sie sich wehren, bitte ganz bewusst aus deinem Energiefeld heraus, ruf aber gleichzeitig eine gute Kraft, die sich ihrer annimmt – sonst suchen sie sich einen anderen »Wirt«, und du wirst vielleicht nicht ganz frei, weil du Schuldgefühle bekommst (die natürlich nicht angemessen sind, aber dennoch auftreten können). Du hast ja aus Liebe gehandelt, wolltest das innere Kind eines anderen schützen und nähren. Du lässt dieses innere Kind auch jetzt nicht im Stich. Wenn der andere nicht bereit ist, es bewusst zu sich zu nehmen, was natürlich am sinnvollsten wäre, dann gibst du es in die hütenden Hände der Christusenergie, der großen Mutter oder der Kraft, die dir vertraut und nah ist. Ist derjenige, dessen Kind du nährst, gar gestorben, dann ist es erst recht wichtig, sein inneres Kind in die Erlösung zu bringen, indem du es seinem Schutzengel und seiner geistigen Führung anvertraust.

3. Natürlich dürfen die inneren Kinder in der Beziehung präsent sein – allerdings bewusst und gut gehütet.

Gerade weil du gut auf dein inneres Kind aufpasst und es nährst, ist es wichtig, dass es einen guten Platz in deiner Beziehung bekommt. Du bist ja den ganzen Tag mit ihm zusammen, also braucht es seinen Raum. Je bewusster du die Verantwortung für dein inneres Kind trägst, desto freier kannst du mit ihm umgehen und deinen Partner zum Beispiel bitten, dich für einen Moment zu halten, deinem inneren Kind zu sagen, dass es willkommen ist, oder was es sonst braucht.

Genauso kannst du für das innere Kind des anderen da sein und es bewusst innerhalb deiner Beziehung beachten und nähren – eben weil dies offen und frei geschieht, nicht unterschwellig und deshalb, weil der andere das Kind ignoriert. Habt ihr zum Beispiel Streit, kannst du dem anderen sagen, dass es nicht um sein inneres Kind geht, und ihm versichern, das du ihn nicht verlässt – weil du ihn liebst und weil du voller Mitgefühl auch sein inneres Kind einbeziehst. Genauso kannst du ihn bitten, deinem inneren Kind zu sagen, dass es nicht gemeint ist. Das tust du selbstverständlich auch für dich selbst, aber ihr schenkt eurer Beziehung viel Frieden und Mitgefühl, wenn ihr das innere Kind des anderen bewusst einbezieht und es nicht mit den Worten »Dafür bist du selbst verantwortlich« stehen lasst. Denn das mit dieser Verantwortlichkeit stimmt, aber gleichzeitig stimmt es nicht ganz. Du hast auch mit dem inneren Kind deines Partners eine Beziehung, einfach weil es da ist, und wenn du es beachtest, dann wird es sich beruhigt zurückziehen und euch euer Thema auf der Erwachsenenebene austragen lassen.

Für all deine Beziehungen trägst du die Verantwortung, und so trägst du auch die Verantwortung für deinen Anteil an der Beziehung zum inneren Kind des anderen. Du erlaubst ihm nicht, sich an dich zu klammern, aber wenn du eine mitfühlende und liebevolle Beziehung führen willst, ignorierst du es auch nicht.

Noch einmal: Das geht nur dann, wenn jeder sich um sein eigenes inneres Kind kümmert, wenn es also ganz offen und frei da sein darf und wenn du nicht die Verantwortung für den anderen trägst. Dennoch führst du ja eine Beziehung mit ihm.

Für das innere Kind gibt es eine wunderschöne Übung[15], die ihr vielleicht zusammen ausprobieren möchtet. Sie kann sehr heilsam sein und nährt euch beide an jener Stelle, an der ihr als Kind vielleicht nicht genug bekommen habt:

Übung

Macht es euch bequem. Einer von euch wechselt nun ganz bewusst in das Elternselbst, der andere in das innere Kind. Atmet ein paar Mal tief durch, macht eine Zeit aus, damit das Ganze einen rituellen Charakter bekommt und niemand sich ausgenutzt fühlt, besonders dann nicht, wenn ihr zu Abhängigkeiten neigt (und wer tut das nicht …).

---

15 Urheberin dieser Übung ist Vatika Jacob von »Vision der Freude«. Möchtest du diese Übung für dich allein machen, so kannst du Vatika Jacobs' CD *Heilmeditation für das innere Kind* nutzen. Die Übung wurde von Vatika kreiert, wir haben nur die Botschaften ein wenig verändert, deshalb findest du die Übung eben auch auf ihrer CD, nicht auf meiner.

Leg dich als inneres Kind dann ganz bequem in die Arme deines Partners oder deiner Partnerin. Sicher fühlst du dich auf einmal anders, kleiner, weicher, vielleicht schämst du dich auch, oder etwas in dir will flüchten – bleib da, atme. Lass dich nähren. Stellvertretend für deine Mutter oder deinen Vater bekommst du nun Botschaften, die du als Kind gebraucht hättest.

Der »Elternteil« beginnt nun, positive Botschaften auszusprechen, je nachdem, welche das innere Kind braucht und hören will:

- Bei mir bist du sicher, ich beschütze dich.
- Ich liebe dich, und ich freue mich, dass ich für dich sorgen kann.
- Deine Gefühle sind wichtig, du darfst fühlen, was du fühlst.
- Ich helfe dir dabei, groß und stark zu werden – auf deine Weise.
- Ich liebe dich – du brauchst es mir nicht recht zu machen. Ich bleibe bei dir, egal was du tust.
- Ich bin stolz auf dich.
- Ich sorge für dich, nicht du für mich.
- Ich nähre dich gern mit meiner Liebe und mit allem, was ich für dich habe.
- Du darfst sagen, was du brauchst, und wenn es in meiner Macht steht, sorge ich dafür, dass du es bekommst.
- Du bist bei mir in guten Händen.

- Du darfst dich zeigen und bemerkbar machen wann immer du willst.
- Es macht mir Freude, dir meine Liebe zu schenken.
- Du kannst mich nicht enttäuschen, ich will dich, wie du bist.
- Was du auch tust, du bist meine Tochter (oder mein Sohn).
- Was ich auch tue, du bist mir das Wichtigste, und ich bin immer für dich da.
- Ich werde dich niemals verlassen, egal wohin das Leben uns führen wird.

Dann frag das »Kind«, welche Botschaften es noch einmal hören möchte, vielleicht gibt es auch andere, sehr persönliche, individuelle Sätze – seid so ehrlich wie möglich, damit das Kind wirklich bekommt, was es braucht.

Wichtig ist, zu verstehen, dass das eine ÜBUNG ist, kein Versprechen des einen Partners an den anderen oder dessen inneres Kind, sondern ihr könnt hier stellvertretend eure inneren Kinder nachnähren. Es kann auch für das »Elternselbst« sehr nährend sein, wenn die Liebe zum Kind ganz frei fließen darf.

Nach einer vorher festgelegten Zeit übernimmst du bitte wieder die Verantwortung für dein inneres Kind und ziehst dich aus der Rolle des Elternselbst zurück. Ihr löst die Verbindung wieder.

Dann teilt euch in einer Rederunde mit, wie es euch

ging, was ihr gefühlt oder gedacht habt, und wechselt, wenn sich das für euch gut anfühlt. Es kann auch sein, dass es sinnvoll ist, den Wechsel an einem anderen Tag zu vollziehen, damit ihr beide nachspüren könnt.

Hier die Basismeditation für das innere Kind[16]. Diese Meditation ist die Grundlage für unsere Arbeit, und doch ist sie immer wieder neu, denn wir überarbeiten sie, wenn neue Impulse kommen.

Meditation: Der Zaubergarten des inneren Kindes

Du machst es dir bitte ganz bequem ... entspannst dich, atmest ruhig und langsam ...

Vor deinem inneren Auge entsteht eine wunderschöne Landschaft, eine Landschaft, die deiner Seele entspricht. Vielleicht kennst du sie schon, vielleicht entsteht sie auch genau jetzt vor deinem inneren Auge. Schau dich in aller Ruhe um, entspann dich, geh spazieren ...

Es gibt einen kleinen Weg, einen Pfad, und du gehst ihn gemächlich und friedlich entlang. Du nimmst die Landschaft mit all deinen Sinnen wahr, entspannst dich, lässt dich verzaubern. Nimm dir Zeit, anzukommen und die Landschaft zu erforschen. Sie ist beinahe magisch, und du

16 Du findest sie in einigen meiner Bücher und auf den CDs *Channel werden für die Lichtsprache. Die Meditationen* oder *Dein inneres Kind: Die Heilung deiner Seele.*

fühlst dich augenblicklich wohl und entspannt. Ruf deine Schutzengel, die Schutzengel deines inneren Kindes und besonders das Krafttier des inneren Kindes. Sie begleiten dich von nun an. Vielleicht magst du auch deine wilde Frau oder den wilden Mann rufen, sie sind hervorragende Hüter für dein inneres Kind.

Irgendwann kommst du zu einer Lichtung. Hier ist es ganz still, und du spürst, dass etwas ganz Besonderes dich erwartet ... Achtsam näherst du dich der Lichtung. Auf einmal entdeckst du ein kleines Kind, ein Mädchen oder einen Jungen. (Wundere dich nicht, als Frau kannst du durchaus auch ein männliches inneres Kind haben oder umgekehrt.) Vielleicht kennst du das Kind schon, vielleicht nicht. Dieses Kind ist vielleicht sehr verletzt, vielleicht spielt es auch friedlich mit den Tieren auf dieser Wiese. Achte besonders darauf, ob es dich kennt und auf dich zukommt.

Vielleicht geht der Schutzengel oder das Krafttier des inneren Kindes gleich zu ihm, möglicherweise nähert sich auch dein wilder Anteil. Sie sind vertrauenswürdig für das innere Kind, denn sie stehen uneingeschränkt hinter ihm und sind mit den geistigen Gesetzen und Kräften der Liebe im Einklang. Vielleicht magst du auch selbst zu dem Kind hingehen.

Schau es dir in Ruhe an, und geh bitte mit ihm um, wie du mit einem Kind umgehen würdest, das du sehr liebst und beschützen willst. Liebst du keinen Menschen, so liebst du vielleicht ein Tier – diese Liebe hat die gleiche

Unschuld und Innigkeit wie die Liebe, die das innere Kind braucht. Frag das Kind, was es braucht, wenn es mit dir spricht; wenn es nicht antwortet, dann setz dich einfach in seine Nähe, und gib ihm Zeit, dich kennenzulernen. Die wilde Frau/der wilde Mann und sein Krafttier sind bei ihm, und es ist zum ersten Mal nicht mehr allein.

Es wird Zeit, die Verantwortung für dieses innere Kind zu übernehmen, und du spürst, wie sich der erwachsene Teil in dir innerlich aufrichtet und stärker wird. Du spürst die Mutter/den Vater in dir. Sag dem Kind, dass du von nun an für es da bist und dass du es nie wieder im Stich lassen wirst, Frag es, ob es mit dir in einen Zaubergarten kommen mag, an einen Ort, an dem es für immer sicher und geschützt ist, geborgen und dennoch frei. Das innere Kind kommt vielleicht mit dir, und ihr geht zusammen einen Weg entlang. Kommt es nicht mit, so bleib einfach bei ihm, es braucht dir nichts recht zu machen, sondern du gibst ihm, was es braucht – das kann auch Zeit und Geduld sein.

Nun erlaube, dass vor deinem inneren Auge eine Situation entsteht, in der du es als Kind sehr schwer hattest, in der du vielleicht einsam warst, hin- und hergerissen, in der du beschämt oder gar geschlagen wurdest. Bitte dein inneres Kind, dir zu zeigen, wo es in Not ist, wo es gerettet werden muss. Denk nicht darüber nach, dein inneres Kind weiß genau, wo es Hilfe braucht, egal was du als erwachsener Mensch glaubst.

Du findest dein inneres Kind nun in einer Situation wieder, in der es sehr verletzt wurde. Wie alt bist du, wo bist du, was geschieht? Wie geht es dir, wo spürst du die Verletzung, die Enttäuschung, die Angst, die Scham oder auch die innere Zerrissenheit? Fühl, was du fühlst, Schau dir die Situation an, nimm die Gefühle des Kindes wahr – und dann betritt als Erwachsener die Szene, oder schick deine wilde Frau/deinen wilden Mann hinein, stell dich vor das Kind, nimm es in den Arm, tröste es, und greif ein, hol das Kind aus der Gefahrenzone, und behüte und beschütze es. Du bist nun erwachsen, du kannst das für dein inneres Kind tun, was deine Eltern oder wer auch immer nicht tun konnten. Du bist nun die Mutter/der Vater, die Vertrauensperson deines inneren Kindes.

Wer auch immer dein inneres Kind beschämt oder verletzt, sag ihm, dass du von nun an die Verantwortung für das Kind trägst und dass du nie wieder erlauben wirst, dass es verletzt wird.

Vielleicht gibt es mehrere Situationen, die du dir anschauen möchtest, einige Szenen, in denen dein inneres Kind Hilfe braucht. Nimm es aus der Gefahrenzone heraus, sag ihm, dass seine Gefühle richtig sind, dass es lieben darf, wen es will, dass es schön ist, dass es so lebendig sein darf, wie es das möchte, und dass du nun für es sorgst – oder dafür, dass es bekommt, was immer es braucht. Deine innere Mutter/dein innerer Vater weiß es.

Nimm es in den Arm, wenn du möchtest und wenn es das zulässt. Und dann sag ihm, dass du einen wunderbaren Ort kennst, einen Zaubergarten, in dem seine tiefsten und geheimsten Wünsche und Sehnsüchte erfüllt werden, in dem es behütet und geschützt ist, nie wieder allein, nie wieder einsam. An diesem Ort wird es nie wieder verletzt werden, es darf sich endlich entspannen und bekommt, was es braucht. Sag ihm, dass du gekommen bist, um es endlich nach Hause zu bringen.

Du beginnst, den wunderschönen Weg weiterzugehen, und dein inneres Kind begleitet dich. Vielleicht trägst du es, vielleicht nimmt es deine Hand, vielleicht aber springt es auch vergnügt vor dir her. Die Natur wird immer geheimnisvoller, immer magischer, immer schöner. Du fühlst dich wie in einem besonders geheimen Teil deiner inneren Landschaft, und so ist es auch. Auf einmal kommst du an ein Tor. Ein Wächter steht davor, er ist groß und machtvoll. »Was ist dein Begehr?«, fragt er dich mit ernster Stimme, und du antwortest: »Ich bringe mein Kind nach Hause.«

Augenblicklich öffnet sich das Tor, und du betrittst den Zaubergarten des inneren Kindes. Dein inneres Kind hüpft begeistert hinter dir her, vielleicht ist es auch bereits vorausgerannt. Der Zaubergarten ist wunderschön, hier findet das Kind alles, was sein Herz begehrt. Die Hüterin oder der Hüter dieses Gartens, ein großer, sehr heller Engel, tritt auf dich zu. Er begrüßt dich und das Kind sehr liebevoll und fragt es nach seinen geheimsten Wünschen, seiner tiefsten Sehnsucht. Du brauchst sie nicht zu kennen, es genügt, wenn dein inneres Kind weiß, was es braucht. Manchmal ist es sogar besser, wenn du diese Wünsche nicht kennst, damit du sie nicht bewertest. Deine Wünsche waren immer angemessen und wichtig.

Nun entsteht vor deinem inneren Auge eine Szene, die genau das erfüllt, was dein inneres Kind braucht. Sein innigster, dringendster, geheimster Wunsch wird erfüllt – auf die Weise, die jetzt genau richtig ist. Es kann sein, dass es auf einem Einhorn reitet oder mit Engeln fliegt. Vielleicht ist sein innigster Wunsch, Zeit mit liebevollen Eltern zu verbringen – dann sind sie nun auf einmal da und geben ihm, was es braucht. Vielleicht braucht es Schutz, Spielgefährten, vielleicht eine Bühne, auf der es sich ganz frei und ungehindert zeigen und ausdrücken kann, vielleicht ein Tier, das es begleitet. Vielleicht will es mit den Engeln zurück in das Engelreich fliegen und dort bleiben. Dann bitte es, von dort oben aus gute Kraft in dein Herz zu senden. Vertrau bitte dem Prozess, du bist hier sicher und geschützt.

Was auch immer dein inneres Kind braucht, damit seine und somit auch deine geheimsten und dringendsten Sehnsüchte gestillt werden – hier und jetzt bekommt es seinen Wunsch erfüllt. Sei bitte ganz offen für die Art und Weise, wie er sich erfüllt, hier kann wahrhaftig alles geschehen, egal wie unsinnig es dir auch vorkommen mag. Für das innere Kind ist es genau richtig, und du wirst gleich spüren, wie sich etwas in dir zu erfüllen beginnt, wie etwas in dir zur Ruhe kommt.

Wenn dein inneres Kind bekommt, was es braucht, dann musst du nicht länger im Außen nach billigen, unzureichenden Ersatzbefriedigungen suchen, verstehst du? Dann kann im Außen kommen, was eben leicht und einfach zu dir kommt, aber es braucht kein dringendes inneres Bedürfnis mehr erfüllen.

Sieh, wie dein Kind erfüllt und glücklich ist, wie es endlich bekommt, was es braucht, und wisse, dass seine Wünsche in diesem inneren Zaubergarten immer erfüllt werden. Hier kann dein Kind heilen, hier kann es sich erholen, hier ist der Ort, an dem es ganz werden darf und seine Liebe, Zauberkraft und Freude entfalten kann. Dieser Ort befindet sich mitten in deinem Herzen, und von hier aus kann das innere Kind nun seine Liebe und Glückseligkeit in dein Leben hineinstrahlen lassen.

Wann immer du von nun an bemerkst, dass dein inneres Kind Verantwortung für eine schwierige Situation übernehmen will, wann immer dieses hilflose und verzweifelte Gefühl kommt, kannst du das Kind zurück in den Zaubergarten schicken, den Hüter des Gartens bitten, für das Kind zu sorgen und deine Aufgaben mithilfe deiner Schutzengel und deines Seelenplans lösen. Auch und besonders verletzte, erstarrte innere Kinder kannst du in den Zaubergarten schicken – du wirst dich wundern, wie rasch sie ihre Trotzhaltung aufgeben und endlich zu Hause ankommen.

Spür bitte ganz deutlich, dass der Zaubergarten sich in deinem Herzen befindet, und bitte das innere Kind, dir seine Energie in dein Herz zu senden. Nimm wahr, wie sich das anfühlt, wie warm und frei dein Herz auf einmal wird. Wann immer du traurig bist, wann immer du dich an eine Situation erinnerst, in der dein inneres Kind sehr verletzt wurde – egal ob du bereits erwachsen oder noch ein Kind warst–, betritt als Erwachsener die Situation, hol dein Kind heraus, und schick es zurück in den Zaubergarten. Dort findet es für immer Liebe, Schutz und Heilung.

Behalte das warme Gefühl im Herzen, erlaube, dass es sich in deinem ganzen Körper ausbreitet, und nimm deine Umgebung wieder wahr. Bleib innen angebunden, und öffne deine Sinne gleichzeitig für deine äußere Welt. Reck und streck dich, und sei ganz zuversichtlich, du hast nun einen Schutzraum für den verletzlichsten, liebevollsten Teil deines Selbst gefunden!

Es wird außerdem Zeit, das Alte, alles, was nicht mehr zu euch gehört oder noch nie zu euch gehört hat, gehen zu lassen. Dazu ist es wichtig zu spüren, welche Energie tatsächlich fließt und welche Kraft ihr mühsam und mit viel Kontrolle aufrechterhalten oder immer wieder neu erschaffen müsst.

Übung

Setzt euch einander gegenüber, und schließt eure Augen. Atmet, stellt euch eine goldene Acht vor. Der Kreuzungspunkt der beiden Hälften ist genau zwischen euch. Die Acht kreist wie ein goldenes Licht um euch beide herum und bringt eure Energien ins Gleichgewicht, bringt euch alles zurück, was ihr dem anderen überlassen habt, und lässt alles zum anderen zurückfließen, was ihr für ihn tragt oder was ihr euch genommen habt. Das, was euch der andere schenkt, gehört zu euch, aber die Aufmerksamkeit und Energie, die ihr euch erschlichen habt, dürfen wieder zum anderen zurückfließen. Und ja, das kommt in den besten Beziehungen vor!

Nutzt die goldene Acht, um eure Energien auszugleichen, aber auch, um euch selbst zu disziplinieren, wann immer ihr in Versuchung geratet, dem anderen etwas abzunehmen oder euch Energie von ihm zu holen. Wenn ihr was vom anderen braucht, dann bittet darum, offen und ehrlich, aber macht keine Spielchen. Und wenn ihr doch spürt, dass ihr manipuliert, dann legt die goldene Acht um euch und um euren Partner, damit ist jeder sicher und geschützt, und die Kommunikation und der Energieaustausch können frei und offen stattfinden.

Bittet darum, dass sich für einen Moment all eure Beziehungsstrukturen, Versprechungen, Ansprüche und Wünsche auflösen, dass alles, woran ihr euch festhaltet, was ihr für real haltet, verschwindet. Erlaubt, dass sich wirklich jede Struktur auflöst, dass ihr eure Beziehung ganz und gar loslasst. Wir wissen, das ist beängstigend und mutig, aber nur so könnt ihr eure wahrhaftig fließende Kraft erkennen – und vielleicht ist sie ja viel stärker, als ihr dachtet?

Nach und nach löst ihr euch also aus eurer Beziehung, nach und nach lasst ihr alles gehen, woran ihr euch festhaltet und alles, was eure Beziehung sonst ausmacht. Lasst sie sich völlig auflösen, lasst alles gehen. Alles, was ihr bisher erschaffen habt, löst sich wie Nebel in der Sonne auf. Es kann sein, dass ihr an einem Punkt Angst kommt, nun alles zu verlieren – bleibt da, und vertraut dem Prozess. Ihr seht nun die Wahrheit über eure Beziehung, und alles andere hat sowieso keinen Sinn mehr. Bleibt, und lasst noch ein Stück weiter los, alle Rollen, alle Ansprüche, alle Romantik, alles, was euch trennt, aber auch alles, was euch verbindet.

Und dann schaut, was passiert. Bittet eure wahre Bindungsenergie, sich zu zeigen, die Kraft, die wirklich zwischen euch fließt und wirksam ist. Mehr und mehr könnt ihr nun fühlen, was wirklich zwischen euch fließen WILL. Diese Kraft ist verlässlich, denn sie ist echt, und ihr braucht nichts dafür zu tun. Vielleicht erkennt ihr nun, dass sich die Form eurer Beziehung ändern will und darf, vielleicht erkennt ihr auch, dass ihr viel stabiler miteinander verbunden seid, als ihr geglaubt habt.

Erlaubt, dass sich alles, was nicht mehr eurer Energie entspricht, auflöst, und bittet darum, dass eure wahre Kraft einen neuen Ausdruck bekommt. Vielleicht wird euch nun klar, dass sich vieles von dem, was euch belastet, löst, vielleicht hatte es auch gar nie etwas mit euch zu tun. Von hier aus könnt ihr weitergehen und euch und dem anderen vergeben, in Frieden kommen, neue Wege finden.

Gehen wir noch ein Stück weiter. Wir sind unter anderem hier, um unsere Ahnenreihe zu erlösen. Es kann sein, dass ihr ein Schicksal tragt, das sich in eurer ganzen Ahnenreihe auf die eine oder andere Weise zeigt. Häufig erleben wir, dass sich das, was eine Beziehung wirklich belastet und festhält, durch die ganze Ahnenreihe zieht – und so merkwürdig es klingen mag, oft genug erleben wir auch, dass wir selbst in einer vergangenen Inkarnation die Ursache für dieses Schicksal gesetzt haben! Der freie Wille hat nun mal einen hohen Preis: das Karma …

Meditation: Die Erlösung deiner Ahnenreihe[17]

Erlaube dir, dich zu entspannen, es gibt nichts mehr für dich zu tun, lass alles in dir sein, wie es gerade ist, folge deinen inneren Bildern und Gefühlen. Vertrau dem, was du in dir wahrnimmst.

Stell dir bitte ein Tor vor, es kann ein Steintor sein, vielleicht ein goldener Lichtbogen, ein natürlich gewachsenes Tor aus Bäumen – oder ein ganz anderes. Du gehst hindurch und bist auf einmal in einer anderen Welt, einer Welt, in der die Dinge eine tiefere Bedeutung haben. Du befindest dich in einer Landschaft. Vor dir liegt ein Weg, und du entscheidest dich, ihm zu folgen. Tiere, geistige Führer und Lehrer begleiten dich, Engel vielleicht, möglicherweise dein Krafttier, auf jeden Fall aber ist dein wil-

---

17 Diese Meditation gibt es auf meiner CD *Deine Seele ist frei*, Schirner Verlag 2010, ihr könnt sie euch aber auch gegenseitig vorlesen.

der Anteil, die wilde Frau oder der wilde Mann bei dir. Du rufst die Kräfte der Ahnen und der Erde – und du spürst, wie sich dabei tatsächlich etwas verändert.

Du gehst den Weg weiter und bemerkst auf einmal ein großes Feuer. Um dieses Feuer herum sitzen sehr viele Wesenheiten, vielleicht welche, die du kennst, vielleicht auch andere – Schutzengel, Krafttiere, Lichtkräfte oder auch dunkle Energien. Schau einfach hin, und lass es sein, wie es ist.

Ein Platz an dem Feuer ist noch frei. Eine sehr große, machtvolle Wesenheit tritt auf dich zu und sagt dir: »Dies ist deine Ahnenreihe, und ich bin der Hüter eures Schicksals. Hier findest du auch Inkarnationen deiner selbst, wenn du noch etwas für sie trägst.« Das große, machtvolle Wesen führt dich an den freien Platz, und du setzt dich ans Feuer. All die Wesenheiten, deine Ahnen, die Hüter deiner Ahnen, alle, die um das Feuer sitzen, verneigen sich vor dir. Du spürst, dass die Stimmung sehr feierlich ist, sehr machtvoll.

Das große Wesen, das dich willkommen geheißen hat, sagt dir: »Seit Anbeginn der Zeit trägt deine Linie eine besondere Aufgabe, eine schwere Last, eine Frage an das Leben. Deine Eltern, deine Großeltern, all deine Ahnen, vielleicht auch deine Geschwister, ganz bestimmt aber deine Kinder tragen bereits diese schwere Last. Sie ist euch so sehr vertraut, dass ihr sie vielleicht gar nicht bewusst wahrnehmt, und doch spürt ihr immer wieder, dass das Leben manchmal leichter sein dürfte, freier und erfüllter.

Ihr habt eure Aufgabe erfüllt, ihr habt all die Erfahrungen gemacht, zu denen ihr euch einst bereit erklärt hattet, und es wird Zeit, sie loszulassen. Wir danken dir von Herzen, denn du bist der Teil deiner Ahnen, der dieses Schicksal ein für alle Mal beendet.«

Du spürst in dich hinein, lässt dir Zeit, zu erkennen, wo in deinem Körper sich diese ganz besondere Last aufhalten könnte, und auf einmal erkennst du, dass es stimmt. Du trägst eine Last, und du spürst, wo sie sich befindet und welche Auswirkungen sie auf dein Leben hat. Vielleicht war dir bislang nicht bewusst, was du trägst, oder die Energie war dir so vertraut, dass du dachtest, das Leben sei einfach so. Vielleicht weißt du nicht einmal genau, worin diese Last besteht, aber du spürst, dass du bereit bist, sie loszulassen.

Nun öffne bitte deine Hände, und stell dir deine Kinder vor, vielleicht sogar deine Enkelkinder. Wenn du keine hast, so gibt es vielleicht Nichten und Neffen, die zur Ahnenreihe gehören und die du miterlösen möchtest. Halte deine Hände geöffnet, und bitte die Kinder, dir jetzt alles zurückzugeben, was sie bereits für die Ahnenreihe tragen, in Form von Energie, von Symbolen, vielleicht einfach von Schwere – nimm es an, lass dir alles zurückgeben, was du, ohne dies jemals zu gewollt zu haben, bereits weitergegeben hast. Du konntest das nicht vermeiden, aber du darfst es jetzt beenden. Irgendwann spürst du, dass deine Kinder oder Enkel, deine Nichten und Neffen dir alles zurückgegeben haben, was heute erlöst werden darf.

Jetzt lass bitte alles, was du selbst trägst, in deine Hände fließen, vielleicht in Form eines Symbols, vielleicht eines Schattens oder eines Energieballs, vielleicht in Form eines Steins. Du trägst jetzt die Last deiner Kinder und deine eigene in den Händen – die Last, die deine gesamte Ahnenreihe trägt. Und dann dreh dich zu deiner Mutter oder zu deinem Vater, je nachdem, wer da ist, und gib ihr/ihm die Last zurück. Sag ihr/ihm:

»Ich habe das für die ganze Ahnenreihe getragen, und auch du trägst das für uns alle. Ich gebe es dir zurück, aber nur, damit du deine Schwere, deine Energie, das, was du trägst, mit hineinfließen lassen kannst. Füg deine Last hinzu, und gib sie dann im Ahnenkreis weiter nach hinten.«

Und jetzt schau bitte, was passiert. Deine Mutter oder dein Vater, vielleicht ihre/seine Schutzengel oder Hüter ihres/seines Schicksals ziehen jetzt alle Energie, die er/sie für die Ahnen trägt, heraus, fügen sie dem, was du ihnen gegeben hast, hinzu und geben es dann weiter zurück an die Großeltern. Nun wird die Last im Kreis herum weitergegeben, und jeder Ahn fügt das hinzu, was er trägt. Besonders die alten Verträge, Phiolen mit Gift, Waffen, alles, was es deine Ahnenreihe gekostet hat, dieses Schicksal auszuführen, kann jetzt losgelassen werden. Die Verträge werfen deine Ahnen gleich ins Feuer. Auch du wirfst deine Verträge dazu, die Heiratsversprechen, den Pakt mit dem Teufel, die Keuschheits- und Armutsgelübde, die Bindung an Kirchen, die Verträge mit Königen, die Sklavenverträge, magische Bindungen, seien sie weiß oder schwarz, und vor allem die seelischen Verträge.

Jede Verabredung, die du auf seelischer Ebene getroffen hast, um anderen ein Spiegel zu sein, darfst du nun ins Feuer werfen, wenn sie nicht mehr stimmig ist, all die magischen Verstrickungen, durch wen auch immer sie erschaffen wurden, darfst du wie Fesseln und schwarze Bänder aus dir herausziehen und dem Feuer übergeben. Deine Ahnen tun das Gleiche, und du spürst, wie die Energie sich ändert, wie Licht bereits jetzt seinen Weg zurück findet. Weiter und weiter geben deine Ahnen die Last zurück, bis sie irgendwann am Ursprung, beim ältesten Ahn, angekommen ist.

Und das geschieht jetzt. Der Hüter eurer Ahnenreihe nimmt diese nun sehr schwere Last, verneigt sich vor euch allen und wirft sie ins Feuer. Augenblicklich lodert das Feuer hoch auf, und augenblicklich verbrennt die Last. Augenblicklich wird die gebundene Energie wieder frei. Alles, was es euch gekostet hat, dieses Schicksal zu tragen, all die Liebe, das Leben, das Glück, die Erfüllung, die es euch gekostet hat, damit ihr alle diese Erfahrungen machen konntet, fließt nun in die ganze Reihe zurück. Besonders die verlorenen Ahnen, die dunklen, vergessenen, verschwiegenen Ahnen kommen in die Reihe zurück, finden ihren Platz, reihen sich ein, nehmen am Leben teil. Das Glück und das Leben strömen überall dorthin, wo sie fehlen, fließen zu den Ahnen, zu denen sie gehören.

Auch du selbst wirst erfüllt, deine Kinder, deine Enkel, deine Geschwister, deine Nichten und Neffen. All das gebundene Leben wird frei. Deine eigenen Inkarnationen werden frei und lichtvoll, und Karma löst sich. Immer lichter und heller wird der Kreis, einige der Ahnen beginnen, sich aufzulösen, ins Licht zu gehen. Alle Seelen, für die es jetzt Zeit ist, zu gehen, verlassen das Feuer, gehen nach Hause; Seelenaspekte, die wegen des schweren Schicksals verloren gegangen und abgespalten worden sind, können jetzt zurückkehren, einfließen, in deine Ahnen, aber auch in dich selbst, in deine vergangenen Inkarnationen und in dich, wie du heute am Feuer sitzt. Du spürst auf einmal Frieden, Frieden mit dem, was ist. Immer freier werden deine Ahnen, immer lichtvoller. »Du bist jetzt frei, ein neues Leben zu führen, du bist jetzt frei, in Erfüllung, in Glück, in Freude zu leben«, scheinen sie dir zuzuwispern. »Wir danken dir aus tiefster Seele, dass du dich selbst und uns alle erlöst hast.«

Du bist tief bewegt und dankbar, dass du dir selbst und deinen Ahnen diesen Dienst erweisen durftest. Es kann sein, dass du noch ein paar Mal ans Feuer zurückkehren darfst, vielleicht gibt es mehrere Aspekte, die nach und nach erlöst werden wollen.

Irgendwann stehst du auf, verlässt das Feuer und bemerkst ein zweites Tor. Du weißt, wenn du durch dieses Tor hindurchgehst, betrittst du ein anderes Leben, ein Leben, in dem Liebe, Erfüllung, Freude und Glück auf eine ganz andere Weise möglich sind, als du das bisher kennst.

Dein Leben voller Freiheit und Schöpferkraft wartet nun auf dich. Verneige dich noch einmal vor dem Hüter eures Schicksals, und dann geh durch das goldene Tor in dein neues Leben. Wenn deine Kinder mitkommen, ist es gut, wenn nicht, haben sie ein eigenes Tor. Es ist ja dein Tor, es geht nur um dich. Von nun an kann sehr viel mehr Liebe, Freude und Glück auf Erden verwirklicht werden, in der Gegenwart, in der Zukunft und rückwirkend.

Schlüssel VI: In Frieden kommen mit dem, was ist

Wir sind bereits einen langen Bewusstseinsweg miteinander gegangen. Und doch kann es beim Erleben jedes dieser Schlüssel sein, dass wir spüren, dass wir die Beziehung verlassen wollen, dass der Schmerz zu groß ist, der Verrat, die Enttäuschung oder was immer geschehen ist, einfach nicht auszuhalten ist. Wir verschließen uns immer wieder, kommen an immer tiefere Schichten unseres Schmerzes, spüren immer wieder neue Facetten – müssen immer wieder neu entscheiden, ob wir noch im Feuer stehen bleiben oder uns zurückziehen wollen.

Es wird Zeit, eine höhere Sicht der Dinge einzunehmen, damit wir die wirkende Ordnung erkennen, denn sonst können wir womöglich nicht bleiben und weitermachen. Weder in der Beziehung noch auf der Erde.

So ist die erste Frage: Sind wir überhaupt bereit, das zu tun? Sind wir bereit, anzunehmen, dass unser Thema, unser Schmerz, unser Problem vielleicht Sinn ergibt, unserem Leben und unserem Glück, unserer Erfüllung, auf irgendeine Weise dienen könnte? Je tiefer wir enttäuscht und verletzt worden sind, desto schwieriger ist es, dem Ganzen einen Sinn zuzugestehen, und vielleicht scheint schon die Idee, das alles könnte einen Sinn ergeben, wie eine Anmaßung, eine Unverschämtheit. Das können wir sehr gut verstehen.

Dieser sechste Schlüssel ist, wie alle anderen, ein Angebot – und wir dürfen ihn aus ganz eigennützigen Gründen anwenden. Es geht nicht darum, auf einmal großzügig mit allem in Frieden zu kommen und den inneren Engel zum Vorschein zu bringen, der alles versteht und alles verzeiht, der seine Flügel ausbreitet und alles in goldenes und rosa Licht taucht. Das kannst du tun, wenn es dir möglich ist, aber du brauchst es nicht.

Wenn ich, Susanne, sehr verletzt bin, kann ich es nicht, obwohl ich es so gern tun würde. Es gibt sehr gesegnete Menschen, die einen höheren Sinn akzeptieren können, auch wenn sie ihn nicht verstehen, und dann mit dem, was ist, in Frieden sind. Sie vertrauen Gott und wissen, dass diese Kraft weiß, was sie tut, selbst wenn sie den Menschen manchmal verletzt. Wir gehören leider nicht zu diesen Menschen.

Weil du dich selbst liebst, weil du willst, dass du mit dir und deinem Leben glücklich wirst, weil du erfüllt und voller Freude auf dieser Erde leben willst (sonst hättest du dieses Buch gar nicht in der Hand), ist es klug und sinnvoll, in Frieden mit dem zu kommen, was ist.

Nicht für Gott. Nicht für deine Seele. Nicht für deinen Partner und auch nicht für deine Kinder. Einfach für dich selbst. Weil DU sonst leidest, weil es dir schlecht geht, weil du sonst an dieser Stelle in eine Starre fällst, in der dein Leben nicht mehr wirken und fließen und dir Freude bringen kann. Ja, es hat dir sehr viel zugemutet, mehr, als du allein bewältigen kannst, und die Frage ist wirklich: Warum SOLLTEST du dich noch einmal öffnen, wenn dir das Leben doch so viel Schmerz, Enttäuschung und Bitterkeit vor die Füße geworfen hat. Wir wissen es auch nicht.

Lass uns zusammen weitergehen. Du MUSST dich nicht öffnen. Wir möchten dir hier nur Werkzeuge geben, mit denen du es kannst, wenn du es willst. Aber du brauchst das nicht zu tun, du hast das Recht, in Schmerz und Bitterkeit zu bleiben, das sagen wir ausdrücklich, weil auch das zum Weg gehört. Zwing dich nicht, dich zu öffnen. Wenn du zu sehr verletzt und enttäuscht bist, dann fügst du dir nur noch eine weitere Verletzung zu, wenn du deinen Schmerz nicht anerkennst. Du hast auch jederzeit das Recht und die Möglichkeit, deine Beziehung zu verlassen.

Du MUSST das nicht durchstehen. Manchmal will das Herz mehr, als der Mensch aushalten kann. Du darfst gehen.

Es kann sein, dass ihr euch gegenseitig nicht auffangen könnt, wenn der Schmerz und die Wut oder Enttäuschung zu groß sind. Bitte sucht euch Hilfe, zusammen, aber auch einzeln. Wir besuchen immer wieder Seminare und Einzelsitzungen bei Schamanen oder anderen Heilern, wenn wir Hilfe brauchen. Ihr könnt euch beistehen, aber manchmal ist es einfach zu viel, und ihr könnt den Schmerz des anderen nicht aushalten. Nutzt immer wieder die Redetechnik, aber wenn ihr spürt, dass es nicht geht, dann lasst euch bitte helfen. Besser als reden ist es oft, sich einfach zu halten und dem anderen zu signalisieren, dass man da ist. Berührt euch, lehnt euch aneinander, auch wenn ihr nicht reden könnt, und nutzt die gemeinsame Kraft, um eure Verbindung zu spüren.

Ihr müsst nicht zusammenbleiben. Ihr müsst euch aber auch nicht trennen. Es liegt ganz bei euch, wie viel Feuer ihr miteinander durchzustehen in der Lage seid, wie weit ihr bereit seid, miteinander zu gehen, wie lange du als Frau deine Schale zur Verfügung stellst und wie lange du als Mann im Feuer stehen kannst und willst, wie lange du dein Feuer weitergeben möchtest.

Entscheidest du dich aber dazu, für heute noch zu bleiben, nur für heute, dann magst du dich vielleicht mit dieser Frage auseinandersetzen: Wozu dient das?

Ja, es gibt sehr viele Gründe, die dir bekannt sind. Karma. Magische Verstrickungen. Das, was du für deine Großmutter getragen hast. Das innere Kind, das gesehen werden wollte. Die Liebe, mit der du bereit warst, den Raum für Entwicklung zu halten. Ja, du übernimmst die Verantwortung, du hast dir diese Erfahrung in dein Leben gezogen, um etwas zu lernen. Und du hast etwas gelernt, es ist dir bewusst, und du bist bereit, es anzuerkennen.

Aber hat dir diese Erkenntnis dein Vertrauen in dein eigenes Leben wiedergegeben? Hast du den Mut gefunden, weiterzumachen, oder gibt es einen Teil in dir, der einfach genug hat, der sich fragt, was deine Seele und Gott sich eigentlich gedacht haben? Der sich fragt, mit welcher Berechtigung das Leben einfach macht, was es will, und wozu es eigentlich den freien Willen gibt? Und der sich fragt, ob du dieses Theater nicht lieber verlassen möchtest, weil das Leben einfach zu schmerzhaft, zu bitter, zu willkürlich ist? Der entsetzt ist darüber, wie wenig Gott sich für dich zu interessieren scheint, für das, was du brauchst, was dir guttut? Diese Fragen scheinen so unerleuchtet zu sein, dass wir uns meist nicht erlauben, sie auch nur zu denken oder zu fühlen. Und doch müssen wir sie uns stellen. Gerade deshalb.

Hast du einen Teil deines Lebensglücks geopfert, hast du dich auf höherer Ebene mehr oder weniger bewusst für den Schmerz entschieden (oder ihn in Kauf genommen), um etwas zu erlauben, um eine Entwicklung zu ermöglichen? Hast du dich in einen Dienst gestellt, dich bereit erklärt, einen Raum zu öffnen oder zu halten, in dem andere ihre Erfahrungen machen können?

Denn egal wie sehr uns unsere Beziehung oder das Leben selbst verletzt hat – wir müssen davon ausgehen, dass wir auf einer höheren Ebene zugestimmt haben. Wir haben dem Leben ein Opfer angeboten, einen Raum geschaffen, in dem es unabhängig von dem, was wir selbst wollen und brauchen, wirken kann. Wir haben aus Liebe und im Dienst am Leben mit anderen Seelen Verabredungen getroffen, die uns, wenn sie auf der Erde wirksam werden, einen großen Teil unseres inneren Friedens, unserer Seelenruhe und unseres eigenen Glücks kosten können. Wie können wir uns das selbst verzeihen, wie können wir damit weitergehen?

Dazu müssen wir zunächst verstehen, worin das Opfer besteht und welche Verabredungen wir getroffen haben, damit wir wissen, worüber wir überhaupt reden.

Meditation

*Lass dir die Meditation von deinem Partner
vorlesen, wenn das möglich ist.*

Mach es dir bitte bequem, und geh in deiner Vorstellung
durch ein Tor. Egal wie du dieses Tor wahrnimmst – geh
einfach hindurch. Es kann sein, dass es dahinter dunkel
ist, vielleicht aber befindest du dich auch in einer wunderschönen Landschaft – geh weiter, bis du zu einem Höhlen-
eingang kommst.

Ruf deine Krafttiere, deine wilde Frau/den wilden Mann
und besonders die Hüter deines eigenen Seelenvertrags.
Und dann betritt diese Höhle, geh immer weiter hinein, bis
die Höhle sich öffnet – du befindest dich in einem Raum.
Er kann zauberhaft sein, mit Kristallen an den Wänden,
versehen mit Stalaktiten und Stalagmiten, die märchen-
hafte Figuren und Säulen bilden, vielleicht aber ist es auch
eine dunkle, feuchte, karge Höhle, beinah wie ein Kerker.

Es gibt einen Tisch mit zwei Stühlen in diesem Raum –
und auf einem dieser Stühle sitzt ein Wesen. Setz dich bitte zu ihm, egal wie es aussieht und egal wie du dich ihm
gegenüber fühlst. »Ich bin der geopferte Anteil deines
Menschseins«, sagt dir das Wesen, und du weißt vielleicht
nicht gleich, was es meint. »Ich bin hier in dieser Höhle,
weil ich mich selbst geopfert habe, weil ich zur Seite gegangen bin, um im Leben anderer bestimmte Entwicklungen und Erfahrungen zu ermöglichen.«

Und auf einmal verstehst du ... Es stimmt. Es gibt einen Teil in dir, der nie wirklich leben durfte, der nie bekommen hat, was er sich so sehnlich gewünscht und erträumt hat, einen Teil, der noch immer auf Glück und Erfüllung, auf Anerkennung, Freude und Leichtigkeit wartet. »Erfahrungen« nanntest du es. »Opfer« passt besser.

Und auf einmal spürst du es auch. Du hast tatsächlich auf hoher Ebene zugestimmt, einen Teil deines eigenen Glücks, deiner eigenen Erfüllung zu opfern, hintanzustellen, damit andere Seelen, vielleicht sogar dein Partner, zunächst ihren Entwicklungsprozess erleben können. Vielleicht bist du aus Liebe zum Täter geworden, hast andere verletzt, hast deinen Seelenfrieden geopfert, um dem Leben zu dienen. Du erkennst, dass du aus Liebe zum Leben, aus purer Notwendigkeit, damit dieser Lichtprozess stattfinden kann, einen Teil deines eigenen Glücks zur Verfügung gestellt hast. »Zeig mir unsere Verabredung«, bittest du den geopferten Teil, »zeig mir, worin dein Opfer besteht und wozu es diente.«

Der Raum öffnet sich auf einmal, Licht fällt in die Höhle, und eine Lichtsäule entsteht. Du stellst dich in diese Lichtsäule hinein, und der geopferte Anteil verändert sich, wird zum Drachen, zum Engel, zum Lichtwesen und steigt in der Säule zusammen mit dir auf. Immer lichter und freier wird der Raum, bis du eine sehr starke Präsenz fühlst, ein Strömen wahrnimmst oder bis dein ganzer Körper vor Energie kribbelt und prickelt.

Ein weiteres Tor entsteht, vielleicht auch ein Tunnel. Ihr geht gemeinsam hindurch, der geopferte Anteil und du, und ihr befindet euch auf einmal in dem Raum, in der Dimension, in der diese Verabredung entstanden ist. Dein Bewusstsein öffnet sich weiter und weiter, dein Geist wird frei und klar, deine Seelenhüter sind bei dir, deine Engel, vor allem aber die Seelen, Energien und Wesenheiten, mit denen du deine Verabredungen getroffen hast. »Worin besteht unsere Verabredung«, fragst du, »worin besteht mein Opfer, was habe ich mich zu tun oder zu gestatten bereit erklärt?« Mehr und mehr öffnet sich dein Geist, und auf einmal wird dir klar, wozu du dich bereit erklärt hast.

Vielleicht hast du auf einer sehr hohen Ebene versprochen, einer bestimmten Seele dabei zu helfen, auf die Erde oder wieder ins Licht zu kommen, wenn die Zeit reif ist. Vielleicht hast du erlaubt, dass dein Partner einer Seele hilft, zur Erde zu kommen. Vielleicht hast du dich zur Verfügung gestellt, die dunkle Seite des Drachen zu erleben, damit sie erlöst werden kann. Diese Verabredungen können sich anhören wie ein Roman, wie ein Fantasiefilm – und doch stimmen sie. Vielleicht hast du dich auch dazu bereit erklärt, jemandem das Licht zu halten, bis er sein eigenes Licht erkennt, vielleicht auch, ihm Raum zu geben, in dem er seine eigene Kraft entwickeln kann.

Worin besteht dein Opfer, dein Geschenk? Wie zeigt es sich in eurer Beziehung, was ist dadurch entstanden oder nicht möglich? Welches Opfer bringst du auf ganz irdischer, menschlicher Ebene? Was kostet es dich, und bist du wirklich bereit, das immer noch zu halten? Oder möchtest du die Verabredung jetzt beenden? Vielleicht spürst du, dass eure seelische Verabredung so wichtig ist, dass du die Kraft bekommst, mit dem Thema, das dadurch in eurer Beziehung entstanden ist, umzugehen. Vielleicht kannst du den Schmerz, der auf der menschlichen Ebene entstanden ist, anders wahr- und in Kauf nehmen, weil du erkennst, dass es um etwas Höheres geht. Vielleicht. Vielleicht aber spürst du auch, dass es genug ist, dass du nicht mehr bereit bist, für Verabredungen zur Verfügung zu stehen. Dann ist auch das vollkommen richtig, denn dann gehört auch dieses »Nein« zum Prozess. Du hast die ausdrückliche Erlaubnis, all diese Verträge jetzt zu kündigen, und du darfst um Erfüllung für dein eigenes Leben bitten.

Wenn du erkennst, worin dein Opfer, dein Dienst, besteht, dann bitte darum, dass du das geistige Geschenk, das dir dafür gebührt, erhältst. Denn weil du dieses Opfer gebracht hast, bekommst du eine geistige Energie, die es ausgleicht, das ist verabredet. Öffne dein Herz, deine Hände oder deinen Geist, und erlaube, dass die Energie, die die Geistige Welt dir jetzt schenken möchte, in dich einfließt. Es ist dein Dank, es ist der Ausgleich für dein Opfer, für deinen Dienst. Vielleicht fließt nun Frieden ein oder Klarheit. Vielleicht bekommst du endlich das Gefühl, dass du wirklich gut für dich selbst sorgen darfst, und die ewigen Schuldgefühle hören auf. Vielleicht öffnet sich dein Herz für Liebe und Mitgefühl mit dir selbst, oder der Schmerz wird auf einmal von dir genommen. Bitte um das geistige Geschenk, aber tu es voller Selbstvertrauen – es steht dir zu, es ist dein Lohn, deine geistige Ernte.

Lass die Energie in dich einfließen, und prüfe, ob du die Dinge nun von einer höheren Warte aus betrachten kannst – und ob du bereit bist, mit deinem eigenen Opfer in Frieden zu kommen. Bist du bereit, mit deiner eigenen Verabredung Frieden zu schließen, dir selbst dafür zu vergeben, dass du einen Teil deiner Erfüllung geopfert hast? Bist du bereit, deiner Seele zu vergeben, was sie dir, dem Menschen, zugemutet hat?

Sieh dich selbst, erkenne dich an für das, was du erlaubt hast. Es geschah im Dienst am Leben, an der Liebe, am Licht, und du hast dafür die volle Anerkennung des ganzen Universums verdient. Du hast dich mutig und voller Liebe auf die Erde gewagt, um all diese Energien zu ermöglichen, zu halten, in die Tat umzusetzen oder geschehen zu lassen. Ohne dich könnte der Aufstiegsprozess, der Lichtprozess nicht stattfinden. Ohne dich können wir alle die Drachen und das Dunkle nicht erlösen, ohne dich können wir das Licht und die Liebe nicht vollständig zur Erde bringen. So nimm den Dank, die Anerkennung, und die tiefste Hochachtung der Geistigen Welt dafür an, und lass sie dahin fließen, wo es so wehtut.

Frag den geopferten Teil, ob er noch einmal zur Erde kommen will, um in Liebe und Erfüllung zu leben. Es kann sein, dass er wirklich nur auf der Erde war, um den Raum zu halten und den Dienst zu ermöglichen und jetzt nicht mehr mitkommen möchte. Wie es ist, ist es richtig.

Nimm nun all die Energie, die du bekommen hast, tief in dein Herz und in deine Zellen auf. Atme sie ein, und geh dann zurück in die Lichtsäule, lass dich sanft hinuntergleiten, bis du wieder in der Höhle bist. Vielleicht ist der geopferte menschliche Teil mitgekommen, vielleicht nicht – wenn ja, wie nimmst du ihn nun wahr? Gemeinsam oder allein tretet ihr oder trittst du nun aus der Höhle zurück ins Licht.

Etwas hat sich verändert. Dein Partner steht vor dir, du verneigst dich vor ihm und spürst, ob du mit eurer Geschichte, mit dem, was euch beschäftigt, in Frieden bist oder nicht. Es kann immer noch ab und zu wehtun. Aber vielleicht kehren nun langsam Ruhe und Frieden ein.

Komm zurück in den Raum, in dem du liegst, und lass dir Zeit, zu verarbeiten, was du wahrgenommen hast. Sprich mit deinem Partner darüber, damit auch er die Möglichkeit hat, besser zu verstehen, was ihr miteinander durchmacht – er hat sicher seine eigene Sicht der Dinge. Gemeinsam betrachtet ergeben eure Sichtweisen das ganze Bild.

Damit wirklich Frieden einkehren kann, dürft ihr natürlich die alten Verhaltensweisen nicht mehr fortsetzen! Aber das ist sowieso klar, oder? Ihr habt nun viele neue Werkzeuge, um anders mit euch und euren Energien umzugehen – und hier immer wieder die Bitte: Sucht euch Hilfe, besucht Partnerschaftskurse, geht zu einem Beziehungscoach, macht alles, was euch guttut und eure Beziehung nährt und stärkt. Dies hier ist nur ein Buch.

Eure Beziehung heilt, indem ihr handelt, indem ihr das, was euch nährt, in die Tat umsetzt und das, was euch Energie raubt, eindeutig unterlasst. Sonst treibt ihr Raubbau an eurem Heiligen Raum, und das erlaubt er auf die Dauer nicht.

Diesen nachfolgenden Text hätten wir nicht besser schreiben können. Er berührt euch vielleicht und hilft euch, Frieden zu finden.

»Bitten um Vergebung an das göttliche Weibliche

Ich entschuldige mich für meine Unfähigkeit, den wohlwollenden Krieger vom herzlosen zu unterscheiden, sie war ein Spiegel meiner eigenen Verwirrung in der Verarbeitung der Schlachten von einst. Wenn ich mein Herz zu weit öffnete, war ich zu verletzlich für Angriffe. Ich wurde konditioniert zu glauben, dass ich unnachgiebig, konzentriert und für alle Eventualitäten vorbereitet sein müsse, bestrebt, mich selbst und andere vor Angriff zu schützen. Aber ich ging zu weit und verschloss mich zu fest und verbrannte die Brücke zwischen unseren Herzen. Ich sehe das jetzt, und es tut mir leid.

Ich entschuldige mich für meine ständige Abwesenheit, sie war ein Spiegel meiner eigenen inneren Abwesenheit, und auch für meine Unfähigkeit, von einem Herz aus in Kontakt zu gehen, das fest verstopft war mit ungelösten Emotionen, die zu erlösen ich nicht die Mittel hatte. Noch immer fehlen mir viele Werkzeuge dafür, aber ich bin offen für ihr Auftauchen.

Ich entschuldige mich für meine Unfähigkeit, Beziehungen von Krieg zu unterscheiden. Wie ein Krieger im Feindesland schlich ich mich des Nachts in dein Leben und aus deinem Leben, egoistisch plündernd und nehmend, was ich brauchte, dann kroch ich mit der Beute zurück auf die andere Seite des Abgrunds. Ein wenig gab ich zurück, aus Angst, für Angriffe anfällig zu werden. Ich hatte Krieg in meinem Kopf und konnte den Fluss der Liebe nicht sehen, der auf der anderen Seite des Schlachtfeldes wartete. Jetzt kann ich erkennen, dass Liebe das Gegenmittel für gepanzerte Krieger ist, aber ich selbst konnte es in meinem getriebenen Zustand nicht trinken.

Ich entschuldige mich dafür, dass ich dich nicht sehen konnte. Meine Augen waren geblendet von erstarrter Wut und unvergossenen Tränen. Wenn es ein Trost ist, und ich denke, dass ist es nicht: Ich konnte mich auch selbst nicht sehen. Ich sah nur das, was meiner Hyperwachsamkeit, meinem Kriegerfokus diente. Mein Spiegel war das Schlachtfeld.

Ich entschuldige mich für meinen ungeerdeten Materialismus, meine von Macht getriebenen Tyranneien, meine Besessenheit. Irgendwie habe ich gedacht, dass Anhäufung mich und jene, die mir nahe stehen, schützen würde, aber ich habe verkannt, dass es einfach nur den Wahnsinn verewigt. Ich entschuldige mich auch für meinen egoistischen Missbrauch, er war ein Spiegel meines eigenen fehlgeleiteten Egos, aufgepumpt, um mit einer zutiefst wettbewerbsorientierten Welt umzugehen. Ich konnte nicht zwischen dem gesunden, selbstbewussten Ich und dem großspurigen, ungesunden Ego unterscheiden. Ich ging viel zu weit in die falsche Richtung.

Ich entschuldige mich für eine Sexualität, die objektivierend war und getrennt vom Herzen. Ich weiß, du sehntest dich nach wirklicher Intimität, einer Verschmelzung unserer Seelen entlang der Herz-Genital-Autobahn. Aber es waren zu viele Schutzwälle um mein Herz, und zwischen unseren Seelen konnte keine Brücke entstehen. Es gab Momente, in denen deine liebevolle Art mich von meinen Körpermasken befreite, aber ich wusste nicht, wie ich in diesem Herzensfeuer bestehen sollte. Es tut mir leid, denn ich weiß, dass der Weg, nachdem du dich sehntest, der Weg zu Gott ist.

Ich entschuldige mich für meine schrecklichen Gewalttaten, sie waren ein Spiegel meiner eigenen geronnenen Wut, meiner eigenen Unfähigkeit, wahre Feinde von Freunden zu unterscheiden. Es gibt keine Worte, die rückgängig machen könnten, was ich in diesen Momenten des Wahnsinns getan habe. Ich weiß das. Ich würde mein Gesicht in Schande verbergen, aber das würde die Dinge nicht besser machen. Ich muss meine eigenen Missetaten wieder zu mir nehmen und dann einen Weg finden, an meine Fähigkeit zu glauben, von einem liebevolleren Platz aus zu handeln. Ich rufe die anderen männlichen Krieger auf, für die Taten unseres Geschlechts Verantwortung zu übernehmen, nicht in einer Weise, die selbsthassend ist, sondern in einer Weise, die selbstehrlich ist und aufrichtig mitfühlend. Der Krieger des Herzens erkennt die Fehler seines Handelns an und hat den Mut, alles zu tun, was er tun kann, um es im Laufe der Zeit wiedergutzumachen.

Ich entschuldige mich für meine Unfähigkeit, eine bewusste Beziehung einzugehen. Du warst immer da, mit deinem schönen Herzen in den Händen, aber ich war zu verhaftet in meinem Individualismus, und ich hatte Angst vor diesem unbekannten Terrain. Ich kenne den Wald, den Marktplatz und die Möglichkeiten der Außenwelt, aber meine innere Geografie ist mir fremd. Du riefst mich an einen Ort, an den zu gehen ich nicht vorbereitet war, obwohl ich unter der Oberfläche meiner Prahlerei sehr wohl spürte, dass du mich nach Hause riefst.

Ich bin dankbar für deine Bereitschaft, daran zu glauben, dass sich in jenen seltenen Momenten der Verletzlichkeit zeigte, wer ich wirklich bin. Du hattest Recht – mein wahres Ich lebt in meinem Herzen – aber hin und wieder ein paar Minuten war das Höchste, womit ich umgehen konnte. Ich sah dich als gefährlich, denn in deiner Gegenwart schmeckte ich eine hingegebene Weise des Seins. Dennoch: Dein Vertrauen in meine Güte half mir durch manche Schlacht und stellte meinen Glauben an das Leben wieder her, wenn ich es am meisten benötigte. Du warst das Licht am Ende eines barbarischen Tunnels, und ich bin gesegnet.

Ich bin dankbar, dass du zu mir hieltest, durch dick und dünn, und ich verstehe auch jene Zeiten, als du mich aufgeben und loslassen musstest. Ich erkenne jetzt, dass es einen gewaltigen

Unterschied zwischen Verliebtheit und Beziehung gibt. Liebe allein ist nicht genug. Ohne den gemeinsamen Willen, bewusst zu werden, kann es nur Frustration geben. Ich war so oft unmöglich, klammerte mich an meine Unbewusstheit wie ein Soldat an seine Waffe. Ich erkenne den Mut, den es für dich brauchte, um dein Herz in der Gegenwart meines Widerstandes offen zu halten. Du hattest jedes Recht, eine authentische Beziehung zu suchen, denn deine Seele leuchtet auf in ihrer Gegenwart. Dein schönes Herz hatte jedes Recht, mit derselben Offenheit und Bereitschaft berührt zu werden. Ich bin dankbar für die Zeit, die du mir gabst, eine Atempause von jenem Versteck, das ich fälschlicherweise mein Zuhause nannte.

Ich bin dankbar für meine Großmutter, denn niemand sah meine Zärtlichkeit deutlicher.

Ich bin dankbar für meine Mutter, für die Wahl, mich ins Leben zu rufen und meinen Körper zu nähren, bis ich meine Füße finden konnte.

Ich bin dankbar für Mutter Erde, dafür, dass sie meinem Aufstieg Erdung gibt und meine Seele belebt.

Ich bin dankbar für die göttliche Mutter, die wahre Mutter von uns allen. Jetzt spüre ich ihre göttliche Gegenwart so nah. Wild mitfühlend, war sie immer genau hier, atmete Leben in mich und hielt mich geborgen. Ich sitze auf ihrem Schoß, während sie mich atmet.

Ich freue mich auf den Tag, ab dem das Einzige, was eine Beziehung entzündet, der Ruf zweier Seelen zueinander ist, zwei Seelen-Herzen, die in dieselbe Richtung schlagen, ein Hauch von Sehnsucht, der eine Brücke schlägt von einem Wesen zum anderen. Ich möchte dich nicht wollen, weil es mein Ego befriedigt, nicht weil du äußerlich schön bist, sondern weil deine bloße Gegenwart mein Gott-Selbst aus seinem Versteck lockt. Ich möchte dich berühren, mit meinem Herzen in meinen Händen, ich möchte eine Chemie zwischen uns erleben, die nicht geschlechtsidentifiziert ist, sondern eine aus der Essenz quellende, flüssige Lava der Liebe, die aus dem Herzen zu den Genitalien und in das große Jenseits fließt. In dieser liebestrunkenen Welt wird Beziehung immer als eine spirituelle Praxis erlebt werden, als ein hingebungsvoller Ausdruck unseres Gott-Selbst.

Ich habe immer geglaubt, dass es nicht möglich ist, Sensibilität in einer harten Welt aufrechtzuerhalten. Doch in diesem Augenblick fühle ich empfindlich, aber ohne die Zerbrechlichkeit. Ich trage immer noch eine Rüstung, aber es gibt eine Verschiebung in Richtung meiner Intensität. Ich kann ein wenig länger im Herzraum verweilen, als ich es einmal konnte, ich werde zarter an vielen Stellen. Nach so vielen Lebzeiten mit der Waffe in der Hand wird ein zärtlicher Krieger im Kern meines Seins geboren. Er ist verwirrt, aber er weiß intuitiv, dass dies der Weg nach Hause ist.

Bitte gib mich oder meine Mitkrieger nicht auf. Vergib uns unsere Sünden, oder sei zumindest offen für die Möglichkeit, dass wir uns ändern, wenn der Weg sich weitet, um den Anforderungen unserer sich verschiebenden Absichten gerecht zu werden.

Der Tag wird kommen, an dem unser Kampfgeist seine scharfe Kante verliert und in Übereinstimmung kommt mit wohlwollendem Handeln. Einige von uns sind schon da, und noch viele von uns werden folgen. Der Weg zur Transformation ist abhängig von einer Brücke zwischen den Geschlechtern, einer wohlwollenden Brücke, die unsere Unterschiede mit Respekt und Güte zelebriert. Diese Arbeit muss beginnen mit der Heilung der Risse entlang des Geschlechterkontinuums, mit harter Arbeit, um das kollektive Herz zu heilen – bis wir eines Tages auf einer Brücke über der Ewigkeit stehen, einander die Hände halten, die Herzen offen und licht, und das heilige Männliche und göttliche Weibliche umarmen, das im Herzen von uns allen lebt. Ich werde dich dort treffen.

Mögest du die Liebe der göttlichen Mutter auf deine herzlichen Ufer herabstürzen fühlen, die dich gnädig anheben über den Wahnsinn dieser Welt, eingebettet in die dankbaren Arme derer, die du genährt hast. Diejenigen von uns, die deinen Segen empfangen haben, mögen es nicht immer anerkannt haben. Aber deine Taten der Liebe sind in uns gelandet, haben uns wachsen lassen und uns angefüllt mit dem Licht der Liebe. Danke.«[18]

---

18 Jeff Brown: »Apologies to the Divine Feminine (from a warrior in transition)«, http://www.soulshaping.com.

Auch das Weibliche bittet das männliche Göttliche um Vergebung. Vielleicht berührt euch dieser Text und schenkt Frieden:

Bitte vergib mir, dass ich dich nicht nährte, dich nicht sein und
wachsen ließ, wie du eben warst. Viel zu viel Angst hatte ich vor
deinem männlichen Selbstausdruck, viel zu sehr gab ich meine
eigene Kraft ab. Ich nährte dich nicht, gab dir nicht all meine
Liebe, sondern stellte bereits im Mutterleib Bedingungen, gab
dir vor, wie du zu sein hattest, damit ich dich als meinen Sohn
anerkennen und lieben konnte. Ich stellte Regeln auf, nach denen du dich zu richten hattest, doch das waren weibliche Regeln.
Das Männliche war mir zu fremd, und ich hatte Angst davor, ich
achtete es nicht, im Gegenteil. Ich verachtete das Männliche und
bitte dich nun aus tiefster Seele um Vergebung. Du bist ein Spiegel, du spiegelst die andere Hälfte der Welt, doch ich erhob mich
über dich und fühlte mich in meinem Opfersein stärker und er-
habener als das Männliche. Ich erhob mich über dich, dachte, ich
sei der wertvollere Mensch. Ich stellte dir meine weibliche Schale nicht zu Verfügung, ich sah nicht dein Feuer, sondern ver-
glich dich mit der weiblichen Energie und erkannte nicht, dass
du vollkommen anders bist als ich. Ich betete dich an, flehte um
deinen Schutz, erhöhte mich, wenn du mich wähltest, glaubte
mich erniedrigt, wenn du mich verließest. Doch ich nährte dich
nicht, hütete dein Feuer nicht.

**Vergib mir, dass ich dich zum Herrn über mein Selbstwertge-
fühl machte und dir damit viel zu viel Macht in die Hände
legte.** Ich gab dir die Verantwortung für meinen Wert und mei-

ne Selbstbestimmung, machte mich abhängig von dir. Ich ergab mich der Ohnmacht und unterstützte damit deine Macht, unterstützte dich dabei, dich von deinem eigenen Herzen zu entfernen. Ich konkurrierte um deine Liebe und Anerkennung und verleugnete dabei meine eigene Macht und Kraft.

Ich hetzte dich auf und gab dir dann die Verantwortung für das, was du in der Welt suchtest. Letztlich suchtest du nur, was ich dir im Mutterleib und mit der Muttermilch nicht gab. Voller Hass und Verachtung nährte ich dich widerwillig oder dich erhöhend, immer in der Hoffnung, du seist »anders«. Ich machte mich zum Opfer und gab dir die volle Verantwortung für meine finanzielle Versorgung, für meinen Schutz, für meinen Stand in der Welt und in der Gesellschaft – ohne dich dafür anzuerkennen und dir zu danken. Ich ließ dich gewähren, übernahm nicht die Verantwortung einer Mutter, einer Frau, sondern erlaubte, dass du die Welt auf eine Weise verändertest, die ich nicht gutheißen konnte. Ich hütete dich nicht.

Ich stahl mich aus der Verantwortung, fiel in Ohnmacht, erlaubte, dass deine körperliche Überlegenheit zu einer gefühlten energetischen Überlegenheit wurde. Und weil ich meine Macht abgab, begann ich, dich zu manipulieren, dich zu betören, zu verführen. Du warst Wachs in meinen Händen, weil du so bedürftig warst und dich so sehr nach weiblicher Nahrung sehntest. Weil ich dich nicht nährte, warst du mir ausgeliefert, verführbar, nur scheinbar Herr deiner Sinne. Das Weibliche konkurrierte um deine Gunst und deine Anerkennung, doch in Wahrheit erprobten wir unsere Macht über dich.

Aus tiefster Seele bitte ich dich um Vergebung dafür, dass ich dein Feuer nicht hütete, dass ich dir erlaubte, mich mit deiner Asche zu erfüllten, statt dich auf der Stelle um ein echtes Feuer zu bitten. Es ist meine weibliche Aufgabe, dich daran zu erinnern, dich zu hüten und dich auf den Weg des Herzens zu führen, und das tat ich nicht. Ich ließ mich blenden von dem Feuerwerk männlicher Energie, das du inszeniertest, um wahrgenommen zu werden, statt dein Herz und deine Liebe zu sehen.

Ich verneige mich tief vor dem Schicksal des Männlichen, ich bitte dich um Vergebung dafür, dass ich erlaubte, so sehr zum Opfer gemacht zu werden, denn nur dadurch konnte das Männliche zum Täter werden. Ich verdiene Geld mit deinem Bedürfnis nach Liebe und Zärtlichkeit – *sex sells* –, ich nutze das männliche Bedürfnis danach aus, genährt zu werden, verkaufe meinen Körper und gaukle Liebe vor, statt meine sexuelle Kraft zur Heilung zu nutzen, wie wir es in den Tempeln gelernt haben. Das Weibliche nährt das Männliche über das Herz, und ihr schenkt uns eure männliche Energie über euer Genital. Doch ich erlaubte, dass Sexualität missbraucht wird, indem ich mich zum Opfer machte und dir erlaubte, meinen Körper zu nutzen, ohne mir dein Feuer zu schenken – wie ich dich nutze, um versorgt zu sein, ohne dich zu lieben oder zu achten, geschweige denn dir zu danken …

Ganz besonders vergib mir bitte, dass ich deinen Kampf nicht sah, sondern mich verächtlich über dich stellte, glaubte, das

Weibliche sei das bessere Prinzip – insgeheim, natürlich. Ich schien unterwürfig, doch ich verachtete und manipulierte. Ich missbrauchte dein Vertrauen, verführte und betrog dich. Ich sehne mich aus ganzem Herzen nach deinem männlichen Schutz und Feuer, ich sehne mich danach, dein Feuer hüten und nähren zu dürfen, damit wir gemeinsam Leben erschaffen können.

Bitte vergib mir, dass ich deinen Wunsch nach Freiheit als Bedrohung missverstand, dass ich dich binden und zähmen wollte, statt zu erkennen, dass du dich selbst spüren musst und willst, wenn du sagst, dass du deine Freiheit brauchst. Ich verstehe jetzt, dass es darum geht, dich selbst zu erleben, nicht darum, mich zu betrügen oder zu verlassen.

Bitte vergib mir, und bitte lern, mir neu zu vertrauen. Es ist überhaupt kein Wunder, dass du mir tief misstraust und dich verschließt – war es doch die Mutter, waren es doch wir selbst, die euch bitterlich zurückwiesen und herzenshungrig zurückließen.

Dies schrieb eine Freundin:

Ich entschuldige mich für meinen Willen, dich ständig ändern zu wollen, für meine Unfähigkeit, dich so zu lieben, wie du JETZT bist. Dafür, dass ich dich nicht Mensch sein lassen wollte, weil ich es selbst nicht annehmen konnte, menschlich zu sein, weil ich selbst panische Angst davor hatte, nicht so angenommen und geliebt zu werden, wie ich bin.

Ich entschuldige mich für mein fehlendes Vertrauen in deine Fähigkeit, dich zu ändern. Ich traute dir nicht zu, wirklich zu wachsen und dich zu entwickeln. Das ist ein Ausdruck meiner Unfähigkeit, anzunehmen, dass das Leben wirklich ein Paradies sein kann. Mir fehlte der Mut, daran zu glauben, dass meine Träume vom Leben, wie es sein kann, wirklich wahr werden könnten.

Ich entschuldige mich dafür, dass es noch immer Momente gibt, in denen ich dir nicht vertraue, dir noch nicht immer glaube, dass du wirklich da bist, mich nicht mehr vergisst, dich wirklich daran erinnerst, wer ich bin, wer du bist und was ein WIR wirklich bedeutet. Dass du UNS beschützt und UNS treu bist.

Ich entschuldige mich dafür, dass ich dich nicht mit der Welt teilen wollte, dich am liebsten ständig unter Beobachtung hatte und jede deiner Regungen beurteilte – dies war ein Ausdruck meiner tiefen Angst, zu Hause vergessen zu werden, mit dem »Zuhause« vergessen zu werden, das ich hüte. Ich habe Angst davor, mit der Wahl, ein Zuhause zu SEIN und dem alltäglichen Leben zu dienen, keine Chance gegen die schillernden Bilder da draußen zu haben. Ich verschwendete so viel Zeit damit, zu schillern, mehr zu sein, als ich bin, und dabei weniger zu sein, als ich in Wirklichkeit bin. Ich bin jetzt bereit, den Preis dafür zu zahlen, dass ich die bin, die ich bin. Die Angst, nicht genug zu sein, trieb mich teilweise in den Wahnsinn und begleitet mich noch immer.

Übung: Wiedergutmachung

Schreibt bitte eure eigene Inventur. Was hast du dem Weiblichen oder dem Männlichen zugefügt? Welche Not steckte dahinter? Was willst und brauchst du wirklich? Und was hast du deinem Partner zugemutet, was willst und darfst du wiedergutmachen? Lasst euch Zeit dafür, vielleicht sogar ein paar Tage.

Lest euch dann achtsam und in einem geschützten Raum eure Inventur vor – und dann fragt euch gegenseitig, was es braucht, damit ihr wiedergutmachen könnt, was ihr angerichtet habt.

Womit kann dein Partner wiedergutmachen, was er dir zugemutet hat? Was brauchst du von ihm, um bleiben und in Frieden kommen zu können mit dem, was ist?

Sei ganz offen, ganz ehrlich, und trau dich, Forderungen zu stellen. Ob dein Partner bereit ist, sie zu erfüllen, liegt nicht in deiner Hand. Aber du aber weißt, welchen Energieausgleich du brauchst, um in Frieden mit ihm weiterzugehen.

Nehmt den Ausgleich bitte ernst. Es sieht aus wie ein Geschäft, wie ein Deal, aber es ist wichtig. Denn nur wenn du einen Ausgleich forderst, hat dein Partner eine Chance, sein »Vergehen« wiedergutzumachen, du bietest ihm damit die Möglichkeit, neu zu beginnen. Und nur wenn du den Ausgleich zahlst, kannst du deinem Partner zeigen und beweisen, dass du es ernst meinst, dass du wirklich die Verantwortung übernimmst und bereit bist, neue Wege zu gehen.

Ihr zahlt eure Schulden – damit es gut sein darf.

Vielleicht müsst ihr euch gegenseitig einen Ausgleich anbieten, seid bitte ehrlich und offen, und scheut keine Kosten und Mühen. Das mag sich merkwürdig anhören, aber bitte probiert es aus. Lass dir den schönsten Blumenstrauß schenken, den er findet, lass dir den besten Sex deines Lebens geben, macht euch ein Geschenk, zahlt die Schulden, die ihr beim anderen, bei eurer Beziehung, gemacht habt.

Und noch mal: Natürlich ist letztlich jeder für seine Erfahrungen verantwortlich. Du übernimmst ja auch die Verantwortung. Aber einer von euch beiden (oder auch ihr beide) hat (oder habt) das gemeinsame Feld belastet, ausgebeutet oder nicht genährt.

Der Energieausgleich, das Geschenk, nährt euer gemeinsames Energiefeld, ihr schenkt eurem Beziehungsraum Aufmerksamkeit und bringt ihm ein Opfer. Ihr zahlt das, was ihr eurer Beziehung verweigert oder geraubt habt, in einer funktionierenden, weil vom anderen gewünschten Form zurück – ganz einfach.

Ein Energieausgleich kann so aussehen, dass du wirklich da bist und den Schmerz und die Wut des anderen aushältst, die Verantwortung übernimmst, bleibst, tröstest und verstehst. Er kann aber auch in Form einer Kreuzfahrt erfolgen – lass denjenigen, der verletzt wurde, entscheiden, und komm dieser Entscheidung nach. Wenn ihr euch gegenseitig verletzt habt, dann gebt euch gegenseitig einen Ausgleich dafür, dann nährt beide euer Feld. Natürlich muss das, was du dir als Ausgleich wünschst, für den anderen möglich sein – aber es darf anstrengend sein, schone ihn nicht. Umso mehr wird er in seinem eigenen Feuer stehen lernen.

Wenn dir das nicht recht ist, wenn du das Gefühl hast, dass es SOOO schlimm ja nun auch nicht war, dann darfst du dich noch einmal vor deinem Partner verneigen und ihm sagen: »Ich sehe deinen Schmerz, und ich achte ihn. Du hast mein volles Mitgefühl.«

Denn du weißt nicht, wie schlimm es für den anderen war, und deine Weigerung, dies anzuerkennen, zeigt nur, dass du eben nicht wirklich die Verantwortung übernehmen willst. Gleichermaßen darfst du als »Geschädigter« natürlich schauen, ob du angemessen reagierst. Nutze das Schuldgefühl des anderen nicht aus.

Ruft die wilde Frau und den wilden Mann, und lasst sie entscheiden, welcher Ausgleich angemessen ist. Sie können den tatsächlichen energetischen Schaden einschätzen.

Und DANN darf es gut sein. Wenn der Energieausgleich geschehen ist, dann lasst los. Werft euch nicht immer wieder vor, was geschehen ist, sondern lasst es hinter euch – dazu dient der

Ausgleich ja. Wenn dein Partner die Energien ausgeglichen hat, wenn er getan hat, was du dir von ihm wünschst, dann mach bitte einen Strich unter die Rechnung, und lass es gut sein. Nehmt beide Abstand davon, die vermeintliche Macht, die euch das Unrecht des anderen gegeben hat, auszunutzen, nehmt den Ausgleich an, und lasst es damit ausgeglichen sein.

Wenn eine Rechnung bezahlt ist, dann ist sie bezahlt, und der andere ist schuldenfrei.

Ihr nährt damit euer Beziehungsfeld, ihr fügt jene Energie, die ihr dem gemeinsamen Energiefeld verweigert oder gar gestohlen habt, in Form eines Geschenkes, einer Reise, eines Liebesbriefes, eines bestimmten Verhaltens hinzu. DARUM geht es in diesem Ausgleich. Ihr nährt euer gemeinsames Feld, zeigt Präsenz und übernehmt tatsächlich Verantwortung dafür, dass ihr euch und eurer Beziehung emotionalen Schaden zugefügt habt. Warum auch immer das geschah, wozu auch immer es diente – auf der irdischen Ebene darf und sollte das wiedergutgemacht werden, damit auch die irdische Gefühlsebene in Frieden kommen kann.

Denn auch das gehört zum Reifungsprozess: Du übernimmst auf jeder Ebene Verantwortung und vergibst auf jeder Ebene.

Jede Ebene braucht ein anderes Werkzeug, und die menschliche Dimension eurer Beziehung braucht den Blumenstrauß oder was immer du dir wünschst.

Klingt das, als wollten wir euch anbieten, euch freizukaufen? Ja, weil es stimmt. Ein Teil in euch braucht einen irdischen, materiellen Ausdruck, etwas, was ihr dem anderen für das, was ihr ihm genommen habt, zurückgeben könnt – damit auch dieser Teil die Möglichkeit hat, frei zu werden. Wir sind multidimensionale Wesen und jeder Aspekt unseres Seins braucht andere Werkzeuge. Das ist eines davon. Es ist notwendig, aber nicht hinreichend. Wenn es fehlt, bleibt dennoch eine Lücke.

Und DANN darf Frieden sein.

Schlüssel VII: Das gemeinsame Potenzial erkennen

Zu Beginn der Entstehung dieses Buches hieß dieser Schlüssel »Die gemeinsame Bestimmung erkennen«. Dann durchliefen wir selbst all diese Prozesse und erkannten: Das WAR die Bestimmung.

Jetzt geht es um etwas Neues.

In den letzten Wochen und Monaten habt ihr eure Beziehung erforscht, seid allein oder zusammen durch tiefe und schmerzliche Prozesse gereist. Ihr habt Karma erlöst, eure alten Verträge verbrannt, alles, was euch auf ungute Weise aneinander gebunden hatte, nach und nach losgelassen. Ihr habt euch verletzlich gemacht, euch gegenseitig eure tiefsten Wunden gezeigt, und ihr seid euch dabei hoffentlich viel näher gekommen, als das vorher der Fall war. Und jetzt?

Vielleicht stellt sich eine gewisse Prozessmüdigkeit ein, auch wenn ihr noch längst nicht mit allem in Frieden seid. Vielleicht erkennt ihr nach und nach, dass ihr nicht mehr bekommt, dass es mehr Ausgleich, mehr Gerechtigkeit oder mehr Wiedergutmachung nicht geben wird, selbst wenn ihr noch zehn Aufstellungen oder was auch immer durchführen würdet.

Ab einem bestimmten Punkt müsst ihr ganz allein, jeder für sich, entscheiden, ob ihr so, wie es jetzt ist, in Frieden kommen wollt oder nicht. Sonst kann nichts Neues entstehen.

Irgendwann müsst ihr durch ein zweites Tor gehen, ein Tor, das euch erlaubt, aber auch dazu auffordert, das Vergangene hinter euch zu lassen, wirklich und wahrhaftig – und wieder neu zu vertrauen, neu zu beginnen.

Es kann sein, dass ein Ungleichgewicht bleibt, weil einiges nicht wiedergutgemacht werden kann, nicht rückgängig zu machen ist. Vielleicht muss einer von euch für die nächsten 18 Jahre Unterhalt zahlen. Dann kannst du entscheiden, jeden Monat darüber zu verzweifeln – oder damit in Frieden zu kommen. Vielleicht erkennst du, dass du bestimmte Träume und Wünsche innerhalb deiner Beziehung nicht leben kannst, auch nicht nach all der Transformation, weil der andere einfach anders funktioniert als du. Vielleicht erkennst du, dass es Bereiche in deinem Leben gibt, die nicht erfüllt werden, wenn ihr zusammenbleibt, vielleicht gibt es Bereiche, mit denen du, wenn du dich entscheidest, das gemeinsame Energiefeld aufrechtzuerhalten, klarkommen musst – auch wenn du das nicht willst. Denn die Voraussetzung für einen Neubeginn ist, dass ihr beide bereit seid, eure alten, zerstörerischen Verhaltensweisen zu lassen und euch, wenn ihr das nicht könnt, Hilfe zu holen.

Wozu? Ist es das wert?

Das ist die Frage des siebten Schlüssels, und ddiese einfache Frage kann euer ganzes Leben verändern, es kann sein, dass ihr, z. B. wenn eine Sucht vorliegt, für den Rest eures Lebens damit beschäftigt seid, immer wieder auf Neue bereit zu werden, den Weg der Genesung zu gehen.

Was ist euer Potenzial, warum bleibt ihr zusammen, was ist das Besondere, das Große, das Einzigartige?

Es ist so leicht, das Trennende zu sehen, denn die Augen der Unzufriedenheit sind schärfer und geübter als die Augen der Liebe. (Verwechselt diese bitte nicht mit den Augen der Angst!) Es gibt immer einen Grund zu gehen, es gibt immer jemanden, der auf den ersten Blick noch besser passen könnte. Es gibt auch immer einen Grund zu bleiben, nämlich die Angst, allein zu sein – aber das trägt nicht besonders zum Wohle aller und zur Erhöhung der Energie bei ... Wenn wir verletzt sind, dann liebäugeln wir immer wieder mit der Trennung, um all dem Schmerz und der harten Beziehungsarbeit zu entkommen. Und vielleicht ist es auch richtig. Vielleicht ist für euch der Punkt gekommen, an dem ihr erkennt, dass der gemeinsame Weg zu Ende ist, dass ihr eure karmischen Hausaufgaben erledigt habt und dass von hier ab getrennte Wege zu gehen das Beste ist, was euch passieren kann. Aber wenn nicht:

Wozu lohnt es sich, zu bleiben? Welche Qualitäten wollt ihr entwickeln, was darf neu geboren werden?

Dazu möchten wir euch eine letzte Reise anbieten, die Reise in euer neues Leben. Ihr könnt sie gemeinsam oder jeder für sich machen (wenn du sie für dich allein durchführst, dann ändere einfach das Thema am Tor).

Meditation: Das Tor in euer neues Leben

Erlaube dir, dich zu entspannen, loszulassen. Atme dich in deinen Körper hinein, atme dich aus der Vergangenheit und aus der Zukunft in deinen Körper, atme alles, was euer gemeinsamer Weg dich gekostet hat, in deinen Körper, alles, was dieser Weg dir geschenkt hat. Bring dich mit allen Aspekten in deinen Körper. Es gibt nichts mehr zu tun.

Ihr seid einen schwierigen Weg gegangen, und du bist sicher müde. Ruh dich aus, und lass die Dinge jetzt sein, wie sie sind. Du hast alles getan, alles dazu beigetragen, dass Frieden kommen darf. Jetzt ruh dich aus. Vor deinem inneren Auge entsteht eine Lichtsäule, und du trittst hinein. Augenblicklich strömt all die Energie aus dir heraus, die nicht mehr zu dir gehört, die du für andere trägst oder die jetzt, heute, in das Reich deiner Seele zurückkehren will. Vielleicht gibt es Seelenaspekte, die ihren Auftrag gerade durch euren schweren Weg erfüllt haben und jetzt nach Hause gehen möchten. Erlaube ihnen, dass sie ganz sanft und leicht in der Lichtsäule aufsteigen und in das Reich deiner Seele zurückkehren, dorthin, wo sie hingehören, wo sie Erlösung und Frieden finden.

Die Lichtsäule öffnet sich, und eine wundervolle Landschaft entsteht. Du gehst ein bisschen spazieren, genießt die wunderschöne Natur. Vielleicht spürst du auch noch einmal die Schwere, all das, was du in den letzten Monaten gespürt und erlöst hast, erinnerst dich an all die Prozesse, spürst vielleicht Müdigkeit, Trauer, vielleicht auch Frieden und innere Ruhe. Geh einfach spazieren, sei ganz bei dir. In dir bewegst und nährst du vielleicht die Frage, wie es mit euch weitergehen darf, vielleicht aber bist du auch nur für dich.

In einiger Entfernung bemerkst du auf einmal ein Schimmern, ein Leuchten. Sehr machtvolle Energie strömt auf dich zu, und du erkennst, dass hier eine Herausforderung auf dich wartet. Irgendetwas zieht dich an, du gehst auf das Schimmern und Leuchten zu – und erkennst, dass es ein riesiges goldenes Tor ist. Dir wird bewusst, dass die Energie hinter dem Tor vollkommen anders sein wird als die, in der du dich gerade befindest. Etwas völlig Neues kann hinter dem Tor geschehen. Das Tor bietet dir eine große Herausforderung, aber auch eine wundervolle Chance, das ist dir auf einmal klar. Denn du weißt: Dieses Tor ist für dich entstanden, es wartet auf dich und steht dir zur Verfügung. Und noch etwas erkennst du: Es hat einen machtvollen Hüter. Kein Geringerer als ein großer Drache steht daneben und speit sein Feuer.

Du gehst auf das Tor zu, bist voller Vertrauen und Zuversicht. In den letzten Monaten hast du so viel erkannt und erlöst, da wird dich ein Drache nicht schrecken, spürst du in dir, und du lächelst ein wenig. Du hast wirklich viel Kraft und Klarheit entwickelt, das erkennst du deutlich.

Auf einmal stehst du vor dem machtvollen Drachen. Und du erinnerst dich an deine Verabredung, die geschlossen wurde, als du zur Erde kamst: Am Ende kommt der Drache und prüft dich, prüft, ob du deine Lektionen gelernt hast und bereit bist für die nächste Dimension. Unbändige Kraft strömt aus ihm heraus, und sie durchströmt auch dich. »Ich hüte dieses Tor, wie wir es vor langer Zeit vereinbart haben«, sagt der Drache, »und du hast etwas entwickelt, was du mir geben willst. Vielleicht erinnerst du dich an unsere Verabredung. Ich bin gekommen, um dich zu prüfen und um dir das Tor zur nächsten Dimension zu öffnen.«

Und plötzlich öffnet sich dein Bewusstsein, und du erinnerst dich: Du hast vor langer Zeit entschieden, zur Erde zu kommen und bestimmte Energien zu erforschen, zu fühlen und in Liebe zu erlösen. Dazu hast du dich mit vielen anderen Seelen verabredet, Seelen, die ähnliche Erfahrungen machen wollten wie du, die vielleicht auch vorhatten, den Gegenpol zu erforschen. Durch deine Geschichte, durch das, was du mit deinem Partner erlebt und durchlebt hast, hat sich in dir ein ganz besonderes Bewusstsein entwickelt. Es ist wie eine Perle. Der Drache haucht dir sanft Feuer entgegen, und dieses Feuer durchflutet deine Chakren. Dein Blick weitet sich, dein Geist öffnet sich. Du erinnerst dich an das, was du auf der Erde erforschen wolltest, an das, was dir wirklich heilig ist. Auf einmal ergibt dein Prozess der letzten Monate, ergeben deine Erfahrungen einen tiefen Sinn. Du schaust in dein Herz und erkennst: Ja, du hast eine Perle ausgebildet, vielleicht auch einen Diamanten – vielleicht ein anderes Symbol. Aus dem Schmerz und dem Leid ist eine kraftvolle

Energie geworden, du hast Stroh zu Gold gesponnen, hast ein besonderes Bewusstsein entwickelt. Vielleicht berührt es dich sehr, zu erkennen, dass tatsächlich Heilung geschehen ist, dass deine Arbeit etwas bewirkt hat. Du hast den Schmerz in Liebe transformiert, in Gelassenheit, Durchsetzungskraft oder in was immer in dir entstanden ist. Etwas ist in dir herangereift und jetzt zur Ernte bereit.

Dein Herz ist größer geworden, stabiler, ein Lichtkanal hat sich geöffnet, weil du geblieben bist und nicht aufgehört hast, zu lieben. Vielleicht stehst du auch mit deinem Partner vor dem Tor, vielleicht erkennt ihr, dass ihr ein gemeinsames Symbol, eine gemeinsame Kraft entwickelt habt. Wenn nicht, dann darf das so sein, ihr seid einen gemeinsamen Weg gegangen, aber vielleicht hat jeder etwas anderes für sich erkannt und in sich genährt, gehütet und reif werden lassen. Dennoch war es euer gemeinsamer Weg, der diese Reifung ermöglich hat.

Sehr bewusst wird dir, was in dir gereift ist, welche Themen sich erlöst haben, welche Kräfte du in dir gehütet und entfaltet hast – welcher Schatz in dir entstanden ist. Vor deinem inneren Auge entsteht ein Bild, ein Symbol, vielleicht ein riesiges Herz für bedingungslose Liebe, vielleicht eine Muschel, in der zwei Ringe liegen als Zeichen dafür, dass eure Verbundenheit gewachsen ist, vielleicht auch etwas ganz anderes. Während du das Symbol erkennst, spürst du, welche Energie es enthält.

Gib es dem Drachen. Denn in diesem Symbol ist auch der Schmerz gespeichert, all das, was es dich gekostet hat, es reifen zu lassen. Gib es ihm – und fühl die Erleichterung. Nun ist es ganz leicht, das Tor zu durchschreiten, denn der Drache gibt es frei, und du gehst oder schwebst hindurch – wenn ihr nicht sowieso zusammen durchgegangen seid, wartet auf der anderen Seite dein Partner auf dich. Ganz neu, licht, leicht und voller Freude begrüßt ihr euch – und vereint euch auf neue Weise. Und jetzt geschieht ein Wunder. Alles, was es euch gekostet hat, diesen schmerzvollen Weg zu gehen, strömt auf einmal in euch ein, all die Lebenskraft, die ihr aufgewendet habt, um diesen Weg zu gehen, fließt zu euch zurück.

Jetzt zeigt sich, auf welche neue Weise ihr miteinander weitergehen könnt – vielleicht strömen eure Seelenstrahlen zusammen, und ihr erkennt, dass ihr der gleichen Seelenfamilie angehört, spürt nun eure unzerstörbare Zusammengehörigkeit. Vielleicht ist auf einmal eine dritte Seele bei euch, weil ein Kind auf die Erde kommen will, vielleicht erlebt ihr euch am Traualtar als Zeichen, dass ihr fest und stabil zusammengehört – vielleicht ist es auch ganz anders und ihr tanzt einfach voller Freude, verwandelt euch in Drachen, in Adler, in Delfine oder in Engel. Neue Energie strömt in euch beide ein, euer neuer Weg zeigt sich durch ein inneres Bild oder ein Gefühl. Es gibt vielleicht noch keinen Auftrag, und nur die Liebe, die zwischen euch fließt, ist wesentlich und wichtig.

Bleibt in eurer gemeinsamen neuen Energie, genießt sie, lasst euch durchströmen. Hinter dem Tor gibt es keinen

Schmerz mehr, hier herrschen Frieden, Liebe und Freude. Nun bitte eure Schutzengel und euren Heiligen Raum, sich zu zeigen, und bittet darum, euer Potenzial spüren zu dürfen, das, was euch in der Tiefe verbindet, eure Möglichkeiten und die Energie, die ihr beide zusammen zur Verfügung stellen könnt – euch selbst, aber möglicherweise auch anderen.

Ruht euch aus hinter dem Tor, tankt Kraft, und erntet die Liebe, die Ruhe, den Frieden, die Freude, die euch jetzt zur Verfügung stehen.

Seid hinter dem Tor willkommen in der neuen Energie. Nehmt euch Zeit, tauscht euch aus. Tankt Kraft, unternehmt Dinge, die euch bereichern, feiert euer Leben, feiert, dass ihr eure Schwierigkeiten gemeistert habt. Ihr dürft zu Recht stolz auf euch sein, stolz und dankbar.

Um euer gemeinsames Feld immer wieder zu stabilisieren, kann folgende Übung helfen:

Übung

Setzt euch einander gegenüber, gedanklich, wenn der andere nicht da ist, oder physisch. Als Frau visualisierst du bitte deine innere Schale, in der das Feuer des Männlichen brennt; als Mann visualisierst du, wie dein Feuer in der Schale des Weiblichen gehütet wird und dort hell lodert.

Nun verbindet euch jeweils mit eurem Herzen, und atmet beide aus den Herzen Liebe in das Feuer. Als Mann atmest du die Liebe deines Herzens in das Feuer, das du der Frau zur Verfügung stellst, als Frau atmest du die Liebe deines Herzens in das Feuer, das dir der Mann schenkt und das du nährst.

Während ihr das macht, erkennt ihr, ob es noch etwas anderes zu tun gibt, ob das Feuer wirklich gut brennt, ob die Schale in Ordnung ist ... Tauscht euch aus, fragt, was der andere dabei empfindet, und reinigt, was zu reinigen ist. Das kannst du auch für dich allein tun, sende dann immer wieder bewusst deine Liebe in euer gemeinsames Energiefeld, nicht nur ins Herz, nicht nur in den Heiligen Raum, sondern auch in eure physische, kraftvolle, wilde Verbindung als Mann und Frau.

So. Wir haben euch hiermit alles angeboten, was wir im Moment wissen. Wenn ihr den Weg mit uns gemeinsam gegangen seid, dann habt ihr Werkzeuge ausgebildet, mit denen ihr euer gemeinsames Leben meistern könnt. Ihr habt alles, was nicht dem Leben dient, ins Licht der Liebe gegeben und transformiert. Ihr habt Raum geschaffen für Liebe und für das Leben selbst.

Nun darf die Zeit eure Wunden weiter heilen – und das wird sie tun.

Heißt das, ihr kommt nun nie wieder in Schwierigkeiten? Natürlich nicht. Es kann sein, dass euer Thema, die Enttäuschung, der Schmerz, die Wut, die Angst und die Leere immer wieder aufflackern – getreu den fünf Stadien der Trauer. Dann bleibt innerlich stehen, sucht nicht nach Lösungen, sondern atmet, und lasst es vorüberziehen. Es gibt nichts zu tun, wenn diese Gefühle kommen, ihr habt bereits alles getan. Lasst sie sein, wie sie sind, atmet Frieden in die schmerzenden Stellen, bleibt im Feuer stehen, und lasst die Gefühle vorüberziehen. Ja, das ist schwierig, aber es ist an euch, euch nicht immer wieder in das Drama zu verwickeln. Ihr habt entschieden, zusammenzubleiben (natürlich könnt ihr diese Entscheidung immer wieder neu treffen). Wenn ihr nun allzu oft hinterfragt und zweifelt, schwächt ihr euer Feld. Damit meinen wir nicht das gesunde innere Barometer eurer jeweiligen Wahrheit, denn natürlich ist es wichtig, sich immer wieder neu klar zu werden. Aber ihr kommt nicht darum herum, immer wieder auch die Schmerzen zu spüren, selbst wenn ihr sie am Tor abgegeben habt. Es ist ein Prozess, der nicht linear, sondern chaotisch verläuft. Bleibt stehen, atmet Frieden, und lasst die Schmerzen vorüberziehen. Es gibt nichts zu tun.

Nur weil ihr gerade an die alten Themen und Gefühle erinnert werdet oder weil sie noch präsent sind, braucht ihr nicht die Beziehung zu verlassen – ihr könnt sie durchatmen und mit Frieden erfüllen.

Wir wissen, was das bedeutet und wie verführerisch es ist, dann doch den endgültigen Schnitt zu machen, zumindest gedanklich – aber dieser Schnitt ruft nur wieder neue Schmerzen hervor, wenn er nicht stimmig ist. Wenn es sich richtig anfühlt, dann macht ihn. Wenn ihr euch damit aber nur von den Schmerzen abschneiden wollt, dann atmet lieber noch ein bisschen weiter.

Klingt das, als wollten wir euch ermutigen, in einer verletzenden Beziehung zu bleiben? Hoffentlich nicht!

Durch all die Schlüssel hindurch ist eure Beziehung feuererprobt, sie ist stabiler und ehrlicher geworden.

Natürlich erlaubt ihr schon lange nicht mehr, dass sich irgendein schädigendes Verhalten fortsetzt, wir hoffen sehr, dass das klar ist. Aber das, was geschehen ist, lässt sich eben nur bedingt wiedergutmachen, vor allem dann, wenn es Folgen hat – eine Krankheit, ein nicht gemeinsam gezeugtes Kind, Schulden, einen Umzug, einen Verlust …

Ich möchte nicht immer wieder aus *Die Einladung* von Oriah Mountain Dreamer[19] zitieren, weil ich das in vielen Büchern tue. Aber dieser Ausschnitt ist hier sehr passend:

> *Ich möchte wissen,*
> *ob du mit dem Scheitern*
> *– meinem und deinem – leben kannst*
> *und trotzdem am Rande des Sees stehen bleibst*
> *und zu dem Silber des Vollmonds rufst: ›Ja!‹*

---

19 Oriah Mountain Dreamer: *Die Einladung*. Goldmann 2000.

Ich möchte wissen,
ob du mit mir in der Mitte des Feuers stehen wirst
und nicht zurückschreckst.

Ich möchte wissen,
was dich von innen hält,
wenn sonst alles wegfällt.

Wir sind bei euch, wir fühlen mit euch, und wir danken euch von Herzen, dass ihr auf diese so mutige Weise der Liebe dient.

Wir verneigen uns vor euch.

Danke.

Nachwort

Auch wir beide sind gemeinsam einen weiten Weg gegangen –
und schließlich ist dieses Buch ein Buch über das Zusammenbleiben geworden.

Wir danken allen Menschen, die uns begleitet haben, die uns
durch ihre Berührbarkeit und ihre Offenheit Impulse zu diesem
Buch gegeben haben.

Und am Ende können wir nur ein weiteres Mal Rainer Maria
Rilke zitieren:

> *Die Liebe weiß nicht sich zu bescheiden,*
> *ihr Verlangen ist ihre Vorschrift,*
> *ihr Entzücken ihr Gesetz,*
> *sie hat kein Maß als ihr Übermaß;*
> *ihr Besitzrecht beruht in der Kühnheit,*
> *auf alles Anspruch zu machen*
> *und in der Freiheit, alles zu versuchen.*
> *Aber freilich: diese Anrechte hat die Liebe*
> *nur unter der Voraussetzung,*
> *daß sie immer den rechten Weg geht.*
> *Wenn sie sich verlaufen hat,*
> *so muß sie auf weiten Umwegen zurückkommen*
> *und muß zittern und weinen um ihre Verirrung*
> *und durch ihre Beschämung ihre Fehler versühnen.*

Wir beide haben gezittert, geweint, uns geschämt und um Vergebung gebeten, wir haben vergeben und sind jeder für sich und gemeinsam diese weiten Umwege gegangen. Wir haben wiedergutgemacht, was sich wiedergutmachen lässt. Einiges müssen wir tragen, aber die Liebe ist stabil, fest und sicher genug, um die Lasten zu schultern.

Wir alle sind viele, teilweise sehr schmerzliche Schritte auf das Leben zugegangen – und wir wissen ja: Wenn wir auf das Leben zugehen, antwortet es uns freudig und beschenkt uns reich.

Wir hoffen sehr, dass wir euch in einer schwierigen Zeit gut begleitet haben, dass ihr Impulse bekommen habt, Ideen und Einsichten, mit denen ihr weiter lieben könnt. Wenn nicht diesen Partner, dann den nächsten. Euch selbst. Das Leben.

Wir wünschen euch ein erfülltes, zufriedenes Leben voller Liebe, Freude und Gelassenheit.

Das Unermessliche, das Unerkennbare wird nur in der Liebe erkannt,
niemals durch die tiefen, subtilen Abwehrmechanismen des Intellekts.

Krishnamurti, »Vollkommene Freiheit«

Über die Autoren

Susanne Hühn wurde 1965 in Heidelberg geboren. Schon mit fünf Jahren entschied sie, Masseurin zu werden. Nach dem Abitur besuchte sie eine Schule für Physiotherapie, machte 1986 ihr Staatsexamen und arbeitete danach als Krankengymnastin. Der Zusammenhang zwischen dem Denken und Fühlen und dem körperlichen Symptom, das ihre Patienten jeweils zeigten, interessierte Susanne besonders, und so absolvierte sie Ausbildungen und Seminare zum Thema ganzheitliche Medizin. Mit 28 Jahren ließ sie sich zur psychologischen Beraterin ausbilden. Aufgrund eigener Themen kam sie auch in Kontakt mit spirituellen Therapieformen wie Kinesiologie und Reinkarnationstherapie nach Rhea Powers.

Parallel zu ihrer Tätigkeit als Physiotherapeutin begann Anfang der 1990er-Jahre Susannes Weg als spirituelle Lebensberaterin und Meditationslehrerin. Zudem fing sie an zu schreiben. Nach wie vor faszinierte Susanne der Zusammenhang zwischen Körper, Geist und Seele, und so begab sie sich auf ihre eigene Forschungsreise. Ihr erstes spirituelles Selbsthilfebuch, *Loslassen und Vertrauen lernen*, entstand 1999 und wurde im Schirner Verlag veröffentlicht. 2005 beendete Susanne ihre Tätigkeit als Physiotherapeutin, und seither widmet sie sich ganz der Lebensberatung und dem Schreiben von Büchern, Artikeln und Geschichten (Informationen über ihre zahlreich erschienenen Bücher und CDs unter www.schirner.com).

Mike Köhler wurde 1965 in Gotha geboren. Er absolvierte eine Ausbildung zum Bauschlosser, gründete eine Elektroinstallationsfirma, nahm Schauspielunterricht, ließ sich zum Stuntman ausbilden und arbeitete als Metallkünstler, stellte Drachenskulpturen und Leuchtobjekte her. Schon immer spürte er den Ruf der Drachen und die Kraft der Schamanen in sei-

nen Händen, wusste aber zunächst nicht, wie er
sie aktivieren und anwenden konnte. Durch eine
Ausbildung in Akupunktmassage nach Penzel
bekam er Zugang zu seinen Energien und seinem
spirituellen Auftrag. Ausbildungen, Workshops
und viele eigene Erfahrungen folgten. Besonders
die Heilkraft der Drachen zog ihn an, und er bekam die Aufgabe, im Dienst von Erzengel Michael
ein Drachenhüter zu sein. Seitdem beschäftigt er

sich zusätzlich zu seiner Metallkunst intensiv mit der Kraft der Schamanen.

Mike arbeitet mit Kindern und Jugendlichen, gibt Stuntkurse und Thea-
terworkshops an Schulen. Zudem führt er schamanische Reisen und bietet
Einzelsitzungen an, in denen die Drachenenergie heilsam und sanft, aber
auch sehr kraftvoll wirkt. Auch seine Kunst spiegelt die Drachenenergie.

Seit 2009 arbeitet das Paar häufig zusammen. Der wichtigste Aspekt bei
ihrer gemeinsamen Arbeit ist der, dass Mike die Erdkraft schützt und hält
und den Raum der Prozesse sowie Susannes Raum stabilisiert. Dadurch
kann Susanne sich sehr viel weiter öffnen und höhere Energien rufen, prä-
senter sein und viel mehr Energie zur Verfügung stellen, als wenn ein
Teil der Kraft für ihren eigenen Schutz genutzt wird. Gemeinsam halten
sie ein sehr großes Feld, in dem rasche und intensive Prozesse stattfinden. Mike hat eine sehr gute Intuition, er nimmt sehr viel wahr und sieht
rasch die Punkte, um die es geht. Er schlägt die Trommel, Susanne führt
die Meditationen, erklärt spirituelle Zusammenhänge und ruft die hohen
Lichtkräfte. Gemeinsam schauen sie, welche Übungen nötig und hilfreich
sind, damit Prozesse möglichst tief und dennoch sanft stattfinden können.

Weitere Informationen zu ihrer gemeinsamen Arbeit sowie Veranstal-
tungshinweise unter: www.susannehuehn.de

Abbildungsverzeichnis